本書獲得 「臺灣地方教育發展學會」、「台灣教育政策與評鑑學會」、「中華
民國學校行政研究學會」等三個臺灣重要學會肯定，評選為優秀博士論文。

元華文創

教育之美：空間領導

提升幸福感與學習成效的關鍵

The Beauty of Education: Space Leadership - Key to Enhancing Well-being and Learning Effectiveness

本書探討學校空間領導在教育中的重要性，聚焦在提高教師幸福感和學生學習成效方面。
校長在創建美感校園環境和永續文化中扮演關鍵角色，這是一本揭示教育之美的書籍，
也為教育者提供實踐幸福教育的寶貴指南。

黃貴連 楊振昇 —— 著

序 言

空間領導為目前最新教育領導理論之一，為近二、三十年來新興領導議題，而相關實證研究的碩博士論文均為 2010 年後。在教育部公布「美感教育中長程計畫第一期五年計畫（103-107 年）」，使得校園空間美學、美學研究、美感教育列為重要教育政策，已突顯空間領導在校務經營之重要性。而「美感教育中長程計畫」第二期五年計畫（108-112 年）的推展，更是冀望藉由營造美感的校園環境，來開展學校成員的幸福感。而今，教育部於 2023 年 9 月發布「美感教育中長程計畫第三期五年計畫（113-117 年）」以「美感即生活：從幼啟蒙、扎根生活、在地國際、永續實踐」為理念，第三期計畫以美感支持、美感擴散、美感在地及美感永續為四大目標，從人才培育、課程實踐、學習環境、國際鏈結及支持體系等面向推動（教育部，2023），在美感教育第一期和第二期計畫成效奠基下，未來五年將投入更多人力與資源，繼續推動與普及美感教育，持續擴散美感校園環境影響力，落實美感即生活，邁向永續發展與追求人類之幸福。

是以，校長透過空間領導，規劃營造校園空間，融合美學元素與思維，營造學校優質環境的領導歷程，帶動課程發展，建構具學校特色且符應學生學習需求之美感學習環境，並涵養十二年國民基本教育課程綱要總綱中「藝術涵養與美感素養」的核心能力，培養學生對美善的人事物，進行賞析、建構與分享的態度與能力，是學校經營的重要課題。而在發展學校永續文化中，讓學校成員感受到幸福感，提升學生學習成效，使教育品質更臻精緻，以成就每一位學生，更是當今教育工作者所面臨的挑戰。

　　本書是由博士論文改寫，全書共分為三個部分。首先，第一部分為理論脈絡，分為二章，包括背景脈絡與相關研究，內容主要敘述校長空間領導、教師幸福感、學生學習成效的背景，筆者研究寫作動機及目的等，並梳理歸納相關期刊與論文的實證文獻，以探究校長空間領導、教師幸福感，以及學生學習成效之內涵。其次，第二部分為實證分析，分為二章，包括實證研究的設計與實施、實證研究分析與討論，內容以臺灣本島地區公立國民中學教師為研究對象，依據調查問卷之統計分析結果和訪談資料，據以形成實證研究分析結果與討論。最後，第三部分為發展趨勢，係就實證研究所得結果，以及作者本身省思和心得，建構未來校長空間領導、教師幸福感以及學生學習成效之發展趨勢，分享給讀者參考。

　　在編寫本書過程中，承蒙多位師長指導與斧正，以及元華文創股份有限公司的鼎力支持與協助，謹致上萬分誠摯謝意。雖然編撰本書過程力求嚴謹，但仍恐有疏漏或誤繕之處，尚祈各方先進不吝給予指正。

　　　　　　　　　　　黃貴連　楊振昇　謹識

　　　　　　　　　　　　　　　　　　　2023 年 10 月

目 次

表目次

圖目次

第一部分　理論脈絡

第一章 緣起

　　順應 21 世紀全球化國際浪潮及因應十二年國民基本教育課程綱要總綱的推動與實施,如何培養學生具備適應未來生活與迎接世界挑戰的核心素養能力,是學校經營的重要課題。如何透過建構學校優質環境的領導歷程,在發展學校永續文化中活出幸福感,讓教育品質更臻精緻,以成就每一位學生,更是教育工作者所面臨的挑戰。據此,研究者以本文探究臺灣地區國中校長空間領導、教師幸福感與學生學習成效之關係。

　　本章敘明研究動機與基本界定,共分為四節:第一節為研究背景與動機,說明本研究之背景脈絡與研究緣由動機;第二節為研究目的與待答問題,根據研究動機提出研究目的及問題;第三節為名詞釋義,定義本研究之關鍵名詞,界定研究變項的概念型與操作型定義;第四節為研究範圍與限制,明定研究地區、研究對象與研究內容,並敘明研究之局限。

第一節　研究背景與動機

　　茲將本研究之背景脈絡與研究緣由動機說明如下:

壹、研究背景

　　面對社會急遽變遷與日新月異的趨勢與挑戰,世界各國莫不以多元融合、文化學習及永續發展為教育改革的重要課題時,順應國際潮流與時代

之需求，2013 年 8 月教育部公布「美感教育中長程計畫」第一期五年計畫
（103-107 年）：臺灣‧好美 ～ 美感從幼起、美力終身學，本計畫的發展策
略提及「宣導並發行美感教育基本論述」、「強化藝術與美感之課程與教學」、
「充實美感教育學術及實務研究」、「創造美感環境，推廣生活美學」，希望
藉由「美力終身學習」、「厚植美感教育研究發展實力」、「美感教育點線面」、
「適性揚才，全人發展」等亮點政策，達成「美感播種」、「美感立基」、「美
感普及」的目標（教育部，2013），更將 2014 年訂為「美感教育年」，教育
部依據「美感教育中長程計畫」接續推動「教育部補助高級中等以下學校
校園美感環境再造計畫」，提高直轄市、縣（市）政府部分補助的金額比例，
對於財力級次列為第五級者，實際補助金額可達計畫總額之 90%，對國立
高級中等學校更提供全額補助，107 年度擇優 20-25 校補助，每校補助最
高新臺幣 200 萬元，預期能在「學校特色表現美學」、「校園建築景觀美學」、
「校園綠能生態美學」及「校園環境創意美學」等項目實施，建立「感受」
與「實踐」的美感教育行動，來營造學校與社區美感協作的氛圍，滋養永
續美感的生活，以實現美麗國民、美化家園、美善社會之願景（教育部，
2017；湯志民，2019a）。至此，美感教育、美學研究、校園空間美學已列
為重要教育政策，邁入新的里程碑。

　　接續，教育部於 2018 年 10 月再公布「美感教育中長程計畫」第二期
五年計畫（108-112 年）：「美感即生活從幼扎根、跨域創新、國際連結」，
強調美感並非只獨善其身，更是在社會參與去同理差異，而能學習尊重，
悅納多元文化，藉由文化學習共創和諧之美，也在社會參與中將美感教育
融合在生活，將美感實踐在生活中，成為一種展開公共幸福感的生活習慣、
態度與信念（教育部，2018），足見美感教育之推展冀望藉由營造美感的校
園環境，來開展學校成員的幸福感。

　　從 2013 年起，教育部「推動國民中小學營造空間美學與發展特色學校實施計畫」，鼓勵學校發揮空間領導，營造空間美學，落實美感教育。從校園整體的規劃設計、內部空間的美感營造，到教育課程的融入、美感教育的實踐，由中央主管機關、地方政府、學校行政端，至教育現場教師教學設計與學生的參與等各方面，校園建築空間與美感教育的推進，日漸受到重視（湯志民，2019a）。學校空間就如同一座生活的美學館，到處隱藏著奇妙的驚艷，時刻孕育著學習的契機（黃宗顯，2014），如何透過校長空間領導，規劃營造校園空間，融合美學元素與思維，在學校文化永續發展中，讓學校成員感受到幸福感，也讓校園成為提升學生在十二年國民基本教育課程綱要九項核心素養中「藝術涵養與美感素養」的核心能力，值得深入探討。以下分別說明研究者動機。

貳、研究動機

　　本研究盱衡全球發展趨勢，臺灣社會變遷與教育現場的改變，闡述研究動機如下。

一、空間領導為教育領導的新興議題

　　空間是有形的物質環境，領導卻是無形的，空間領導是領導者善用有形的物理環境，透過無形的領導來發揮影響力，進而影響學校的發展。學校物質環境的潛在影響力是一股不可令人忽視的力量，學校空間規劃與教學、行政一樣具有引領學校發展的影響力量（吳清山，2008），近二、三十年來，逐年推動學校空間、校園環境、建築設施與教學設備的規劃，教育部、縣市教育局(處)也制定學校建築的空間規範來審議校園整體規劃與設計，推展開放空間、無障礙環境、創意校園、永續校園等營造優質校園的

新校園運動。而學校在學校建築風格與校園環境特色經營方面，更是力求突破與創新，引領學校空間與教育的發展與革新，「空間領導」已然形成，與「行政領導」、「課程領導」與「教學領導」鼎足而立（湯志民，2009），亦促成「空間領導」在實務推展與學術的研究（湯志民，2008，2012），秦夢群（2010）教育領導新書《教育領導：理論與應用》探討 55 個教育領導理論，也說明「空間領導」是其中最新的教育領導理論之一。

因應教育 4.0 來臨，在學校設備、環境布置、課程教材、教學方法、師資培育等各方面應重新布局、調整改變，以朝向更數位化與智慧化的教育改革發展（吳清基， 2018），未來的教室為智慧教室，未來的學校也將朝向智慧校園邁進（吳清山、王令宜，2018），新世紀學校應該有現代化設施、數位化科技的整體性規劃，並結合綠建築永續經營的理念，更重要的是，需具有教育文化意境，符應課程、教學與學習需求，不斷與時俱進（湯志民，2017），是故，設計 21 世紀的教育場域，更需要在學習空間、組織架構、領導與學校溝通空間之間轉化（鍾巧如，2016）。因此，教育領導新興議題的空間領導，藉由此研究瞭解臺灣各地區國中校長目前實施空間領導的現況，而不同學校規模、學校校齡、校長在該校服務年資的學校，校長實施空間領導情形是否不同，此為本研究動機之一。

二、空間領導發揮境教功能，促進學生學習成效

教育哲學家 Dewey 言：「人類塑造環境，環境陶冶人類」；心理學家 Lewin 認為行為是生活空間的函數，生活空間與環境決定人們的行為（張春興，2007）；人們不僅建造房子，而且房子也造人，Churchill 也有同樣的觀點：「我們塑造我們的建築，後來，我們的建築塑造了我們」（Yanow, 2010）；在學校建築中，教師的教學與學生的學習需求才是建築的靈魂所在

（陳韻如，2019），皆說明了人境互動的重要性，環境空間對人類行為、教學行為及學習行為的影響可想而知。校園便是學生學習活動的空間，高成效、健康、安全與永續的優質學校環境，會增進學生的舒適與表現成就。學校環境是學生的第三教師，設計今日的學校以面對明日的世界乃當今要務（Design, Furniture, & Design, 2010），將「校園規劃設計」、「學校建築」、「教室布置」、「課桌椅安排」等，改善教學環境，做有利於學習的規劃與設計，如此最大受益者便是多數的學生（吳清山，2008），從校園建築物與環境的美學，舒適環境的感受，可欣賞的環境，如植栽、綠地等隨著四季變化，形成美好的人、事、物背景交互影響，所彰顯於情境的境教（王智弘、廖昌珺，2014），透過空間領導所營造優質的學校環境，使行政效率有效提升，教師教學有效進行，進而激發學生學習興趣及提升學習成效，便是「境教」功能的發揮。換言之，回應 21 世紀的學習需求，重新思考校園物理環境與學生體驗的關係，運用空間領導的觀點，將校園空間的效能賦予最大化，對學生學習成效產生最大助益（Jamieson et al., 2000）。藉由此研究瞭解國中學生學習成效之現況，並探究學校領導人運用空間領導與學生學習成效之相關性，此為本研究動機之二。

三、空間領導營造幸福空間，增進教師幸福感

聯合國教科文組織（United Nations Educational, Scientific and Cultural Organization, UNESCO）的「全民教育革新方案」（Education for All, EFA）及聯合國的「永續發展的教育十年」（Decade of Education for Sustainable Development, DESD）均主張幸福應是人類所追求的理想與期望，並呼籲政府應該相信教育是通往幸福的金鑰匙（黃旭鈞，2012），吳清山（2012）也提出教育幸福是國民幸福的源頭。教師位居教育現場的第一線，教育成效

的關鍵在於教師，而專業優質的教師，乃是提升教育效能不可漠視的重要因素（吳清山，2016），校長發揮空間領導的影響力，規劃校園空間注入創新活化的理念，多重運用校園空間，藉由「詩性空間」和「美學情境」，營造出「幸福空間」（林進山，2019），使校園並非僅是冰冷的建築，而是可以陶冶心性帶給全校幸福感的美好園地。校長的空間領導將因對教師所產生的影響，進而改變學生的學習成果，同時，也會讓教師有較高的合作意願和工作滿意度（Orphanos & Orr, 2014），另有實證研究指出，空間環境的品質提升可以正增強影響幸福感的因素，Uline 與 Tschannen-Morgan（2008）研究證實「學校設施的品質」和學校氣氛與學生成就有正向關聯；亦有研究顯示擁有充足的活動空間與容量的教學環境，可以提升教師的教學動機，並且對師生互動有正向的影響，促使學生保持專注於教師的教學活動（Sahin, Tantekin-Erden & Akar, 2011）。教師的幸福感與學生受教品質息息相關，對全人的教育幸福扮演極重要的角色，為此，瞭解臺灣本島國中教師幸福感之現況，而不同性別、年齡、最高學歷、現在職務、服務年資的教師其幸福感知覺是否有所差異，並探究校長空間領導對教師幸福感之影響效果，此為本研究動機之三。

四、目前尚無針對國中校長空間領導、教師幸福感與學生學習成效關係之研究

研究者在初任校長遴選時以「幸福」為治校理念訴求，期許能與教職員工、家長與社區人士共同手牽手、心連心，共創幸福學園的幸福圖像。初到學校時，與教師同仁一起搭學校的營養午餐，中午用餐時間，大家拿著餐具盛好食物排排坐在地下室員生社旁辦公室的鐵椅上用餐，簡陋又克難的環境，讓人著實於心不忍。教師同仁說他們一直想要有個「幸福食堂」，

能有個較舒適的環境在中午用餐時稍微地放輕鬆、休息一下，於是，研究者承諾在聖誕節前實現這個夢想。然在向歷屆會長募款過程中，不乏有人表示願意捐錢用在學生身上，然要捐款整修教師所謂的「幸福食堂」則頗有些微詞，在多次溝通與多方奔走下，終於籌足經費，將學校原本教師會辦公室整修為「樂之館」，中午專任教師同仁可用餐的地方，平時可提供教師專業研習的場所，而退休教師、愛心志工隊及家長委員會也可於本場地辦理聚會，3個月完成這多功能的溫馨場所，「樂之館」圓了教師們多年來幸福食堂的夢想。這引發研究者想探究當教師感受到學校對其需求的重視，規劃學校空間營造溫馨幸福氛圍，校長空間領導使教師產生幸福感，教師幸福感提升與學生學習成效之相關，而教師幸福感對學生學習成效產生之影響效果，再進一步探討校長空間領導與教師幸福感、學生學習成效三者之間所存在的關係。

關於空間的研究為數眾多，相關博碩士論文研究計有11,751筆，而在領導相關議題的研究也高達8,952篇，然而，在「空間領導」的相關研究上卻是寥寥無幾。研究者於2022年12月10日查詢臺灣博碩士論文加值系統，討論空間領導的博碩士論文只有31篇，且均為2010年以後的研究論文。針對校長空間領導與學生學習效兩個變項間研究，只有鐘巧如（2016）「國民小學校長空間領導、教師社群運作與學生學習成效關係之研究」1篇博士論文，而探討校長空間領導與教師幸福感兩個變項，只有吳鐵屏（2021）「桃園市國民中學校長空間領導、學校組織健康與教師幸福感關係之研究」1篇碩士論文，而教師幸福感與學生學習成效兩個變項之間研究則付之闕如，也尚無任何針對國中校長空間領導、教師幸福感與學生學習成效之關係進行研究，期待藉由本研究之進行與發現，能有助於補充當今研究之不足，此為本研究動機之四。

第二節　研究目的與待答問題

　　本研究旨在探究國中校長空間領導、教師幸福感與學生學習成效之關聯性，並分析國民中學教師知覺三者之現況、差異、相關、適配情形及影響效果，據此，茲將本研究目的及待答問題敘述如下。

壹、研究目的

　　根據上述研究動機，本研究具體目的如下：

一、瞭解國民中學教師知覺國中校長空間領導、教師幸福感與學生學習成效之現況。

二、分析不同背景變項國民中學教師知覺國中校長空間領導、教師幸福感與學生學習成效之差異情形。

三、探討國民中學教師知覺國中校長空間領導、教師幸福感與學生學習成效之相關情形。

四、檢驗國民中學教師知覺國中校長空間領導、教師幸福感與學生學習成效之模式適配度情形。

五、探究國民中學校長空間領導對教師幸福感與學生學習成效之影響效果。

六、檢視國民中學教師幸福感在國中校長空間領導對學生學習成效之中介效果。

貳、待答問題

　　根據上述研究動機與目的，本研究待答問題如下：

一、國民中學教師知覺國中校長空間領導、教師幸福感與學生學習成效之現況如何？

二、不同背景變項國民中學教師知覺國中校長空間領導、教師幸福感與學生學習成效之差異情形為何？

三、國民中學教師知覺國中校長空間領導、教師幸福感與學生學習成效之相關情形如何？

四、國民中學教師知覺國中校長空間領導、教師幸福感與學生學習成效之模式適配度情形為何？

五、國民中學校長空間領導對教師幸福感、學生學習成效之直接與間接影響效果為何？

六、國民中學教師幸福感在國中校長空間領導對學生學習成效之中介效果如何？

第三節　名詞釋義

本節進一步界定本研究重要名詞，包括校長空間領導、教師幸福感與學生學習成效等概念，以利後續研究之討論與分析。

壹、校長空間領導（Principals' Space Leadership）

校長空間領導係指學校領導者透過對有形空間的設計規劃、策略與執行，輔以無形的領導理念，與使用者共同營造教育環境，使其充分發揮境教之功能，融入課程教學、提升行政績效及拓展社區公共關係，引領教育發展的一種歷程。

　　本研究歸納整理校長空間領導構面包含「營造教育空間環境」、「融入課程教學」、「提升行政績效」、 「厚植教育夥伴關係」等四個構面，分述如下：

一、營造教育空間環境： 包含「建構教育空間、形塑空間願景」兩部分。係指校長具備空間經營的理念，對學校建築與校園環境做整體規劃，提供多樣的校園生活空間，營造校園空間的情境，使其成為人文、安全、友善、科技、永續發展，以及藝術美感的校園，並能反映學校空間發展的願景。

二、融入課程教學： 包含「帶動課程發展、引領教學創新」。係指校長規劃教學空間與建立輔助教學區域，建構無所不在的學習情境，協助教師發展多元化的課程設計與創新教學方法，並符應學生學習需求的轉變，進行學校空間設置革新，以激發教師教學創意與學生學習興趣。

三、提升行政績效： 係指校長透過校園空間規劃與設施營運，創新校務經營，運用行政管理與設備監控系統數位化，以最少的經費、人力、物力和資源運用，產生最大的行政效能，激發團隊創意，提高工作效率。

四、厚植教育夥伴關係： 係指校長能讓使用者共同參與校園規劃，增進認同感與歸屬感；校園場地開放與社區共享，並善用在地資源、結合社區文化，使學校教育發揮最大效益。

　　本研究依據上述定義編製「國中校長空間領導」量表，以「營造教育空間環境」、「融入課程教學」、「提升行政績效」、「厚植教育夥伴關係」等四大構面進行調查，受試者在本研究自編之「校長空間領導」量表的得分表現情形，教師在校長空間領導量表得分越高，即表示教師的認知與感受的認同度愈高，該構面的表現程度亦愈高，反之，當受試者得分愈低時，表示受試者的認知與感受的認同度愈低，該構面的表現程度亦愈低。

貳、教師幸福感（Teachers' Well-being）

　　教師幸福感乃是教師在從事教育工作時，個人主觀評估生活整體與生活品質的滿意度，在身體與心理處於舒適的狀態，對教師專業工作與工作成果擁有正向的感受與期待。

　　本研究歸納整理教師幸福感構面包含「生活滿意」、「身心健康」、「工作成就」及「正向情緒」等四個構面，分別敘述如下：

一、生活滿意：係指教師個人對生活整體包括物質與精神層面的調適及生活品質滿意程度。

二、身心健康：乃為教師生理健康正常無疾病，在心理與社會方面亦呈現舒適的狀態。

三、工作成就：指教師對於自己在工作專業表現及工作成果方面的評估與感受。

四、正向情緒：教師對現在的生活與未來生涯發展抱持正向的感受和期待。

　　本研究依據上述定義編製「教師幸福感」量表，以「生活滿意」、「身心健康」、「工作成就」及「正向情緒」等四大構面進行調查，受試者在本研究自編之「教師幸福感」量表的得分表現情形，教師在「教師幸福感」量表得分越高，即表示教師的認知與感受的認同度愈高，該構面的表現程度亦愈高，反之，當受試者得分愈低時，表示受試者的認知與感受的認同度愈低，該構面的表現程度亦愈低。

參、學生學習成效（Students' Learning Effectiveness）

　　學生學習成效乃學生歷經一段學習的歷程，在學習課程和相關活動的表現狀況，及學習熱誠、參與程度與感受愉悅之程度。

　　本研究歸納整理學生學習成效構面包含「學習態度」、「學習滿意度」、「作業表現」及「學習績效」等四個構面，分別敘述如下：

一、**學習態度**：係指學生學習熱忱與對學校參與的程度，包含對學習興趣、團隊合作、積極參與學習和公益活動。

二、**學習滿意度**：係指學生對學習活動感受愉悅的程度。學生在學習歷程中，其需求、自我成就獲得的滿足，有自我實現的感受。

三、**作業表現**：指學生從事學習相關活動過程的表現。參與各項學習活動能展現自我的想法與創造力，運用科技資訊能力及解決生活問題。

四、**學習績效**：係指學生在學習活動各方面的表現成果，包括在多元評量、生活常規、品格表現與人際關係、體適能與健康習慣、藝術知能與展演表現等各方面有明顯進步與提升。

　　本研究依據上述定義編製「學生學習成效」量表，以「學習態度」、「學習滿意度」、「作業表現」及「學習績效」等四大構面進行調查，受試者在本研究自編之「學生學習成效」量表的得分表現情形，教師在「學生學習成效」量表得分越高，即表示教師的認知與感受的認同度愈高，該構面的表現程度亦愈高，反之，當受試者得分愈低時，表示受試者的認知與感受的認同度愈低，該構面的表現程度亦愈低。

第四節　研究範圍與限制

　　本研究採用問卷調查法與半結構式訪談法，探究國民中學校長空間領導、教師幸福感與學生學習成效之相關情形，為了使研究之論述與架構更為嚴謹，本節主要界定研究範圍與研究限制，茲說明如下：

壹、研究範圍

　　本研究之範圍僅就臺灣本島公立國民中學校長空間領導、教師幸福感與學生學習成效之相關部分探討，分成研究地區、研究對象及研究內容三部分，茲分述如下：

一、研究地區

　　本研究設計以問卷調查法蒐集臺灣本島公立國民中學正式教師的資料，為增加本研究樣本代表性，本研究參考教育部統計處 110 學年度國民中學學校名錄（扣除高級中等學校附設國中部及離島地區國中），共計 671 所學校，依照北、中、南、東等四個地區國民中學學校之比例抽取樣本數，進行分層隨機抽樣。

二、研究對象

　　本研究以 110 學年度臺灣本島 671 所公立國民中學正式教師為研究母群體，包括教師兼行政工作、導師，及未兼行政工作之專任教師，不包含代理、代課教師。另外，選取北、中、南、東部學校國民中學具有總務主任經驗之主任、教師共計 8 位為訪談對象，以預先編製之半結構式訪談大綱進行訪談，以更深入瞭解國民中學校長空間領導、教師幸福感與學生學習成效之相關情形。

三、研究內容

　　本研究問卷內容主要分成四部分，第一部分為「個人基本資料」，第二部分為「校長空間領導量表」，第三部分為「教師幸福感量表」，第四部分為「學生學習成效量表」，分別如後進行詳細說明：

（一）第一部分：個人基本資料

個人基本資料包括個人背景變項及學校背景變項，分別如下：

1. 個人背景變項：包含「性別」、「年齡」、「最高學歷」、「現在職務」及「服務年資」。

2. 學校背景變項：包含「學校區域」、「學校規模」、「學校校齡」及「校長在校服務年資」。

（二）第二部分：校長空間領導量表

本研究校長空間領導量表包含「營造教育空間環境」、「融入課程教學」、「提升行政績效」以及「厚植教育夥伴關係」等四個構面，總計 20 題。

（三）第三部分：教師幸福感量表

本研究教師幸福量表包含「生活滿意」、「身心健康」、「工作成就」及「正向情緒」等四個構面，總計 18 題。

（四）第四部分：學生學習成效量表

本研究學生學習成效量表包含「學習態度」、「學習滿意度」、「作業表現」及「學習績效」等四個構面，總計 19 題。

另外，以半結構式訪談大綱，以獲取質性資料，以對應文獻探討與量化相關研究結果，以力求研究結果趨於完整與客觀，作為研究之重要參考。

貳、研究之限制

本研究雖然已在研究設計上力求嚴謹，在資料分析整理上力求完整，但仍難免受限於主、客觀之因素、人文現象之複雜，導致研究對象、研究內容方面之限制，茲依次敘述於後：

一、研究對象方面

本研究以全國公立國民中學教師為研究對象，在有限的時間及資源，研究對象僅就臺灣本島的國中分為北部、中部、南部以及東部實施分層抽樣，未包括離島地區、私立國中及完全中學的國中部教師，故研究結果也僅只推論於臺灣本島地區公立國民中學正式教師。

二、研究內容方面

本研究係就國民中學校長空間領導、教師幸福感與學生學習成效之關係做描述與推論，以臺灣本島地區的公立國民中學之正式教師為研究對象，其中涉及對於校長的期望值、對校長個人形象月暈效應的干擾，以及教師個人心理深層心向反應、心理素質和個人價值觀的個別差異等因素，不免仍有所疏漏，無法完全掌握，另外，學生學習成效也以教師感知察覺學生學習的情形，因此編製本研究調查問卷題目與訪談大綱時，著重於國民中學教師對於校長空間領導、教師幸福感與學生學習成效的知覺感知及自我察覺之陳述。

第二章 實證文獻探討

本研究欲透過瞭解校長空間領導、教師幸福感以及學生學習成效之關係，本章研究探討共分為四個部分，第一節為校長空間領導之內涵與相關研究，第二節為教師幸福感之內涵與相關研究，第三節為學生學習成效之內涵與相關研究，第四節則為校長空間領導、教師幸福感與學生學習成效之相關研究。

第一節 校長空間領導之內涵與相關研究

為了對研究主題有更深入了解，蒐集相關文獻資料，並加以歸納、分析與綜合，探討研究主要變項之間的關係，以作為實證研究的理論依據。本節針對校長空間領導意涵，空間領導的發展與趨勢，及校長空間領導之相關研究加以說明。

壹、校長空間領導之意涵

空間（space）大致上是指物質存在所佔有的場所，有物體之間的界線或相對位置，如:距離、面積、體等一次元、二次元或三次元所形成的概念。從設計學角度來看，點是「一種具有空間位置的視覺單位」；線是具有方向性的「一次元空間」，具有位置、長度和方向的特性；面是一種具有相對長度與寬度的「二次元空間」，具有位置、方位、長度、寬度、表面和形狀的

特性；體則是具有相對長度、寬度與高度的「三次元空間」，具有位置、方位、長寬高、表面、造型的特性（李琬琬，1989）。湯志民（2006）提出，就學校空間而言，其範圍涵蓋學校內校舍、校園、運動場及附屬設施所組構成「點、線、面、體」的物理空間環境，包括以下四種組構方式：1.「點」的分佈：是學校空間組構的基石，如：圍牆邊的校門、庭園內的藝術雕塑、運動場上的司令臺、獨立的活動中心等都是校園內的焦點。2.「線」的延伸：為動態組構，如：間間相連的教室、上下延伸的樓梯、成排的椰子樹、運動場上的跑道等，所延伸出來的線條感，使人產生區隔空間及自由發展的感覺。3.「面」的擴展：是區域分佈，如：各項建築的用地區域、寬闊的運動場、聳立的牆面、學校的動線網路等，給人整體平穩的感覺。4.「體」的建立：為完整的結構，如：層層相疊的校舍樓層、縱橫交錯的樓梯走廊、高低起伏的花樹綠籬、琳瑯滿目的校園布置等，令人產生精彩豐富的感覺。而建築空間融合了結構空間、實用空間和視覺空間，結構空間在求「真」，即須符合材料學、力學、構造學的建築科學之規律性；實用空間在求「善」，需考慮使用功能之功利性；視覺空間在求「美」，亦即應形成和諧形象之藝術性（王宗年，1992）。

空間領導（space leadership）可視為「學校空間規劃」或「教育設施規劃」與「領導理念」的統整名詞，為「學校空間領導」或「教育空間領導」的簡稱。有別於「特質論」、「行為論」和「情境論」傳統的教育領導理論，被稱為「新興教育領導理論」，與課程領導、教學領導、知識領導、科技領導等歸類於「功能型」領導理論，乃是基於教育功能之需求，運用領導理念發展出相關應用作為（秦夢群，2017）。相較於行政領導或課程領導，空間領導是讓學校相關利益人最快「感受得到」、最容易被「看得到」的領導，更能透過境教進而影響正式課程中的美感與營造良善的氛圍（湯志民、簡

宜珍、陳詩媛，2014）。

空間領導的概念最早於 1914 年美國芝加哥的「學校建築行政人員協會」（The Association of Physical Plant Administrators, APPA）所提出教育設施領導（Leadership in educational facilities）一詞，然而，當時相關的研究並不多見，該組織有過不同名稱，自 1969 年使用" The Association of Physical Plant Administrators "作為組織名稱後，簡稱" APPA "最廣為人知。APPA 是個國際性的協會，其代表來自全球 1,300 多個教育機構，有 18,000 多名教育機構專業人員，會員包括其他非營利組織、圖書館、博物館及行業合作夥伴，以提升、轉變和改造教育設施為目標，使教育設施具有卓越的行政、規劃、設計、建造、維護和營運，促進教育建築的革新，將教育設施專業提高到較高的執行者與領導層次，協助機構轉化學習環境為具有支持性和具吸引力，提升對教育設施的認知度和價值性的認可，對於學生、教職員工招聘和留用產生直接的影響力（The Association of Physical Plant Administrators, 2020）。直至 2006 年 Tanner 和 Lackney 所撰寫《教育設施規劃：領導、建築和管理（ *Educational facilities planning: Leadership, architecture, and management* ）》一書中有統整的「空間領導」概念，其提供領導者創造出革新教育設施與物質學習環境之知識，強調需與建築師、學生、教師及社區人士共同規劃、設計學校設施，以確保發展出適切的 21 世紀的學習環境（湯志民，2008）。而首見「空間領導」的概念始於湯志民於 2008 年 10 月主編的《教育研究月刊》「空間領導：理念與策略」，邀請教育學者專家撰文論述空間領導的概念、涵義、模式、策略與方式等，引發學術研究討論，至此諸多實證相關研究於是展開（吳清山，2013；李怡樺，2018；湯志民，2008；湯志民、陳詩媛、簡宜珍，2016）。

有關「空間領導」的相關理論研究，以湯志民、吳清山、馮朝霖、陳

木金等學者著墨較多，將併陳上述學者之觀點，以觀空間領導之意涵。

湯志民（2008）認為空間領導為領導者透過規劃與運用校舍、校園、運動場和附屬設施，以建構對學校空間、教師教學、學生學習、行政管理和社區公關，具有實質影響力的「點、線、面、體」環境，以引領學校空間和教育發展之歷程。吳清山（2008）表示，空間領導乃是校長透過有形的物理環境規劃，發揮境教的功能，藉以達到提升學生學習成效、教師教學與行政效率的教育目標，並激發學校所有人員共塑願景，促進學校發展，使學校能不斷進步。馮朝霖（2008）提及空間領導是學校經營所發展出來的一個重要向度，其關鍵在美學領導，提出「氣氛經營」理念做為空間領導與美學領導的轉化中介，期使學校經營走向生態學與美學的思維典範，創造學校環境成為「參化」的平臺。陳木金與溫子欣（2008）著眼於空間領導是領導者善用自然景觀與人文環境做校園合宜的規劃，創建最佳的教育情境，以達教育之正面價值。

使用者的參與能促成學校建築與教育的重新界說，學校成員經由討論，整合多方意見，將重新檢視學校目前的教育，以建立對未來教育的願景（林志成、盧文平，2017；楊清芬，2011），吳清山（2013）指出學校應提供成員良好的工作環境，以利營造適切合宜的氣氛，強調空間環境需符應教師需求，湯志民、施佩吟與魏琦（2013）融合吳清山的見解，定義空間領導係指校長與使用者共同參與，形塑空間願景、融入課程教學，以建構對教育具有實質影響力之環境，以引領學校空間與教育發展之歷程。至此，將空間領導做更周全的詮釋，將領導運用於校園空間的影響力，強調設計與規劃校園環境使其發揮境教之功能，領導者除須具備空間規劃意識外，更應傾聽使用者的需求，以符應教師教學之需求，打造以學生為中心之教育空間。

陳建志（2010）表示空間領導乃是領導者透過空間規劃、決定建築樣式、營造環境人文風貌，所形成的氛圍影響生活在其境的人，引導教育空間之發展及教育目標之促進。另有研究者強調環境規劃的物理層面，會影響成員心理與社會空間層面，莊明達（2012）主張校長先評估教育需求，採取參與的策略，規劃完成實體物理空間，以影響心靈與社會空間，促使有形環境與無形文化產生交互作用，引領空間回歸課程、學生主體和知識意義的教育目標。鄭文淵（2015）採廣義空間領導的概念，所有與學校相關的空間均歸屬之，強調校長推展空間領導時，需考量成員生理兼具心理、並重內在與外在、兼備軟體與硬體，以及時間與空間並存，由外在環境逐漸影響學校內外成員的社交關係，進而影響其心理，兼顧成員的社會空間、心理空間以及環境空間，以改善成員關係，並促使成員自我實現，導引學校邁向永續發展。「用後評估」（Post-Occupancy Evaluation, P.O.E.）可提供檢視空間領導重要參據，李怡樺（2018）提出校長空間領導要整合理念的宣導，行動的實踐，以及成效的評估，方能使學生學習品質精緻，達成教育目標。鮑瑤鋒（2019）則認為校長藉由本身專業能力規劃具有實質影響力的教育環境，以引領學校整體教育與教師專業發展之歷程。綜合上述國內外學者對校長空間領導定義，整理如表 2-1。

表 2-1 校長空間領導之定義

作者	年代	校長空間領導定義
Tanner 與 Lackney	2006	領導者能創造出革新教育設施與物質學習環境，並與建築師、學生、教師及社區人士一起參與規劃、設計學校設施，以確保發展適切的學習環境。
湯志民	2008	領導者透過規劃與運用校舍、校園、運動場和附屬設施，以建構對學校空間、教師教學、學生學習、行政管理和社區公關，具有實質影響力的環境，以引領學校空間和教育發展之歷程。
吳清山	2008	透過有形物理環境規劃，發揮境教功能，藉以達到教育目標，並激發學校所有人員共塑願景，促進學校發展，使學校能不斷進步。
馮朝霖	2008	提出「氣氛經營」理念做為空間領導與美學領導的轉化中介，期使學校經營走向生態學與美學的思維典範，創造學校環境成為參化的平臺。
陳木金與 溫子欣	2008	領導者善用自然景觀與人文環境做校園合宜的規劃，創建最佳的教育情境，以達教育之正面價值。
陳建志	2010	領導者透過空間規劃、決定建築樣式、營造環境人文風貌，形成的氛圍影響生活在其境的人，引導教育空間發展及促進教育目標。
莊明達	2012	校長先評估教育需求，採取參與的策略，規劃完成實體物理空間，以影響心靈與社會空間，促使有形環境與無形文化產生交互作用，引領空間回歸課程、學生主體和知識意義的教育目標。

（續下頁）

作者	年代	校長空間領導定義
吳清山	2013	學校應提供成員良好的工作環境,以利營造適切合宜的氣氛,空間環境需符應教師需求。
湯志民等	2013	校長與使用者共同參與,形塑空間願景、融入課程教學,建構對教育具有實質影響力之環境,以引領學校空間與教育發展之歷程。
鄭文淵	2014	校長由外在環境逐漸影響學校內外成員的社交關係,進而影響其心理,兼顧成員的社會空間、心理空間以及環境空間,以改善成員關係,並促使成員自我實現,導引學校邁向永續發展。
李怡樺	2018	校長空間領導要整合理念的宣導,行動的實踐,以及成效的評估,方能使學生學習品質精緻,達成教育目標。
鮑瑤鋒	2019	校長藉由本身專業能力規劃具有實質影響力的教育環境,以引領學校整體教育與教師專業發展之歷程。
黃庭鈺	2020	校長透過學校建築與設施設備的規劃與運用,形塑空間願景、建構教育空間、融入課程教學,並邀請學校成員共同參與規劃,以發展學校文化、帶動課程發展、協助教師教學、激發學生學習、提升行政效率及拓展社區關係。
馮佳怡	2020	校長透過規劃與運用學校建築,設施設備與學校環境,建構對行政管理、學校課程、教師教學和學生學習具有實質影響力的空間,並將學校願景形塑其中,展現教育發展和教育價值,使教師教學和學生學習產生顯著效果,以達成教育目的之歷程。

資料來源:本研究整理

　　綜觀上述學者的論點，歸納本研究對校長空間領導之定義乃學校領導者透過對有形空間的設計規劃、策略與執行，輔以無形的領導理念，與使用者共同營造教育環境，使其充分發揮境教之功能，融入課程教學、提升行政績效及拓展社區公共關係，引領教育發展的一種歷程。

　　依據湯志民（2008）等人提出對校長空間領導之研究層面進行整理，歸納本研究校長空間領導之研究構面，詳如表 2-2。

表 2-2　校長空間領導研究構面分析

研究層面　研究者（年代）	融入課程教學		提升行政績效		厚植教育夥伴關係		營造教育空間環境		其他
子層面	帶動課程發展	引領教學創新	促進行政革新	形塑學校文化	拓展社區公共關係	使用者共同參與	建構教育空間	形塑空間願景	其他
Tanner與Lackney (2006)	●	●	●	●		●			
湯志民 (2008)	●	●	●	●			●		
吳清山 (2008)	●	●					●	●	
陳木金與溫子欣 (2008)				●			●		
莊明達 (2012)	●	●	●		●		●		
鄭文淵 (2014)	●	●	●		●		●		資訊設備
黃國庭 (2014)	●	●				●	●	●	

（續下頁）

研究層面 研究者（年代）	融入課程教學		提升行政績效		厚植教育夥伴關係		營造教育空間環境		
子層面	帶動課程發展	引領教學創新	促進行政革新	形塑學校文化	拓展社區公共關係	使用者共同參與	建構教育空間	形塑空間願景	其他
鐘巧如 (2016)	●	●				●	●	●	
湯志民等人 (2016)	●	●				●	●	●	
李怡樺 (2018)	●	●	●	●	●	●	●	●	激發學生學習
黃庭鈺 (2020)	●	●				●	●	●	
次數統計	10	10	6	4	4	6	10	6	2
合計次數	20		10		10		16		

資料來源：本研究整理

　　研究者參考文獻探討結論，歸納出「營造教育空間環境」、「融入課程教學」、「提升行政績效」、 「厚植教育夥伴關係」四大構面，作為本研究校長空間領導之研究層面進行探析，其內涵如下：

一、營造教育空間環境：包含「建構教育空間、形塑空間願景」兩部分。係指校長具備空間經營的理念，對學校建築與校園環境做整體規劃，提供多樣的校園生活空間，營造校園空間的情境，使其成為人文、安全、友善、科技、永續發展，以及藝術美感的校園，並能反映學校空

間發展的願景。

二、融入課程教學：包含「帶動課程發展、引領教學創新」。係指校長規
劃教學空間與建立輔助教學區域，建構無所不在的學習情境，協助教
師發展多元化的課程設計與創新教學方法，並符應學生學習需求的轉
變，進行學校空間設置革新，以激發教師教學創意與學生學習興趣。

三、提升行政績效：包含「形塑學校文化、促進行政革新」。係指校長透
過校園空間規劃與設施營運，創新校務經營，運用行政管理與設備監
控系統數位化，以最少的經費、人力、物力和資源運用，產生最大的
行政效能，激發團隊創意，提高工作效率。

四、厚植教育夥伴關係：包含「拓展社區公共關係、使用者共同參與」。
係指校長能讓使用者共同參與校園規劃，增進認同感與歸屬感；校園
場地開放與社區共享，並善用在地資源、結合社區文化，使學校教育
發揮最大效益。

貳、空間領導的發展與趨勢

現今學校領導者必須較過往更靈活，需承擔以社會需求為基礎，規劃
設計學校或學校系統的任務（Hilliard ＆ Jackson, 2011），隨著教育朝向民
主化、個別化與多元化的趨勢邁進，學校的「教」與「學」產生極大的轉
變，而學校建築就是教育改革中最大的「教具」（黃世孟，1997），陳木金
（2006）亦主張校園建築是學校最大型的教具。本研究為探討國中校長空
間領導，以下就國中學校建築發展 1960 到 2010 年代的演化做簡要敘述：

依據湯志民（2018）研究將臺灣地區國中學校建築發展分為三時期六
階段，1960 年代是標準化校舍的興建，1970 年代是危險教室的更新，為安
全和標準化第一時期，重視「工程」標準化的校舍，也開始注重安全；1980

年代是新學校建築的萌芽，1990 年代是學校建築的轉型，為創意和新建築第二時期，嶄新觀念已萌芽，逐漸強調造形的創新並挹注人文關懷，為學校建築「工程」注入新生命；2000 年代是優質新校園的推展，2010 年代是雲端與營運複合化，為優質與複合化第三時期，融入更多活化、美學、科技、優質、永續等概念，開創多元的學習環境，再為學校建築「工程」注入更多教育意涵，至近 10 年，學校建築漸漸步向虛擬、動態、跨域協調複合的校園建置與經營型態。

促動以上國中學校建築革新、內涵價值轉移，有三個重要轉折點分別為下：推動九年國民教育新建學校與大量擴充教室，快速興建產生標準化的學校建築風格，當時期追求一元化、制度化的僵硬教育體系，常見的是火柴盒式、高聳的圍牆、軍營式管理的校園；以管理方便為設計考量的重點，主要強調對學生行為的監控，重視權威的控管，這種典型的建築設計，意涵著服從的秩序與集權的規範（林志成、盧文平，2017），校園環境缺乏多元性和活潑的氛圍，並未重視教學設計與學生學習空間的需求。

直到「九二一大地震」後，新的校園設計理念如雨後春筍般地出現，「新校園運動」開創國中校舍開放、活潑、多元、創新的風格，展現學校建築新生命，推展無障礙校園、永續校園、科技校園等，學校人文教育環境、本土教育環境和校園文化環境受到重視，開始正視學校建築風格、營造校園氛圍、空間美學的創新，將使用者的需求、校本課程、教學理念、社區關係及永續發展等面向納入校園空間的設計，規劃以學生為中心的學習環境（陳錦朝等人，2010；湯志民，2010）。

21 世紀數位科技時代來臨，教育雲端與資訊科技成為建置學校設備與設施的潮流，Bauscher 與 Poe（2018）指出，學校的資訊設計須做到所有科技設備的專用電源、通訊的安全網絡、寬頻進入每所學校以及校際之間光

纖相連；而因應數位時代學生的主動學習趨勢，非傳統的沉浸式學習環境（immersive learning environments）或學習岬（learnings capes）應運而生，沉浸式學習環境圍繞著包括個別研究、小團體協作、工作坊、分組演講、社群教室等五種不同類型活動設計的空間規劃，每種空間各有其獨特的配置需求，例如：個別研究區（individual study areas）提供個別思考、研究的私密空間；小團體協作區（collaborative small group areas）供主題學習與協作的彈性團體空間；工作坊區（collaborative small group areas）類似科學實驗室，適合動手探索和體驗；分組演講區（breakout lecture areas）提供短暫的分組空間，用以研討及遠距學習；社群教室區（community classroom areas）用以社交學習和團體合議的分享空間，以上這些空間的配置皆鄰近中心教學團隊策劃區（a central teaching-team planning area）（Marchisen, Williams, & Eberly, 2017），沉浸式學習環境主要是改變一間教室一位教師的觀念，提供更多洄游教育的經驗（migratory educational experience），利於教師多元教學、師生和同儕間互動、學生主動學習的沉浸式學習環境，臺灣目前尚未有具體案例，然而，十二年國教新課綱上路，值得期待此種空間原則規劃或重整學校設施（湯志民，2018）。

工業 4.0 來臨，以物理資訊系統為核心，連結雲端計算、大數據分析、人工智慧、社交網路、物聯網服務等，革新校園建築的規劃及設備的建置，使學校往智慧校園大幅邁進（湯志民，2015），Wang（2017）即言，隨著物聯網、雲端運算及大數據的快速進展，教育正逐步從「數位」走向「智慧」，建置智慧校園已成為學校建設的主要趨勢。而 2020 年 5G 新時代來臨，無線網路的極端寬頻傳輸、超密集網絡、超低延滯要求，在容量、可用性和成本效率大幅提升，服務和網絡要求不僅以人為本，也將允許連接支援機器對機器服務及物聯網的大規模智慧設備（Ahamed & Faruque,

2018; Gimbel, 2019），使智慧校園的推動更具條件。5G 無線網絡將連結數十億的智慧設備與移動網絡，連接的物聯網設備總數在 2010 年為 125 億，2020 年將達到 500 億，增加 4 倍多，到 2021 年全球智慧設備的增長達到 82%，部分地區（例如北美）將達到 99%（Ahamed & Faruque, 2018）。

　　臺灣社會也意識到智慧校園的趨勢，2014 年經濟部工業局將「智慧校園新興產業」列為施政重點之一，整合學校的教學、科研、管理、校園資源和應用系統，改變學校人員和校園資源相互交互的方式，提高應用交互的明確性、靈活性和響應速度，以智慧學習、智慧社群、智慧管理、智慧行政、智慧保健、智慧綠能創新整合服務為核心，促進產業領先示範，實現智慧化服務和管理的校園模式，打造國際智慧校園品牌（財團法人資訊工業策進會，2014）。2016 年，教育部在既有的基礎之下規劃執行「教育雲：校園數位學習普及服務計畫」（2017-2020），投入 5.1 億元經費，強化雲端計算整合平臺、提供教育體系單一帳號服務、擴大教育資源徵集、普及雲端有感服務、布建巨量資料分析環境、開放個人化資料服務與應用等六大方向，以支援全國中小學實施數位學習與行動學習（教育部，2016）。行政院（2017）「前瞻基礎建設計畫」，其中「數位建設」之「建設下世代科研與智慧學習環境」，向下扎根從高中職到中小學教室資訊環境，全面提升校園軟硬體數位環境，使具備穩定的資訊設備、高速的寬頻網路、多樣化的數位課程，規劃 2017-2020 年 4 年內投資總經費 185.3 億元，推動「建置校園智慧網路」、「強化數位教學暨學習資訊應用環境」、「建構雲端服務及大數據運算平臺」、「高中職學術連網全面優化頻寬提升」、「自研自製高階儀器設備與服務平臺」、「園區智慧機器人創新自造基地計畫」等計畫，有助於促進智慧校園的建置與發展。智慧校園可以增強學習空間、學生學習及教學指導，大量的校園應用程式（Apps）與認知卸載（cognitive offloading），將增進學習樂趣與競爭力，並提升知識擴散與教育的進步（H.-Y. Chan & L. Chan, 2018）。

進入 2020 年 5G 廣泛應用的新世代，加以人工智慧（artificial intelligence, AI）、物聯網（internet of things, IoT）、虛擬實境/擴增實境/混合實境（virtual reality, VR/ augmented reality, AR/ mixed reality, MR）、大數據的促進，使校園的環境融合在虛擬與實境，教育和生活在虛實之間穿梭，校園建築與設施更便利、高效、具人性及智慧化（湯志民，2019b），學校宜建置虛擬空間、網頁空間等後的衍生型的空間資源，鼓勵師、生、親善用衍生型的空間資源，進行學習、對話與溝通，發揮後現代社會多元創化的最大效益（林志成、盧文平，2017）。

綜上述，十二年國民基本教育課程綱要的推動，未來課程、教學、學習以及教育空間規劃，將成為教育重要的核心價值，學校領導者宜依循著教育理念及未來導向，檢視學校現有空間的功效，規劃設計各種新式空間，如創課教室、多元實驗空間、智慧教室、群組分享、沉浸式學習環境等，使校園空間在安全、經濟效益基礎下，達成學校教育之目標。

參、校長空間領導之相關研究

Stack（2010）指出學校設施規劃應掌握教育的需求與轉變，運用領導的專業使設施成為策略的夥伴，並引領變革。以空間規劃引領空間革新和教育發展，是空間領導的價值和重要性，也是空間領導的核心觀念（湯志民等人，2016）。由於空間領導是屬於較新穎的理念，在國外文獻中不易找到完全對應的英文字，但在「教育設施管理」、「校園環境規劃」、「校園空間設計」等文獻研究中均隱含空間領導的意涵（黃庭鈺，2020），而臺灣校長空間領導實證研究則在 2010 年後開始，以下就國內外學者對空間領導

相關的研究分別加以敘述：

一、校長空間領導的相關實證研究

Uline 與 Tschannen-Morgan（2008）以美國弗吉尼亞州 80 所中學教師為研究對象，探究學校設施與學生表現之關係，研究發現，學校設施的品質和學生成就與學校氣氛有正向關聯，學校氣氛在學校設施質量與學生成就之間有具有中介作用。Tanner（2009）抽樣調查美國 71 所學校學生，以十點李克特量表對三種學校設計的測量結果與學生學業成績進行比對分析，研究結果顯示，學校的流通、採光和視野三項設施對學生的學業成績有顯著相關。Sojanah 與 Ferlinda（2018）對澳大利亞 Bina Wisata Lemban 職業高中 82 位一年級學生進行問卷調查，探討影響學生學習成效的因素，調查結果發現，除了學生本身的學習動機外，學校設施可以加強學生學習成效，在學習過程中扮演支持學習活動非常重要的角色。

然而，在 Azzahra 與 Usman（2019）探究自我效能、教師能力、學校設施和學校環境對學生動機的影響，研究結果發現學校設施和學生動機之間關係是負相關。該研究針對印度尼西亞 200 人受訪，數據結果顯示自我效能與學生動機路徑之間的正相關係數值為 0.359，學校環境顯著影響學生的學習動機路徑係數值為 0.239，教師的能力顯著影響學生路徑係數值為 0.137，學校設施與學生動機路徑路徑係數值卻為-0.074，研究結果顯示自我效能、學校環境、教師能力均會影響學生學習動機，學校設施並不會影響學生學習動機。換言之，當學校的設施完整且充足，不一定會提高學生的動機，同時，學生學習動機高並不是由於學校設施齊全而充足。

Horng（2009）以加州 531 所的小學教師為研究對象，調查其選擇學校時考慮的因素，研究結果顯示，教師在選擇學校時優先考量學校的設施

條件，比行政支持、班級規模、薪水及學生特徵更為重要。然而，Caffey（2020）探究農村高貧困學校設施條件與教師滿意度及素質的關係研究，研究結果卻顯示，學校設施或教室設備的狀況不是他們決定留在學校或離開學校的因素；該研究採用問卷調查法為主要研究方法，調查內容增加一題開放式問題，以收集教師對學校和教室設施狀況的反映，研究對象為美國阿拉巴馬州的農村學校系統的 136 位教師；研究結果發現，教師對學校建築狀況的滿意程度中等，總體滿意度、課堂評估、態度評估和學生學習方式均在 Likert 五點量表的中點以上，處於中等偏上水準；總體來說，學生學習與課堂評估、態度評估和所有量表的總體滿意度之間的關係平均值略低；至於，大多數老師表示不管學校設施狀況如何都會留任，研究者提出可能原因是這些教師對學生的堅定承諾，也有可能教師已經在學校待很長一段時間，適應那種現實環境，而大部分教師住在學校附近的社區，對熟悉社區的承諾也可能是因素之一。

國小階段校長空間領導之實證研究：莊明達（2012）實地訪談 6 位實務教育工作者及問卷調查基隆市、臺北市、新北市、桃園市四縣市公立國民小學位教師，獲得有效問卷 1,250 份，探討國民小學校長空間領導、品牌管理與創新經營三者的關係，研究結果發現，國民小學校長空間領導現況呈現良好，空間領導各向度得分均為中高程度，以「促進行政革新」得分最高，「深化課程實施」得分最低。湯志民等人（2013）以臺北市及新北市公立國民小學 120 所學校為研究範圍，探究國民小學校長空間領導、教師組織承諾與學校效能之關係，針對 1,200 位教師做問卷調查，並訪談 6 位在空間領導上績效卓越的校長，研究結果發現，臺北市與新北市國小校長空間領導達到高程度，以「形塑空間願景」、「建構教育空間」層面的表現最突出。黃國庭（2014）為瞭解國民小學校長空間領導、學校創新經營

與學校效能三者之間的關係，調查臺北市、新北市、桃園市公立國民小學
教師，回收有效問卷 1,130 份，調查結果分析顯示，國民小學校長空間領
導實施現況均達「中高程度」，校長在空間領導方面以「建構教育空間」為
最佳，其次為「融入課程教學」、「形塑空間願景」及「使用者共同參與」。
李怡樺（2018）探討臺北市國民小學校長空間領導、學校組織文化與學校
創新經營效能關係之程度，以臺北市公立國民小學校教師為研究對象，研
究結果發現，臺北市國民小學校長空間領導屬「高程度」表現，其中又以
「營造校園情境」最高，其次為「豐富資源設施」、「支援課程教學」、「帶
動行政規劃」，而「促進社區互動」最低。鐘巧如（2016）以臺灣地區公立
國民小學教育人員為研究對象，共回收 1,008 份有效問卷，亦探究國民小
學校長空間領導，調查結果顯示，國民小學校長空間領導各層面達到「高
程度」表現，尤其在「建構教育空間」、「形塑空間願景」層面表現最突出。

　　國中階段校長空間領導之實證研究：鄭文淵（2014）以臺灣地區公立
國民中學教師為研究範圍對象，共得有效問卷 994 份，探究國民中學校長
空間領導、學校組織文化與學校創新經營效能之關係，研究結果發現，國
民中學校長空間領導現況屬於「中上程度」，以「營造優質校園情境」層面
認同度較高，「帶動課程教學發展」程度最低。馮佳怡（2020）旨在探討國
中校長空間領導、教師工作滿意度與學校效能之關係，以臺灣地區公立國
民中學教師為研究對象，包括主任、組長及班級導師，研究結果顯示，國
中校長空間領導各層面達到「中高程度」表現，以「融入課程教學」層面
的表現最突出，依序為「建構教育空間」、「形塑空間願景」、「使用者共同
參與」。

　　高中階段校長空間領導之實證研究：黃庭鈺（2020）則探究高級中等
學校校長空間領導、學校組織健康與學生學習成就之關係，以臺灣地區普

通型公立高級中等學校現任正式教師為研究對象，調查結果顯示，公立普通高中校長空間領導現況屬「中上程度」，以「融入課程教學」的表現最佳，「成員參與規劃」較低。

二、背景變項與校長空間領導之研究

校長空間領導相關研究中，對於校長空間領導之背景變項不盡相同，歸納相關研究發現，背景變項主要包括教師個人背景變項包括：性別、年齡、最高學歷、服務年資、現在職務等，以及學校背景變項包括：學校區域、學校規模、學校校齡等；也有以校長的性別、學歷、當校服務年資等背景變項進行研究（馮佳怡，2020；鄭文淵，2014），學校獲獎情況（湯志民等人，2013），近五年內校舍整建工程（鐘巧如，2016）進行研究。以下將根據背景變項加以探討校長空間領導。

（一）性別變項

針對教師性別變項部分，李怡樺（2018）、莊明達（2012）、馮佳怡（2020）、黃庭鈺（2020）以及鐘巧如（2016）等人研究發現男女不同性別學校教育人員對於校長空間領導的知覺是有差異的。在莊明達（2012）、馮佳怡（2020）、黃庭鈺（2020）以及鐘巧如（2016）等人的研究發現，男性學校教育人員對於校長空間領導的知覺高於女性；然而，李怡樺（2018）研究發現女性教師對校長空間領導「帶動行政規劃」分構面的認知程度高於男性教師者。

但在湯志民等人（2013）和黃國庭（2014）的研究顯示，教師性別對校長空間領導之知覺沒有顯著差異；另外，對於校長性別與空間領導的研究方面，鄭文淵（2014）研究顯示不同性別校長在「整體空間領導」及其各層面並未達顯著差異。由上述可知，對於不同性別教師在校長空間領導

上知覺具有頗大的差異性，仍有可繼續探討研究的空間。

（二）年齡變項

　　針對教師年齡變項部分，在莊明達（2012）、湯志民等人（2013）、黃國庭（2014）以及鐘巧如（2016）等人的研究顯示出年齡在會影響對於校長空間領導知覺感受的差異。莊明達（2012）發現在「校長空間領導總量表」與「促進行政革新」分向度中，「40-49 歲」顯著高於「30 -39 歲」，在「豐富學習資源」分向度中，「50 歲以上」和「40-49 歲」顯著高於「30 -39 歲」；黃國庭（2014）研究顯示 51 歲以上之教師在知覺校長空間領導程度較 31-40 歲之教師佳；鐘巧如（2016）研究顯示「建構教育空間」、「融入課程教學」、「使用者共同參與」分量表之得分上，51 歲(含)以上教育人員顯著高於 30 歲(含)以下、31-40 歲、41-50 歲，而於「形塑空間願景」層面，則是 51 歲(含)以上教育人員顯著高於 31 歲至 40 歲教育人員。以上不同年齡對校長空間領導知覺有顯著差異，大多為年長教師高於年輕的教師。

　　但在李怡樺（2018）、馮佳怡（2020）以及黃庭鈺（2020）等人研究，則發現不同年齡教育人員知覺校長空間領導並未達顯著差異。由上述可知，不同年齡的教育人員對校長空間領導的評定是存有差異的，值得繼續深入探討。

　　另外，對於校長年齡與空間領導的研究方面，鄭文淵（2014）研究顯示不同校長年齡在「豐富學生學習資源」層面達顯著差異，校長年齡在「50-59 歲」得分明顯高於「60 歲以上」；在「帶動課程教學發展」層面亦達顯著差異，「39 歲以下」、「40-49 歲」，以及「50-59 歲」得分均顯著高於「60 歲以上」。

（三）最高學歷變項

　　針對教師最高學歷變項部分，在莊明達（2012）、馮佳怡（2020）以及黃國庭（2014）等人的研究則顯示教師的最高學歷對校長空間領導知覺有顯著差異。莊明達（2012）發現在「提升教育意境」、「促進行政革新」、「豐富學習資源」、「拓展社區關係」等分向度中，共同現象即是「碩士以上畢業」教師顯著高於其他大學畢業或專科畢業院校的校師；黃國庭（2014）研究顯示，碩、博士教育程度的教師在知覺校長空間領導較大學學歷的教師佳；馮佳怡（2020）發現最高學歷為師範院校的教師知覺校長空間領導在「建構教育空間」、「融入課程教學」、「使用者共同參與」層面比研究所以上(含四十學分班)學歷者程度顯著較高。以上不同學歷教師對校長空間領導知覺具有顯著性差異。

　　但李怡樺（2018）、湯志民等人（2013）以及鐘巧如（2016）等人研究發現，不同高學歷教師知覺校長空間領導並無顯著差異。由上述可知，不同學歷教師對校長空間領導的知覺感受存有差異性，值得繼續進一步深入探討研究。

　　另外，對於校長最高學歷與空間領導的研究部分，鄭文淵（2014）研究發現，校長學歷為「一般大學」與「碩士」的得分在「營造優質學校情境」、「促進行政團隊效能」、「帶動課程教學發展」、「豐富學生學習資源」，以及「整體空間領導」層面，明顯高於校長學歷為「師範院校(含教育系)」；在「善用資訊科技設備」層面，「碩士」學歷的得分則明顯高於「師範院校(含教育系)」，然而，在「拓展家長社區關係」層面擁有「一般大學」學歷則顯著高於其他三者。

（四）服務年資變項

　　針對教師服務總年資變項部分，李怡樺（2018）、莊明達（2012）、黃國庭（2014）以及鐘巧如（2016）等人研究發現不同年資對校長空間領導

知覺有顯著差異。在莊明達（2012）研究顯示，「26 年以上」顯著高於「6-15 年」或其他較低的服務年資，在「促進行政革新」、「豐富學習資源」向度中除了以「26 年以上」顯著高於「6-15 年」以外，其餘均以「26 年以上」顯著高於「16-25 年」或「5 年以下」；黃國庭（2014）發現服務年資21 年以上之教師知覺校長空間領導最佳；在鐘巧如（2016）研究顯示，在「建構教育空間」、「融入課程教學」分量表之得分，服務年資 26 年(含)以上顯著高於 5 年(含)以下、6-15 年及 16-25 年，在「形塑空間願景」、「使用者共同參與」分量表之得分，服務年資 26 年(含)以上顯著高於 6-15 年、16-25 年；李怡樺（2018）發現教師服務年資在 26-30 年者在「營造校園情境」變項其認同程度高於服務年資在 20 年以下者。以上研究均顯示不同年資教師對校長空間領導知覺有顯著差異性，大多呈現資深教師高於資淺教師。

但馮佳怡（2020）和黃庭鈺（2020）研究發現，不同服務年資校師對於校長空間領導的知覺感受並無顯著差異。由上述可知，不同服務年資教師對校長空間領導的知覺感受存有差異性，值得進一步探討研究。

鄭文淵（2014）對校長當校服務年資與空間領導進行研究，發現校長當校服務年資為「2-4 年」任期校長在校長空間領導個層面顯著高於「1 年以下」，在「營造優質學校情境」層面，「2-4 年」與「5 年(含)以上」的校長之得分顯著高於「1 年以下」之校長；但馮佳怡（2020）研究發現不同在校服務年資校長在空間領導的表現並無呈現顯著性差異。

（五）現在職務變項

針對教師現在職務變項部分，在莊明達（2012）、湯志民等人（2013）、馮佳怡（2020）、黃庭鈺（2020）、黃國庭（2014）以及鐘巧如（2016）等人的研究發現，不同職務的成員對於校長空間領導的知覺與評定會有不同

的影響。在莊明達（2012）研究中「校長組」明顯高於「組長組」、「教師組」、「主任組」明顯高於「教師」、「組長組」；鐘巧如（2016）也發現校長或兼任行政職務教師知覺程度所平均數高於級任教師或科任教師，在「融入課程教學」層面分量表之得分，校長知覺程度高於兼任行政職務教師，也高於級任教師、科任教師；黃國庭（2014）研究顯示主任較組長、級任老師、科任老師三者知覺校長空間領導程度高；黃庭鈺（2020）研究顯示，兼任行政職教師在校長空間領導知覺程度均顯著高於專任教師及導師，而專任教師知覺校長空間領導程度則顯著高於導師；馮佳怡（2020）亦發現兼任行政職教師顯著較高。以上不同職務教師對校長空間領導知覺有顯著差異性，大多呈現兼職行政教師高於科任教師。

但在李怡樺（2018）的研究則發現不同職務的教師在校長空間領導的知覺上無顯著差異。由上述可知，不同職務的教育人員對校長空間領導的知覺或評定是存有差異的，仍有繼續深入探討研究的空間。

（六）學校區域變項

針對教師學校區域變項部分，在黃庭鈺（2020）和黃國庭（2014）的研究，發現不同學校位置的教師對於校長空間領導知覺是有差異的。黃國庭（2014）研究顯示，鄉鎮地區學校教師在「形塑空間願景」與「建構教育空間」層面知覺較都市地區教師佳；黃庭鈺（2020）發現「中區」學校教師在校長空間領導整體及「形塑空間願景」、「建構教育空間」構面的知覺程度均顯著高於北區及東區教師，而「中區」教師在「成員參與規劃」構面的知覺程度亦顯著高於北區，顯示「中區」教師對於校長空間領導的知覺程度普遍高於其他地區。

但在李怡樺（2018）、莊明達（2012）、湯志民等人（2013）、鄭文淵（2014）以及鐘巧如（2016）等人的研究則發現未達顯著差異。由上述可知，對於

學校區域影響校長空間領導的研究結果具有差異性，是值得進一步繼續探討研究。

（七）學校規模變項

　　針對教師學校規模變項部分，在李怡樺（2018）、馮佳怡（2020）、黃國庭（2014）、鄭文淵（2014）以及鐘巧如（2016）等人的研究，發現學校規模不同的教師知覺校長空間領導有顯著的差異性出現。黃國庭（2014）發現 12 班以下學校規模之教師在「融入課程教學」、「整體校長空間領導」較 49 班以上學校佳，在「使用者共同參與」層面 12 班以下及 13-24 班規模學校之教師較 49 班以上學校規模之教師佳；鐘巧如（2016）也發現在「形塑空間願景」與「融入課程教學」構面之得分，12 班(含)以下顯著高於 13 至 48 班學校；馮佳怡（2020）研究結果顯示，「中、小規模學校」教師知覺校長空間領導程度顯著較高。然而，李怡樺（2018）研究發現，大型規模學校教育人員在「支援課程教學」、「帶動行政規劃」及「豐富資源設施」三個變項上的認同度，顯著大於學校規模為中型學校者；鄭文淵（2014）研究也顯示，學校規模在 61 班以上之教師知覺校長空間領導程度高於 13-36 班之學校。

　　但在莊明達（2012）、湯志民等人（2013）以及黃庭鈺（2020）等人研究則發現教師所處的學校不論規模大小，對於校長空間領導的知覺上並無差異。由上述可知，學校規模大小不同的教師對於校長空間領導的知覺差異頗大，值得繼續進一步深入探討研究。

（八）學校校齡變項

　　針對教師學校校齡變項部分，在馮佳怡（2020）、黃國庭（2014）、鄭文淵（2014）以及鐘巧如（2016）等人的研究，發現不同學校校齡的教師，對於校長空間領導的知覺有差異。黃國庭（2014）研究指出學校歷史 10 年

以下學校之教師知覺校長空間領導程度最佳；然而，鄭文淵（2014）發現學校歷史在「21-30 年」的教師知覺校長空間領導明顯高於「11-20 年」與「31 年以上」學校歷史之教師；另外，鐘巧如（2016）研究顯示，「形塑空間願景」與「建構教育空間」分層面，11-30 年、31 年(含)以上顯著皆高於 10 年(含) 之學校，於「融入課程教學」與「使用者共同參與」分層面，11-30 年高於 10 年(含)以下之學校；馮佳怡（2020）研究結果顯示「20-40 年」和「41-60 年」校齡教師在知覺校長空間領導上顯著高於「60（含）年以上」的學校。

而在李怡樺（2018）和莊明達（2012）的研究則發現教師所處不同校齡的學校，對於校長空間領導的知覺上並無差異。由上述可知，不同學校校齡的教師對於校長空間領導的知覺結果差異頗大，值得再繼續探討研究。

（九）其他

湯志民等人（2013）針對臺北市及新北市國民小學其中 97-100 學年度三年於校園環境營造相關評選活動獲獎或受補助的學校進行研究，用分層隨機抽樣方法，依序按照「學校轄屬」、「學校規模」和「獲獎與否」，抽取約 1/3 比率，共計 120 所學校為研究樣本，研究結果發現學校獲獎與否之教師在知覺校長空間領導並無顯著差異。而在鐘巧如（2016）研究中，近五年有校舍整建工程學校教育人員知覺校長空間領導所得平均分數顯著高於無校舍整建工程之學校者。

三、不同研究變項與校長空間領導之研究

校長為教育政策和方案主要實施與推動者，對實現教育目標至關重要，教育目標的實現需要學校設施和環境的妥善規劃、最大限度的運用及適當的維護與管理（Adamu, Bello, & Badamasi, 2019），因此，「空間領導」的理

念實乃學校領導者至為重要的思維與專業素養，校長空間領導更顯其重要性。

　　以下整理出近幾年有關各級學校影響校長空間領導不同變項的研究結果重點摘要如表 2-3，提供後續研究之參考。

表 2-3 校長空間領導相關研究摘要

作者（年代）	研究議題	研究對象 研究方法	主要研究發現
莊明達（2012）	國民小學校長空間領導、品牌管理與創新經營關係	基隆市、臺北市、新北市、桃園市四縣市公立國小 1,250 位教師，訪談 6 位教育工作者 問卷調查法、訪談法	1. 校長空間領導現況呈現良好。 2. 不同教師性別、年齡、最高學歷、服務年資、現在職務，在校長空間領導有顯著差異。 3. 校長空間領導、學校品牌管理對於創新經營具有顯著直接影響效果，透過校長空間領導、學校品牌管理，可以正向影響學校創新經營。

（續下頁）

作者 （年代）	研究議題	研究對象 研究方法	主要研究發現
湯志民 等人 (2013)	國民小學校長空間領導、教師組織承諾與學校效能關係	臺北市及新北市國小120所學校，1,200位教師，並訪談 6 位空間領導績效卓越校長 問卷調查法、訪談法	1. 校長空間領導達到高程度，在形塑空間願景、建構教育空間層面的表現最突出。 2. 不同年齡與職務背景變項在國小校長空間領導有顯著差異。 3. 校長空間領導可直接影響學校效能，亦可間接透過教師組織承諾的中介機制，對學校效能產生正向影響。
黃國庭 (2014)	國民小學校長空間領導、學校創新經營與學校效能關係	臺北市、新北市、桃園市三縣市公立國民小學1,130位教師 問卷調查法	1. 校長空間領導實施現況呈現良好。 2. 不同年齡、教育程度、服務年資、現在職務之教師知覺校長空間領導有顯著差異；不同學校規模、學校地區、學校歷史在校長空間領導具有顯著差異。 3. 校長空間領導對學校創新經營及學校效能有直接效果，學校創新經營具有校長空間領導對學校效能的中介效果。

（續下頁）

作者 （年代）	研究議題	研究對象 研究方法	主要研究發現
鄭文淵 (2014)	國民中學校長空間領導、學校組織文化與學校創新經營效能關係	臺灣地區公立國民中學 994 位教師 問卷調查法	1. 校長空間領導屬中等程度，以營造優質校園情境層面認同度較高。 2. 在學校規模、學校歷史、校長學歷，以及校長該校服務年資，校長空間領導達顯著差異。 3. 校長空間領導可透過學校組織文化的中介效果，正向影響學校創新經營效能。
鐘巧如 (2016)	國民小學校長空間領導、教師社群運作與學生學習成效關係	臺灣地區公立國民小學 1,008 位教育人員 問卷調查法	1. 校長空間領導各層面達到高程度表現，在建構教育空間、形塑空間願景層面表現最突出。 2. 校長空間領導會因其背景變項不同（性別、年齡、現在職務、服務年資、學校規模、學校近五年是否有校舍整建工程）而有顯著差異。

（續下頁）

作者 （年代）	研究議題	研究對象 研究方法	主要研究發現
			3. 校長空間領導可直接影響學生學習成效，更可間接透過教師社群運作中介機制，對學生學習成效產生正向影響。
湯志民 等人 (2016)	國民小學校長空間領導、組織學習與教學效能關係	臺北市及新北市國民小學教師本研究117 所學校 1,170 位教師 問卷調查法	1. 校長空間領導、組織學習與教學效能三者間具有中、高度顯著正相關。 2. 組織學習在校長空間領導與教學效能間扮演完全中介，校長空間領導可經由組織學習對教學效能產生正向影響。
李怡樺 (2018)	國民小學校長空間領導、學校組織文化與學校創新經營效能關係	臺北市公立國民小學 78 所學校 757 位教師 問卷調查法	1. 校長空間領導效能現況為高程度。 2. 不同性別、服務年資、學校規模之教育人員，對校長空間領導的現況認知程度有顯著差異。 3. 透過學校組織文化，可加乘發揮校長空間領導的教育效果，提升學校創新經營效能。

（續下頁）

作者（年代）	研究議題	研究對象 研究方法	主要研究發現
鮑瑤鋒 (2019)	國民小學校長空間領導及其影響	訪談 6 位國小校長 質性研究 深度訪談法	1. 校長空間領導影響學校空間改革趨勢，並可積極營造校園特色。 2. 校長空間領導可使教師學習社群運作及學校組織氣氛產生正向的改變。 3. 校長空間領導可建立教師學習社群文化和素養，促進教師學習社群運作成效，提升教學品質。
黃庭鈺 (2020)	高級中等學校校長空間領導、學校組織健康與學生學習成就關係	臺灣地區普通型公立高級中 84 所學校、854 位教師 問卷調查法	1. 校長空間領導屬中上程度，以「融入課程教學」的表現最佳。 2. 教師對校長空間領導的知覺程度會因「性別」、「職務」、「學校區域」之不同而有顯著差異。 3. 校長空間領導會透過學校組織健康間接影響學生學習成就，學校組織健康具有完全中介效果。

（續下頁）

作者 （年代）	研究議題	研究對象 研究方法	主要研究發現
馮佳怡 (2020)	國中校長空間領導、教師工作滿意度與學校效能之關係	臺灣地區公立國民中學 956 位教師 問卷調查法	1. 校長空間領導達到中高程度表現，以「融入課程教學」表現最突出。 2. 男性、師範院校、兼任行政職、中小規模、21-60 年學校之背景變項教師知覺校長空間領導程度顯著較高。 3. 校長空間領導、教師工作滿意度與學校效能三者間具有中度正相關。 4. 校長空間領導可直接影響學校效能，更可間接透過教師工作滿意度的中介機制，對學校效能產生影響。

資料來源：本研究整理

四、小結

由上述之相關研究，綜合討論可得到下列發現：

（一）臺灣探究國中校長空間領導之實證研究顯少

綜觀各相關實證研究，大多採問卷調查法量化研究為主，研究結果顯示臺灣地區校長空間領導的現況大多呈現中高程度或高程度；研究對象大

多針對國民小學教師或教育人員進行研究，探究國小校長空間領導之情形，只有馮佳怡（2020）與鄭文淵（2014）兩篇博士論文，以國民中學教師為研究對象探究國中校長空間領導之現況。本研究以國中教師為研究對象欲探討國中校長空間領導之情形，期望有更多國中校長空間領導之研究結果，以提供教育行政機關、教育相關人員及家長團體參考。

（二）背景變項影響校長空間領導之實證研究並無一致性結果

影響校長空間領導的背景變項部分，在上述實證研究發現，個人背景變項在性別、年齡、最高學歷、服務年資、現在職務等因素均無一致性看法，可再進行探討；而學校背景變項在學校區域、學校規模、學校校齡、校長在該校服務年資等也無一致性看法，值得繼續探究。因此，本研究的背景變項包括個人背景（性別、年齡、最高學歷、服務年資、現在職務）以及學校背景變項（學校區域、學校規模、學校校齡、校長在該校服務年資），以瞭解不同背景變項之教師知覺國中校長空間領導是否有顯著差異。

（三）空間領導攸關教育推動之成效值得探究

綜合上述有關臺灣地區校長空間領導之研究，在 2010 年後開始有更多研究者投入這方面之探究，探討校長空間領導與學校層面之相關，例如：校務經營（品牌管理、創新經營、學校效能）、學校組織氣氛（組織文化、組織學習、組織健康）；校長空間領導與教師層面之關聯，例如：教師組織承諾、教師社群運作、教學效能、教師工作滿意度等；校長空間領導與學生層面之相關，例如：學生學習成效、學生學習成就等變項關係之研究，顯見校長空間領導已受到教育實務者的重視，許多實證研究將「校長空間領導」做為研究主要變項之一。探討校長發揮「空間領導」的影響力在教育現場的價值性與教師幸福感和學生學習成效之關聯為本研究主要範疇。

第二節　教師幸福感之內涵與相關研究

　　近 10 年來幸福感這議題被廣泛的討論，不論是在生活質量、心理健康及社會老人學等各領域，並已連續三年成為臺灣碩博士論文被引用最多的主題之一（林志成，2015；賴志峰，2016）。學校裏最重要資產就是學生與教師。幸福的人更有可能使別人充滿幸福感（Post, 2005），同樣，幸福的教師更有可能向學生傳播幸福，並向他們展示幸福的積極榜樣（Lee & Xie, 2020），教師是學生幸福的創造者，當教師「幸福地教」，學生才能「幸福地學」（尚玉慧，2011），教師幸福感會影響班級經營品質和教學成效，營造具有幸福感的學校氛圍，提高教師心理的幸福狀態，進而使學生感受到學習的幸福感，提升學習成效，已成為當今提供優良教育的重要考量層面（邱惠娟、童心怡，2010）。

　　教師由於其工作特性關係，其所面對包括學生問題、家長問題、同事問題等壓力來源（余民寧、陳柏霖、許嘉家，2010；Hung, Lin, & Yu, 2016），而教育政策不斷推陳出新，教師工作量益增，承受壓力也遽增；再加上現今家長參與子女學校教育比過往投入，親師間互動頻繁，產生摩擦與爭執的機會也越來越高，親師關係趨於緊張，親師衝突事件也時有所聞（林錦華，2015），造成教學現場較以往複雜；教師一旦承受過多的工作壓力，產生一種緊張、被壓迫或不舒服的狀態，可能因而降低工作滿意度（Katz, 2015），增加職業倦怠，將產生 Brouwers 與 Tomic（2000）所稱的情緒耗弱現象，使教師自我效能降低與班級經營能力下降；教師若能採取面對壓力的因應策略，將有助於降低工作壓力感受（陳瑋婷，2011；Zedan, 2012），

余民寧、許嘉家與陳柏霖（2010）研究發現，教師於下班後仍繼續從事教學相關工作時間愈長者，其憂鬱程度的傾向愈強，而幸福感能調節憂鬱的傾向。是以對從事高磨損教學工作的教師進行進一步的研究，以便更深入瞭解促進教師幸福感的因素（Parker & Martin, 2009），實有其重要性。本節針對教師幸福感內涵的定義與構面，以及教師幸福感之相關研究加以說明。

壹、教師幸福感的內涵

教師幸福感與教師的情感和社交能力有關，當教師對學生提供情感支持，在積極的師生互動和支持性課堂氛圍，將促進良好的師生關係、有效的課堂管理，學生的自我效能感和課堂上的幸福感更高（Blazar & Kraft, 2016；Jennings et al, 2019），學校關注促進教師幸福感，將為學生帶來積極的學習成效（Murphy & Louis, 2018）。以下就教師幸福感的定義及構面加以敘明。

一、教師幸福感之定義

關於幸福感各派學者依其立論點不同，各自闡述發揚，在不同研究領域使用的詞彙也不大相同，如：快樂感（happiness）、滿足感（satisfaction）、正向情感（positive emotion）、心理幸福感（psychological well-being）、主觀幸福感（subjective well-being）、客觀幸福感 (objective well-being)、覺知幸福感（sense well-being）等（楊雅婷，2020；羅潔伶、曾建勳，2014），這些名詞並不是完全同義，但也有一些相同成分的交集。依據新牛津英語辭典（New Oxford Dictionary of English）的定義，幸福感是處於舒適、健康或快樂的狀態（Pearsall, 2001）。幸福感（well-being）是由「良好」（well）與「生存」（being）兩個字組合而成，意即個體對自我生存感到滿意，在生

活中產生幸福感受（曾文志，2006）。

　　Andrews 與 Withey（1976）最早提出幸福感包括正向情緒、生活滿意及負向情緒三個要素。大多數研究者認為幸福感是對生活整體的滿意度，包括認知層面與情緒層面（邱惠娟、童心怡，2010；蔡進雄，2013；魏美惠，2011；Carr, 2011；Diener, 2000；Diener & Suh, 2000；Doest & Jonge, 2006；Schulte & Vainio, 2010；William& Galliher, 2006）；生活滿意度的領域，包括工作（洪英雄，2018；劉桂春，2009；Doest & Jonge, 2006；Kalshoven & Boon, 2012）也包含休閒（Diener, 2000）、健康（Schulte & Vainio, 2010），亦包括對自身感受、家庭、財務及其所處團體等的評估所得到之感受（Carr, 2011）。

　　邢占軍（2005）提出幸福感含個體對於自身的存在，擁有切實穩定的認知與感受；為個人穩定度的心理感受（洪英雄，2018；楊雅婷，2020；Crosnoe, 2002）。

　　幸福感為個人主觀的感受，涵蓋正、負向情緒（周郡旂、陳嘉成，2016；邱惠娟、童心怡，2010；劉廷揚、陳世通、杜怡潔，2017；魏美惠，2011；Li, Ji, & Chen, 2014；William & Galliher, 2006），Sarvimi 與 Stenbock-Hult（2000）提出幸福感是高度生活品質所產生，擁有高度生活品質並非完全脫離痛苦的體驗生活，而是痛苦與快樂的相互平衡；身心處於平衡與舒適的狀態（張春興，2006；Holmes, 2005；Keyes & Magyar-Moe, 2003）。

　　而陸洛（1996）則認為幸福感是一種正向心理狀態，高昂的正向情緒的體驗；個體以正向情緒處理生活所發生的事，所擁有正向積極的感受（邢占軍，2005；洪英雄，2018；楊雅婷，2020；Berrocoso, Sanchez, & Dominguez, 2013；Litwin & Shiovitz-Ezra, 2011；Lu, Gilmour, & Kao, 2001；Ryan & Deci, 2001），令人滿意與積極的感覺（Habibzadeh & Allahvirdiyani, 2011）。

　　呂政達（1995）指出幸福是一個人為其理想目標奮鬥，在過程中所獲得的一種滿足與喜悅的感覺，而 Sheldon 與 Kasser（2001）認為幸福感是來自於目標達成，滿足需求時所產生的感受。陸洛等人（2012）也指出幸福感為個人對目前生活狀況整體的滿意和愉悅程度的主觀評估。幸福感是來自於人們展現個人潛能，努力追求卓越，所達到心理成長並獲得生活意義與目的感受（Ryff, 1995），更甚對工作、生命有掌控與自我實現，所產生的愉悅感受（劉桂春，2009；Holmes, 2005；Ryan & Deci, 2001）。

　　綜觀上述學者的論點，歸納出幸福感是個人在認知與情緒層面對是對生活整體滿意度的主觀穩定度心理之感受，其涵蓋正、負向情緒，在處於平衡與舒適的狀態下，所擁有高度品質的生活，而能用正向情緒處理生活事物，讓身心擁有正向積極狀態，對生命與工作享有掌握及自我實現的愉悅感受。因此，本研究對教師幸福感之定義乃教師在從事教育工作時，個人主觀評估生活整體與生活品質的滿意度，在身體與心理處於舒適的狀態，對教師專業工作與工作成果擁有正向的感受與期待。茲將上述國內外研究者對教師幸福感定義，彙整如表 2-4。

表 2-4 教師幸福感之定義

作者	年代	教師幸福感定義
Andrews 與 Withey	1976	包括正向情緒、生活滿意及負向情緒三個要素。
呂政達	1995	個人為理想目標奮鬥，在過程中所獲得滿足與喜悅的感覺。

（續下頁）

作者	年代	教師幸福感定義
Ryff	1995	人們展現個人潛能，努力追求卓越，所達到心理成長並獲得生活意義與目的感受。
Diener	2000	包括對生活滿意度、重要領域 (如：工作、休閒) 的滿意度，較多的正向情感、較少的負面情感。
Diener 與 Suh	2000	為個人對於目前生活品質整體滿意度的評價，包括對生活滿意認知層面的情緒與心情等層面的評估。
Sarvimi 與 Stenbock-Hult	2000	是痛苦與快樂相互平衡，擁有高度的生活品質而產生。
Lu 等人	2001	個人積極以正向情緒處理生活環境與事件，減少負向情緒。
Ryan 與 Deci	2001	不只是正向情感的主觀經驗，也是體察能量、心理彈性及深層安適感經驗的來源，體驗自由快樂與自我實現最佳的機能和經驗。
Sheldon 與 Kasser	2001	來自於目標達成而滿足了需求。
Crosnoe	2002	身體健康、心理適應、社會活動及財務的穩定度。
Keyes 與 Magyar-Moe	2003	指正負向情感的平衡，知覺到的快樂和社會生活滿意度。
Holmes	2005	內心的主觀感受，在生活中各面向的平衡與舒適，使身心處於和諧，對工作甚至於生命有掌控的感覺。

（續下頁）

作者	年代	教師幸福感定義
邢占軍	2005	對於自身的存在,擁有切實穩定的認知與感受,在生活基本需求獲得滿足的基礎下,有正向積極的心理體驗。
張春興	2006	為個體覺知心靈上的舒適感及擁有活力的狀態。
Doest 與 Jonge	2006	個體對於工作的滿意程度和情緒狀態。
William 與 Galliher	2006	包括正向的愉快心情、負向的情緒,以及高度的生活滿意。
劉桂春	2009	教師在從事教育工作的時候,感受到這個職業可以滿足自身的需要,能夠實現自我的價值,而產生愉悅感。
邱惠娟與童心怡	2010	教師本身主觀從正負向感受、身心靈健康與生活滿意度等多面向的整體評估,所產生的綜合感受與滿意程度。
Schulte 與 Vainio	2010	為工作、生活和健康狀態的滿意程度所構成,這些因素的滿意度愈高,則幸福感的程度愈高。
魏美惠	2011	個人對整體生活的滿意程度,為個體對於自己正負向情緒的感受程度。
Carr	2011	對自身感受、家庭、休閒、健康、財務、工作及其所處團體等滿意度的認知評價,加上從中所得之情感經驗的綜合性評估後所得到之感受。

（續下頁）

作者	年代	教師幸福感定義
Habibzadeh 與 Allahvirdiyani	2011	一種重要的心理特徵，令人滿意與積極的感覺。
Litwin 與 Shiovitz-Ezra	2011	基於生活滿意度、士氣、正向影響及生活積極方向的感受。
陸洛等人	2012	為個人對目前生活狀況整體的滿意和愉悅程度，是一種主觀的評估。
Kalshoven 與 Boon	2012	在工作中成員經驗和運作的整體素質。
Berrocoso 等人	2013	教師表達滿意度、正向情緒、自尊、自信有關。
蔡進雄	2013	個人對於生活滿意度及情緒之主觀感受程度。
Li 等人	2014	個人生活經驗的情緒品質，對於歡喜、興趣、傷心、焦慮、憤怒等經驗的頻率和強度，以及個人愉悅與否的情感，包含個人的正向情緒和負向情緒。
周郡旂與 陳嘉成	2016	個人經由主觀理解，對當下生活做出全面性正負向情緒的評估。
劉廷揚等人	2017	為個人整體評估生活的滿意程度與所感受的正負向情緒強度。
楊雅婷	2020	教師在整體生活中所產生的長期正向情緒感受。

資料來源：本研究整理

二、教師幸福感之構面

Ryff（1989）提出幸福感六大構面分別為自我接納、正向關係、自主性、外在環境的掌控、生命目標及個人成長。其中，自我接納指自我擁有積極的態度，能接受自我的多面向；正向關係為個人與他人的積極關係的程度，能與他人保持溫暖、信任與滿意的關係，並關注他人的福利；自主性係指個人具有自我決定性與獨立性，能夠自主思考和採取某些行動抵抗社會的壓力；外在環境的掌控指具有掌握環境的能力，能有效利用周圍的機會，控制或創建適合個人需求和價值觀的環境；生活目標係為個人具有生活目標和定向能力，能擁有生活目的與目標，並能賦予生活意義和生命信念；個人成長為有持續發展自我的感覺，對新經驗能持開放態度，視自我為成長和擴展潛力的發揮。

Keyes 與 Magyar-Moe（2003）認為幸福感包括兩大領域，分別為情緒幸福感和積極功能。情緒幸福感的體驗為個人所體驗到的積極情緒與對生活整體滿意度的感知；另一面領域是從心理幸福感和社會幸福感的角度來說明積極功能的各個方面。

Cenkseven-Onder 與 Sari（2009）將主觀幸福感的概念分為正面影響、負面影響和生活滿意度三方面。他認為幸福感反映是在積極的思想對生活的感覺，並定義了積極的幸福感是積極影響的相對存在，也就是積極的情感和對生活的滿足。正面影響反映個人的積極情緒狀態，包括保持熱情、積極和機敏的心情；負面影響為個人厭惡情緒狀態的程度，包括憤怒、蔑視、厭惡、恐懼及緊張等；生活滿意度為個人主觀評估一切生活的指標，包括工作、婚姻、健康等。

Seligman（2011）主張幸福感包含正向情緒、正向關係、全心投入、意

義及成就等五種元素。其中，正向情緒為個人主觀評估其快樂、愉悅的生活和生活滿意程度；正向關係為人生活於社會中的人我互動，具有核心重要性；全心投入為個人專注投入、全神貫注於活動或目標，表現出怡然自得的浮流經驗（flow）；意義就是生命的目標與意義；成就則是追求人生的勝利與成功。

Albuquerque et al.（2012）研究證實了主觀幸福感是多面向的，包含三個部分的結構：生活滿意度、積極影響和消極影響。積極影響反映了個人感到熱情、活躍和機敏的程度；消極影響則為主觀感受到困擾和不愉快等情緒。其研究結果顯示積極情緒能增加認知功能，例如創造力、注意力和記憶力，並能在逆境中擴展資源，展現出期望、動力和韌性的作為。其研究結果也強化了這三個成分適度相關且相對獨立，也證實了在跨文化的層面上主觀幸福感的三種結構。

Huxhold、Fiori 與 Windsor（2012）提出幸福感包括認知層面的生活滿意度及情緒層面的正面與負面的影響。生活滿意度為個人主觀評估自己對生活滿意的感受程度；情緒層面的正、負面影響是指評估個人長期在情緒健康上的差異和特質特徵。

Kern et al.（2015）探究學生和教職員工的全校之幸福感，應用幸福感的向度包括：積極的情感、參與、積極的關係、意義和成就四個向度，用此幸福感構面來研究澳大利亞阿德萊德的彼得學院整個學校的學生和員工的幸福感，514 名學生和 143 名員工完成了幸福感調查表，測試幸福感與身體健康，工作滿意度和組織承諾之間的關係。

陸洛（1998）研究統整出中國人的幸福感來自於對健康的需求、金錢的追求、自尊滿足、短暫的快樂、對生活樂天知命、活得比別人好、自我控制與理想實現、工作成就及和諧的人際關係等九項來源。

陳淑玲（2014）認為幸福感內涵包括生活滿意、身心健康、樂觀表現及工作成就等四個構面。生活滿意指個人主觀對於生活整體層面的調適與生活品質滿意程度的評估認定；身心健康指個人維持規律的生活習慣且沒有重大病痛，身心呈現的安適狀態；樂觀表現為個人對於職業生涯發展與未來生活擁有積極正面的態度與期望；工作成就為個人對於自身工作表現及專業成果方面感受與評估的優劣程度。

陳志強（2014）認為內心的滿足能激發幸福，積極的想法能帶來幸福，教師幸福感是由專業勝任工作及體會到工作意義樂趣的心理感受，而提出教師幸福感構面為教師工作滿意與正向情緒。教師工作滿意指教師對教學工作領域滿意的程度；教師正向情緒則是教師個人在教學工作上所擁有正面期待與展望的心理知覺。

賴志峰（2016）研究界定幸福感為正向情緒、工作投入、工作意義、人際關係及工作成就等五種要素，可以歸類於個人、環境和行動三個角度。其中，正向情緒、工作投入、工作意義三項主要來自於個人，人際關係和工作成就則來自個人與環境的互動，而採取具體行動，也是幸福感的重要來源。

周郡旂與陳嘉成（2016）認為幸福感是個人對當下生活事件做出全面性的正負向情緒評估的主觀理解，並統整出幸福感的四個面向：「正向情感」是指教師在情感上或心靈上體驗到的愉快狀態；「身心健康」指教師在生理與心理的和諧和平衡狀態；「人際關係」為教師和同事、學生、家長或社區互動的情形；「工作成就」為教師從教學、班級經營、或行政工作所得到的成就感。

蔡安繕（2017）認為幸福感的來源為多面向的，為個人在生理、心理及心靈方面感受生活中充滿希望及令人滿意的程度。其將教師幸福感分成

身心健康、生活滿意、樂觀表現及工作成就等四個構面。身心健康為教師有規律生活習慣且在生理健康正常無疾病，在心理與社會方面亦處於安寧舒適的狀態；生活滿意指教師對個人生活整體的調適與生活品質的滿意程度；樂觀表現係指教師對生活和未來生涯發展所擁有正向的感受與期待；工作成就為教師在工作上的自主權、專業表現、認同與肯定，以及工作成果、工作價值的評估和感受。

黃明裕（2017）將教師幸福感分為健康狀況、正向情緒、經濟狀況、人際和諧、生活滿意及工作成就等六個向度。健康狀況係指個人有規律的生活習慣，在生理方面正常無疾病，在心理與社會方面呈現安寧與適應狀態；正向情緒為個人對生活和人生抱持正面期待與展望的心理感受狀態；經濟狀況指個人能寬裕使用金錢及滿足物質感；人際和諧係指在與他人互動的過程中，在思想、感情和行為各方面都能擁有愉悅的感受；生活滿意為個人生活品質主觀認定的滿足程度，以及對生活整體層面的調適情況；工作成就則為對個人工作表現及專業成果感受到優劣程度。

洪英雄（2018）綜合學者的探究提出教師幸福感是教師對於教學工作感覺到滿足與正向積極，產生的一種穩定心理的感受。其以生活滿意、正向情緒、身心健康及成就認同等四構面做為教師幸福感的研究向度。生活滿意是指個人對自我主觀評定整體生活品質在物質上與心理情感上的滿意程度；正向情緒係指個人對現在的生活與未來生涯發展所擁有正向的感受與期待；身心健康為生理正常無任何疾病，在心理和社會方面亦處於安寧舒適的情況；成就認同則是個人評估自己在工作專業表現和工作成果方面的感受。

楊雅婷（2020）指出教師幸福感是教師在整體生活中產生出的長期正向情緒感受，包括生活滿意、樂觀心態與正向情緒等三層面。生活滿意為

個人對其生活表現所感受的滿意程度；樂觀心態係指對不確定的未來和生活的知覺；正向情緒為高興、快樂、喜悅、享受等知覺。

　　研究者根據教師幸福感的相關理論與上述國內外學者的分析，研究發現正向情緒、生活滿意、工作成就與身心健康等四個教師幸福感構面有極高的共識。本研究參酌幸福感層面之相關文獻並考量國中教師之工作性質與特性，將國民中學教師幸福感分為生活滿意、身心健康、工作成就與正向情緒等四個構面，作為國民中學教師幸福感構面分類依據，其內涵說明如下：

（一）生活滿意：教師個人對生活整體包括物質與精神層面的調適及生活品質滿意程度。

（二）身心健康：教師生理健康正常無疾病，在心理與社會方面亦呈現舒適的狀態。

（三）工作成就：教師對於自己在工作專業表現及工作成果方面的評估與感受。

（四）正向情緒：教師對現在的生活與未來生涯發展抱持正向的感受和期待。

　　除上述國內外幸福感的相關文獻外，研究者亦歸納國內外研究者對於教師幸福感的構面如表 2-5，並彙整教師幸福感研究構面分析表如 2-6。

表 2-5　教師幸福感之構面

作者	年代	教師幸福感構面
Ryff	1989	自我接納、正向關係、自主性、外在環境的掌控、生命目標、個人的成長。

（續下頁）

作者	年代	教師幸福感構面
陸洛	1998	自尊滿足、自我控制、工作成就、樂觀、樂天知命、身體健康、和諧人際關係、理想實現、物質的追求等。
Keyesc 與 Magyar-Moe	2003	積極功能和情緒幸福兩領域。
Cenkseven-Onder 與 Sari	2009	生活滿意度、正負影響。
Seligman	2011	由正向情緒、全心投入、意義、正向關係和成就等五種元素。
Albuquerque 等人	2012	生活滿意度、積極影響與消極影響。
Huxhold 等人	2013	認知層面的生活滿意度、情緒層面的正面與負面的影響。
陳淑玲	2014	生活滿意、身心健康、工作成就及樂觀表現。
陳志強	2014	教師工作滿意、教師正向情緒。
Kern 等人	2015	積極的情感、參與、積極的關係、意義和成就。
周郡旂與 陳嘉成	2016	正向情感、人際關係、工作成就、身心健康。
賴志峰	2016	正向情緒、工作投入、工作意義、人際關係及工作成就。
蔡安繕	2017	樂觀表現、身心健康、生活滿意、工作成就。

（續下頁）

作者	年代	教師幸福感構面
黃明裕	2017	工作成就、經濟狀況、健康狀況、正向情緒、人際和諧及生活滿意。
洪英雄	2018	生活滿意、身心健康、正向情緒、成就認同。
楊雅婷	2020	生活滿意、正向情緒、樂觀心態。

資料來源：本研究整理

表 2-6 教師幸福感研究構面分析

研究者 （年代）	教師幸福感構面													
	正向情緒	身心健康	自我滿足	自我掌控感	社會承諾	正向關係	生命意義	自我接納	樂觀表現	工作成就	生活滿意	正負情緒	工作投入	人際關係
Ryff(1989)				●		●	●	●						
陸洛(1998)	●	●	●						●	●				
Keyesc與 Magyar-Moe (2003)	●										●			
Cenkseven-Onder 與Sari (2009)											●	●		
Seligman (2011)	●					●	●			●			●	

（續下頁）

研究者（年代）	教師幸福感構面													
	正向情緒	身心健康	自我滿足	自我掌控感	社會承諾	正向關係	生命意義	自我接納	樂觀表現	工作成就	生活滿意	正負情緒	工作投入	人際關係
Albuquerque 等人(2012)										●	●			
Huxhold 等人(2013)										●	●			
陳淑玲(2014)		●							●	●	●			
陳志強(2014)	●									●				
Kern等人(2015)	●					●	●	●		●				
周郡旂與陳嘉成(2016)	●	●								●				●
賴志峰(2016)	●						●			●			●	●
蔡安繕(2017)		●							●	●	●			
黃明裕(2017)	●	●								●	●			●
洪英雄(2018)	●	●								●	●			
楊雅婷(2020)	●								●		●			
次數統計	10	6	1	1	1	3	4	1	4	10	9	3	2	3

資料來源：本研究整理

貳、教師幸福感之相關研究

教育是師生彼此雙向的互動過程，教師在身心健康狀態下，方能竭盡所能，提供最佳的教育品質（林騰蛟，2012），教師為教育重要利益相關者，其幸福感對於教學至為重要（Lee & Xie, 2020），良好的教師幸福感，不僅能幫助教師工作的表現、促進教學成效，亦將有助於學生之學習。亦即教師的幸福感對於促進有效實施積極的教育至關重要（Quinlan, 2017；Slemp et al., 2017）。以下就國內外學者對教師幸福感相關的研究分別加以敘述。

一、教師幸福感相關實證研究

Harding et al.（2018）認為良好的老師幸福感與良好的學生幸福感相關，降低老師的抑鬱症狀也將降低學生心理困難與改善學生的健康狀況，而教師出勤率和師生關係具有關聯性；其探究師生心理健康與幸福感的關係，針對英格蘭和威爾士 25 所中學，3,216 名 8 年級（12～13 歲）學生和 1,182 名教師進行問卷調查，研究結果顯示，教師幸福感與學生幸福感、心理健康之間存在相關性，發現心理健康狀況不佳的教師很難與學生建立良好的人際關係，並且會降低幫助學生解決情緒問題的信念，另外，學校教師缺勤率的提高，亦會阻礙他們與學生和教職員工培養支持性的關係。建議採取措施以改善教師的健康狀況和解決抑鬱症的症狀，將可以改善學校學生們的生活質量。

Kansu（2018）旨在探討教師幸福感對師生關係的影響，研究調查土耳其教師的幸福感如何反映在與學習者互動時的即時行為言語中，以及課堂氣氛與作為外語的英語課堂環境的即時性關係；在教師即時行為言語方面

有五個主題：分享個人事例和經驗、提問、幽默的運用、稱讚和責備。參與這項研究是比爾肯特大學英語預備學校和就讀該大學的學生，有 43 名教師自願接受教師幸福感問卷調查，研究者根據分數高低確定 8 名參與者（4 名為幸福感得分最高，其他 4 名最低），其任課班級學生總數是 120 位；研究工具為教師幸福感問卷、教室課堂觀察紀錄單、學習者的課堂氣氛清單，最後對 8 位參與教師進行後續訪談，以對蒐集之數據進行三角驗證。研究結果顯示，兩組教師在言語即時性和課堂氣氛的三個預設方面存在顯著差異，與幸福感較低的教師相比，幸福感高的教師在課堂上與學生互動時，傾向使用更多個人例子和經驗分享，使用更多的幽默，更頻繁地稱讚學生，然而，兩組教師提出開放性問題的數量與類型，及使用責備語言部分則無顯著性差異。研究結論，教師幸福感對師生人際關係和課堂氣氛產生直接與重要的作用，語言教師的幸福感可作為英語課堂師生人際關係的預測因素。

　　Manning、Brock 與 Towers（2020）選取大倫敦 10 所開始關注與支持教師幸福感的中小學，對 15 名教師進行訪談，這項探索性的研究起源於英國針對教師幸福感低落的研究報告，當局已開始實施支持幸福感的策略。旨在探究教師對幸福感的想法，以及對福利政策的看法，受訪教師描述一系列正在學校實施支持福利的策略，並回應在某些情況下，活動設計與良好的立意對幸福感產生積極影響，然而，學校推出減輕壓力的活動，例如：正念活動、按摩、健康教育、瑜伽等，這些是象徵性的支持暫時性幸福，如果忽略系統性應對壓力的原因，可能造成負面效果。研究結果發現，教師幸福感要提升需與接受者的需求相符應，教師幸福感的增加多源自「被信任和重視」所得到的支持感，有機會追求有價值的存在狀態；另外，不是簡單地減輕一時的壓力感，應專注於制度結構的改變，彈性處理工作時

間表和減少工作量，為教師帶來更大的自由與專業自主，將有助於教師幸福感的提升。

Lee 與 Xie（2020）旨在比較在職教師及職前教師對教授快樂與幸福感的看法，並討論對教師教育和教師發展計畫的制定所產生影響的不同看法，以香港職前及在職教師為研究對象，採探索性實證研究，4 所大學的 6 名職前教師以及 7 所學校 7 名在職教師參與此項研究。研究結果發現，職前和在職教師對快樂與幸福感有不同的看法；多數教師都同意教授快樂與幸福感的重要性；肯定教師正向情緒在教授快樂與幸福感中的關鍵作用；從生命教育的角度來看，教育者應多加思考透過不同的視角和策略來教授幸福，亦應考慮發展「幸福學校」。

陳志強（2014）以教師間社會網絡對教師幸福感之影響－以校長美學領導為脈絡調節變項為研究主題，針對臺灣本島地區公立國民小學教師進行研究，採問卷調查方式，有效回收 51 所學校，有效問卷共計 1,327 份。其研究教師幸福感包括教師工作滿意和教師正向情緒兩個向度，教師間社會網絡包括教師間工具性網絡和教師間情感性網絡兩個向度，校長美學領導則包括校長情緒和諧領導和校長情緒愉悅領導兩層面。研究分析結果顯示，教師間社會網絡對教師工作滿意有正向影響，亦對教師正向情緒有正向影響；校長情緒愉悅領導對教師幸福感有正向影響；校長情緒愉悅領導在教師間情感性網絡對教師工作滿意的影響中有正向脈絡調節效果，校長情緒愉悅領導在教師間情感性網絡對教師正向情緒的影響中有正向脈絡調節效果。

余民寧與陳柏霖（2016）以解開幸福的秘密：正向比值是一個關鍵為研究主題，隨機抽取臺灣地區 1,251 名中小學教師作為樣本。研究結果顯示，具有正向比值大於或等於 3 的人們，確實比正向比值小於 3 者，具有

顯著較高的主觀幸福感、正向因應策略與顛峰幸福感，同時也擁有顯著較低的憂鬱情緒；正向比值大於或等於 3 的教師，也比正向比值小於 3 者，具有較低的放學後超時工作時數，且感受到來自學生、家長與同儕間的工作壓力也顯著的比較低。

周郡旂與陳嘉成（2016）以新竹以北之國中教師為研究對象，探討國中兼任不同職務教師之角色壓力、社會支持與幸福感之關係情形，採問卷調查法，共獲得 647 份有效問卷。研究結果發現，以兼任組長與兼任導師的角色壓力最大，主任與專任教師角色壓力最小；國中教師在社會支持與幸福感之間有顯著正相關，在幸福感與角色壓力之間有顯著負相關。

張家銘等人（2018）旨在探討國高中體育教師之教師專業能力、自我效能感及幸福感之間的影響關係，以臺灣公立國中與高中學校專任體育教師為研究對象，發出問卷到 60 所國、高中學校，有效回收 474 份問卷。研究結果顯示，高中職體育老師的幸福感明顯高於國中體育教師；國高中體育教師的教師專業能力會正向影響其幸福感；國高中體育教師的自我效能感會正向影響其幸福感，自我效能感具有部分中介效果；教師專業能力與自我效能感變項能解釋幸福感變項 17%解釋變異量。

國小階段教師幸福感之實證研究：黃明裕（2017）以臺南市國小教師為研究對象，採用調查研究法，抽樣 92 所學校，回收有效問卷 748 份，探究臺南市國小教師知覺校長分布式領導、教師幸福感與學校效能之關係，研究結果發現，臺南市國小教師知覺幸福感表現普遍良好，達中上水準。洪英雄（2018）以全國原住民地區 820 所國民小學教師為研究對象，共得 726 份有效問卷，探討校長真誠領導、教師幸福感、組織健康與學校效能關聯的實際情況，調查研究顯示，臺灣原住民地區國小教師幸福感之表現屬中上程度，其中以「身心健康」之感受程度最高，而以「生活滿意」為

最低。

　　余民寧、陳柏霖與陳玉樺（2018）隨機抽樣兩批全國中小學教師，採用問卷調查法，共獲得 2,400 名有效樣本問卷，研究巔峰型教師的樣貌：圓滿幸福、知覺工作壓力、靈性幸福感及心理健康之關係。調查結果顯示，大多數教師的心理疾病程度偏低，「巔峰型」教師（高幸福感低憂鬱）共 520 人（21.7%），中小學教師多半屬於滿足型的狀態。

　　國中階段教師幸福感之實證研究：劉惠嬋與胡益進（2014）針對新北市某國中 136 位教師進行問卷調查，探究國中教師內外控信念、社會支持及工作壓力與幸福感相關之因素，研究結果該國中教師幸福感呈現中高程度。蔡安繕（2017）以北北基桃四市公立國民中學教師為研究對象，探討國民中學校長轉型領導、學校組織健康與教師幸福感之關係程度，透過取樣進行問卷調查，總計獲得有效樣本 615 份，調查結果顯示，國民中學教師知覺教師幸福感的程度良好。

　　高中職階段教師幸福感之實證研究：楊雅婷（2020）以臺灣省公私立高級中等學校教師為研究對象，依學校區域及學校規模採分層隨機抽樣，共計有 811 份有效問卷，探究校長正向領導、教師幸福感與學校效能關係之關聯程度，調查結果發現，高級中等學校教師對幸福感的知覺屬中高程度，以「樂觀心態」層面知覺情形較高，其中「樂觀心態」、「正向情緒」兩向度之平均得分皆高於整體「教師幸福感」之平均得分。洪怡靜與陳紫玲（2015）對全國高中職餐旅群教師 313 位教師採問卷調查法，並訪談 7 位教師，以探究教學效能與幸福感之關係，研究結果顯示，高中職餐旅群教師幸福感受屬「中上程度」，其中以「自律利他」和「人際關係」為最多的幸福感來源。

二、背景變項與教師幸福感之研究

有關教師幸福感實證研究，其研究對象之背景變項不盡相同，歸納相關研究發現，個人背景變項主要包括：性別、年齡、最高學歷、服務年資、現在職務，學校背景變項包括：學校區域、學校規模、學校校齡等；另外，有以教師婚姻狀況進行探討（洪怡靜、陳紫玲，2015；張家銘等人，2018；劉惠嬋、胡益進，2014），也有以校長的性別、到校服務年資等背景變項進行研究（黃明裕，2017；蔡安繕，2017），所屬處室與任教領域（周郡旂、陳嘉成，2016）進行研究。以下將根據背景變項加以探討教師之幸福感。

（一）性別變項

針對教師性別變項部分，洪怡靜與陳紫玲（2015）、洪英雄（2018）、黃明裕（2017）、楊雅婷（2020）以及蔡安繕（2017）等人研究發現不同性別教師對於教師幸福感的知覺是有差異的。在洪英雄（2018）、黃明裕（2017）、楊雅婷（2020）及蔡安繕（2017）等人的研究發現，男性教師對於幸福感的知覺高於女性教師；黃明裕（2017）發現男性教師在「健康狀況」分量得分顯著高於女性教師；洪英雄（2018）發現男性教師在「生活滿意」、「身心健康」二構面上的知覺程度都比女性教師高。然而，洪怡靜與陳紫玲（2015）研究卻顯示女性教師在幸福感的「生活滿意」、「人際關係」、「自律利他」、「自我肯定」分構面的認知程度高於男性教師。

但在張家銘等人（2018）和劉惠嬋與胡益進（2014）的研究顯示，教師性別對教師幸福感之知覺並未達顯著性差異。另外，在校長性別與教師幸福感的研究方面，蔡安繕（2017）研究顯示，不同性別校長的學校，教師在幸福感感受上有顯著差異，以男性校長的學校較女性校長學校的教師知覺教師幸福感較高。由上述可知，對於不同性別的教師在教師幸福感上

知覺具有頗大的差異性,仍有可繼續探討研究的空間。

(二)年齡變項

　　針對教師年齡變項部分,在洪怡靜與陳紫玲(2015)、張家銘等人(2018)、黃明裕(2017)以及楊雅婷(2020)等人的研究顯示出年齡在會影響教師幸福感知覺感受的差異。洪怡靜與陳紫玲(2015)發現45歲以上教師整體幸福感顯著高於44歲以下教師;黃明裕(2017)研究顯示,年齡較高的國小教師知覺教師幸福感皆高於年齡較低的教師,年齡在51歲以上的教師組在分構面的得分顯著高於其他各年齡組別;張家銘等人(2018)發現51歲以上教師的幸福感明顯高於30歲以下教師;楊雅婷(2020)也發現51歲以上教師對於教師幸福感的覺知均高於41-50歲、31-40歲及30歲以下教師。以上不同年齡對教師幸福感知覺有顯著差異性,大多呈現年長教師高於年輕者,尤其51歲以上教師比其他年齡層教師知覺教師幸福感程度較高。

　　但洪英雄(2018)研究發現,不同年齡的教師知覺在幸福感的「生活滿意」、「身心健康」層面,雖達顯著性差異,但在「整體教師幸福感」及「成就認同」、「正向情緒」兩層面上皆未達顯著差異。由上述可知,不同年齡的教師對教師幸福感的評定存在差異性,值得繼續深入探討。

(三)最高學歷變項

　　針對教師最高學歷變項部分,在洪英雄(2018)和蔡安繕(2017)的研究則顯示教師的最高學歷對教師幸福感知覺有顯著差異,蔡安繕(2017)發現研究所教師幸福感滿意度高於大學學歷教師;洪英雄(2018)研究顯示,碩士(含四十學分班)以上在教師幸福感上有較高的知覺,在教師幸福感整體層面及「生活滿意」、「成就認同」、「身心健康」三個分層面的知覺程度都比其他學歷教師高。以上不同學歷對教師幸福感知覺有顯著性差

異，呈現學歷高教師高於學歷較低者。

　　但洪怡靜與陳紫玲（2015）、張家銘等人（2018）、黃明裕（2017）以及楊雅婷（2020）等人研究發現，不同高學歷教師在幸福感的感受並無顯著差異。由上述可知，不同學歷教師對教師幸福感的知覺感受是否具有顯著性差異，並未有一致性的看法，值得繼續進一步深入探討研究。

（四）服務年資變項

　　針對教師服務總年資變項部分，在周郡㫁與陳嘉成（2016）、洪怡靜與陳紫玲（2015）、洪英雄（2018）、張家銘等人（2018）、黃明裕（2017）以及蔡安繕（2017）等人的研究發現不同年資的教師在幸福感知覺有顯著性差異。洪怡靜與陳紫玲（2015）研究顯示，16-20 年資教師在「生活滿意」層面顯著高於 15 年以下者、6-20 年年資教師在「人際關係」層面顯著高於 1 年以下者 、16 年年資以上教師在「自律利他」層面顯著高於 1 年以下者 、16-20 年年資教師在「自我肯定」層面顯著高於 1 年以下者 、16-20 年年資教師在「身心健康」顯著高於 15 年以下者；周郡㫁與陳嘉成（2016）也發現現任年資高的教師比年資低者更能感受到幸福感；黃明裕（2017）研究結果顯示，年資在 21 年教師組在「工作成就」、「健康狀況」、「正向情緒」各分構面的得分顯著高於其他各年齡組別；蔡安繕（2017）發現資深教師在知覺幸福感的「生活滿意」與「身心健康」層面上均較資淺者高；洪英雄（2018）研究顯示，服務 15 年以上教師在教師幸福感上有較高的知覺，在整體教師幸福感及「生活滿意」層面都比其他服務年資較低的教師高；張家銘等人（2018）發現，服務年資 16 年以上老師的幸福感明顯高於 5 年以下者。以上研究均顯示不同年資教師對教師幸福感知覺有顯著性差異，大多呈現資深教師高於資淺教師。

　　然而，楊雅婷（2020）和劉惠嬋與胡益進（2014）研究發現，不同服

務年資對於教師幸福感的知覺感受並無顯著差異。由上述可知,不同服務年資教師對教師幸福感的知覺感受存有差異性,有進一步深入探討的空間。

另外,黃明裕(2017)和蔡安繕(2017)對校長到校服務年資與教師幸福感進行研究,發現不同服務年資校長之學校教師知覺幸福感並無顯著性差異。

(五)現在職務變項

針對教師現在職務變項部分,周郡斾與陳嘉成(2016)、洪怡靜與陳紫玲(2015)、洪英雄(2018)、張家銘等人(2018)、楊雅婷(2020)以及蔡安繕(2017)等人的研究發現,不同職務的成員對於教師幸福感的知覺與評定會有不同的影響。洪怡靜與陳紫玲(2015)研究顯示,兼任行政職教師知覺幸福感顯著高於未兼任行政職者,張家銘等人(2018)亦有此發現;蔡安繕(2017)研究結果發現,就整體與「生活滿意」及「工作成就」向度而言,皆為主任顯著高於組長、導師及專任,在「樂觀表現」與「身心健康」二個向度上,皆為主任顯著高於導師及專任,顯示主任對於教師幸福感的覺知較高;楊雅婷(2020)也發現擔任主任之教師對於教師幸福感的覺知均高於組長、專任教師及導師。然而,洪英雄(2018)研究發現專任教師在教師幸福感上有較高的知覺;周郡斾與陳嘉成(2016)研究顯示,兼任組長與兼任導師的角色壓力最大,主任與專任教師角色壓力較小,專任與主任在整體幸福感顯著高於組長,專任教師在「正向情感」層面顯著高於導師與組長,專任教師在「身心健康」層面顯著高於組長,主任則在「工作成就」層面顯著高於導師與組長。以上不同職務對教師幸福感知覺有顯著差異性,各相關研究並無較一致性的結果。

但黃明裕(2017)和劉惠嬋與胡益進(2014)研究則發現,不同職務的教師在教師幸福感的知覺上未達顯著性差異。由上述可知,不同職務的

教師對教師幸福感的知覺或評定是存有差異的，值得繼續深入探討。

（六）學校區域變項

　　針對教師學校區域變項部分，洪英雄（2018）研究發現，中區（苗栗、臺中、南投）原住民地區國小教師在教師幸福感上有較高的知覺。但在洪怡靜與陳紫玲（2015）、楊雅婷（2020）及蔡安繕（2017）等人的研究則發現，不同學校地區教師幸福感未達顯著性差異。由上述可知，對於學校區域影響教師幸福感的研究結果具有差異性，是值得進一步繼續探討研究。

（七）學校規模

　　針對教師學校規模變項部分，在周郡斾與陳嘉成（2016）、黃明裕（2017）、楊雅婷（2020）以及蔡安繕（2017）等人的研究均顯示教師所處的學校不論規模大小，對於教師幸福感的知覺上並無顯著性差異。然可以再進一步研究檢視，學校規模大小是否不會影響教師在教師幸福感知覺上的差異。

（八）學校校齡

　　針對教師學校校齡變項部分的研究並不多，在楊雅婷（2020）的研究發現，不同學校校齡的教師對於教師幸福感的知覺有顯著性差異，10 年以內及 31-50 年以上校齡學校之教師對於教師幸福感的覺知均高於其他校齡者；但在蔡安繕（2017）的研究則發現，教師所處不同校齡的學校對於教師幸福感的知覺上並無顯著性差異。由上述可知，不同學校校齡的教師對於教師幸福感的知覺結果並無一致性看法，可以再繼續探討研究。

（九）其他

　　教師婚姻狀況在教師幸福感相關研究中有諸多探討，洪怡靜與陳紫玲（2015）研究顯示，已婚有子女之高中職餐旅群教師整體幸福感高於未婚者；張家銘等人（2018）研究亦發現已婚之國高中體育教師的幸福感明顯

高於未婚教師者。然而，劉惠嬋與胡益進（2014）研究則發現婚姻變項在教師幸福感並無顯著差異。

周郡旂與陳嘉成（2016）發現所屬不同處室之教師在幸福感上有顯著性差異，輔導室知覺整體幸福感及「工作成就」層面顯著低於教務處；任教不同領域之教師在幸福感上也有顯著差異，數學科教師在知覺「工作成就」上顯著大於任教社會科教師。

三、不同研究變項與教師幸福感之研究

教師是教育體系重要的組成部分，其負責成就學生，並確保學校的進步（Cann, Riedel-Prabhakar, & Powell, 2020），當學校優先考慮老師幸福感，將可以促進更好的教育環境，並實現高質量的教學，從而為學校帶來成功的學生（Cherkowski & Walker, 2016；Murphy & Louis, 2018），因此，重視教師幸福感對於學校便更顯其重要性。以下整理出近幾年有關各級學校影響教師幸福感不同變項的研究結果重點摘要如表 2-7，提供後續研究之參考。

表 2-7 教師幸福感相關研究摘要

作者 （年代）	研究議題	研究對象 研究方法	主要研究發現
劉惠嬋 與 胡益進 (2014)	國中教師內外控信念、社會支持及工作壓力與幸福感相關因素	新北市某國中 136 位教師 問卷調查法	1. 研究對象的幸福感屬於中高程度。 2. 有無宗教信仰與不同休閒意度之國中教師的幸福感有顯著差異。 3. 教師內外控信念與社會支持對工作壓力都是顯著負相關；內外控信念與社會支持對幸福感都是顯著正相關；工作壓力對幸福感是顯著負相關。
陳志強 (2014)	教師社會網絡對教師幸福感之影響－以校長美學領導為脈絡調節變項	臺灣本島公立小學 51 所學校 1,327 位教師 問卷調查法	1. 教師間社會網絡對教師幸福感有正向影響。 2. 校長情緒愉悅領導對教師幸福感有正向影響。 3. 校長情緒愉悅領導在教師間情感性網絡對教師工作滿意與正向情緒的影響中皆有正向脈絡調節效果。

（續下頁）

作者 （年代）	研究議題	研究對象 研究方法	主要研究發現
洪怡靜 與 陳紫玲 (2015)	高中職餐旅群教師教學效能與幸福感	高中職餐旅群 313 位教師問卷調查、訪談 7 位教師 問卷調查法 訪談法	1. 教師有良好的幸福感受，屬中上程度。 2. 女性、已婚有子女、年齡較長(51 歲以上)、服務年資 16-20 年之教師有較高的幸福感。 3. 教師教學效能與幸福感呈正相關。 4. 服務於成長中的學校，教師用心與日俱增，學生持續進步，教師幸福感受相對提升。
周郡旂 與 陳嘉成 (2016)	影響國中兼任不同職務教師之角色壓力、社會支持與幸福感實證分析	新竹以北之國中 647 位教師 問卷調查法	1. 不同背景變項(所屬處室、擔任職務、現任職位總年資、任教總年資、任教領域）之教師幸福感有顯著性差異。 2. 教師在社會支持與幸福感之間有顯著正相關，在幸福感與角色壓力之間有顯著負相關。

（續下頁）

作者 （年代）	研究議題	研究對象 研究方法	主要研究發現
黃明裕 (2017)	國小教師知覺校長分布式領導、教師幸福感與學校效能關係	臺南市國小 92 所學校 748 位教師 問卷調查法	1. 教師知覺幸福感達中上水準。 2. 教師知覺教師幸福感在性別、年齡、服務年資等變項有顯著性差異。 3. 教師知覺校長分布式領導、教師幸福感與學校效能之間具有相關性。 4. 教師幸福感在校長分布式領導與學校效能之間扮演中介變項的角色。
蔡安繕 (2017)	國民中學校長轉型領導、學校組織健康與教師幸福感之關係	北北基桃四市公立國民中學 615 位教師 問卷調查法	1. 教師知覺教師幸福感的程度良好。 2. 不同性別、教育程度、服務年資、擔任職務、校長性別等背景變項之教師幸福感有顯著性差異。 3. 校長轉型領導、學校組織健康與教師幸福感三者之間，具有正向的關聯。 4. 校長轉型領導透過學校組織健康的中介效果，正向影響教師幸福感。

（續下頁）

作者 （年代）	研究議題	研究對象 研究方法	主要研究發現
張家銘 等人 (2018)	國高中體育教師之教師專業能力、自我效能感對幸福感之影響	全國國、高中 60 所學校 474 位專任體育教師 問卷調查法	1. 國高中體育教師背景變項在婚姻狀況、工作年資、年齡、教師工作職稱及任職於國中或高中學校變項在幸福感達顯著性差異。 2. 教師專業能力正向影響其幸福感；國高中體育教師的自我效能感會正向影響其幸福感，自我效能感具有部分中介效果。 3. 教師專業能力與自我效能感變項能解釋幸福感變項 17%解釋變異量。
洪英雄 (2018)	原住民國民小學校長真誠領導、教師幸福感、組織健康與學校效能關係	全國原住民地區 820 所國小 726 位國小教師 問卷調查法	1. 教師幸福感之表現屬中上程度。以身心健康感受最高，生活滿意為最低。 2. 男性、服務 15 年以上、科任的教師、碩士含 40 學分班以上、中區之學校教師，在教師幸福感上普遍有較高的知覺。 3. 組織健康與教師幸福感在校長真誠領導與學校效能之間具有部分中介效果。

（續下頁）

作者 （年代）	研究議題	研究對象 研究方法	主要研究發現
余民寧 等人 (2018)	巔峰型教師的 樣貌：圓滿幸 福、知覺工作 壓力、靈性幸 福感及心理健 康之關係	全國中小學 2,400名教師 問卷調查法	1. 中小學教師多半屬於滿足型的狀態。 2. 主觀幸福感在教師所知覺的工作壓力 來源與憂鬱之間扮演中介機制。
楊雅婷 (2020)	高級中學校 長正向領導、 教師幸福感 與學校效能 關係	臺灣省公私 立高級中等 學校 811 位 教師 問卷調查法	1. 教師對幸福感的知覺屬中高程度，以 「樂觀心態」層面知覺情形較高。 2. 教師對教師幸福感的知覺程度會因性 別、年齡、職務、學校歷史之不同而有 顯著差異。 3. 校長正向領導可透過教師幸福感促進學 校效能，教師幸福感具有部分中介效果。
Lee 與 Xie (2020)	香港職前及 在職教師對 教授快樂與 幸福感的觀 感研究	香港地區 4 所大學 6 名 職前教師以 及 7 所學校 7 名在職教師 訪談法	1. 職前和在職教師對快樂與幸福感有不 同的看法。 2. 多數教師都同意教授快樂與幸福感的 重要性。 3. 肯定教師的正向情緒在教授快樂與幸 福感中的關鍵作用。

資料來源：本研究整理

四、小結

由上述之相關研究，綜合討論可得到下列發現：

（一）臺灣探究教師幸福感分布各級或跨級學校及身分別教師

綜觀各相關實證研究，大多採問卷調查法量化研究為主，研究結果顯示臺灣地區教師幸福感的現況大多呈現良好或中上、中高程度；研究對象分布國小、國中、高中各級學校或中小學、國高中跨級教師之研究，身分也有原住民教師、職校餐旅群教師、體育教師等，足見教師幸福感之研究引起各方普遍探討。

（二）背景變項影響教師幸福感之實證研究並無一致性結果

影響教師幸福感的背景變項部分，在上述實證研究發現，屬於個人背景變項部分的性別、年齡、最高學歷、服務年資及現在職務等變項均無一致性結果，可再進行探討；而學校背景變項部分，除不同規模大小學校的教師在教師幸福感的知覺上並無顯著性差異外，其餘在學校區域、學校校齡等並無一致性的結果，均值得繼續探究。本研究以背景變項包括個人背景（性別、年齡、最高學歷、服務年資、現在職務）以及學校背景變項（學校區域、學校規模、學校校齡、校長在校服務年資），以瞭解不同背景變項之教師知覺國中教師幸福感是否有顯著差異。

（三）教師幸福感攸關教育成果值得探究

綜合上述有關國內外教師幸福感之實證研究，有探討校長領導與教師幸福感之關係，例如：美學領導、分布式領導、轉型領導、真誠領導、正向領導等變項；有探究教師幸福感與學校層面之關聯，例如：學校效能、學校組織健康等變項；與教師個人層面因素之關係，例如：工作壓力、角色壓力、心理健康、教學效能、自我效能與專業能力等變項，顯見教師幸

福感受到教育實務者的重視，許多實證研究將「教師幸福感」做為研究主要變項之一。但有關校長空間領導與教師幸福感及學生學習成效之相關研究，尚屬待開發的研究領域與範疇，本研究將以此作為研究的方向。

第三節　學生學習成效之內涵與相關研究

　　近年各國政府與教育機構無不將學生學習成效納入教育政策與教育品質的考量，以滿足社會期待的訴求，及回應社會大眾對教育機構績效責任的要求。教育績效責任其核心概念即是學生學習成效（范熾文，2007），學生是接受教育的主體，教育之成敗是繫於學生的學習成效（王如哲，2010），在當前國際化潮流下，強化學生生涯競爭力，學生學習品質的確保與評估，已成為教育教學品質的核心價值（王保進，2016），提升學生學習成效乃為學校教育的主要目標，亦為評估學校教育產出與績效的重要指標，因此，學生學習成效的評估與探究實有其重要性（杜岐旺，2015）。本節針對學生學習成效內涵之定義與學生學習成效構面，以及學生學習成效之相關研究加以說明。

壹、學生學習成效的內涵

　　在探討相關因素對於學生學習的影響時，對學習成果的界定多運用學學習成果（learning outcome）、學習成就（learning achievement）、學習成效（learning effectiveness）、學習表現（learning performance），甚或學業成就（academic achievement）等相關詞彙。在學習成果、學習成就和學習成效等定義的區別上，蘇錦麗（2009）主張「學生學習成果」是指學生在特定

的學習、發展及表現方面的結果,乃為對於學生特定學習期望之描述,而「學生學習成就」泛指學生在學校正式教學中所學習到的。何英奇等人(2015)認為後天學得的能力是成就,是經過一段特定時間之訓練或學習所獲取的能力。陳李綢(1991)亦做出比較,其認為「學習成就」乃透過學習歷程獲致較為持久性的行為結果,而「學習成效」是經由學習後所擁有的某種技能或知識達成的程度。本研究根據所欲探討的主題及變項,採用「學習成效」一詞來涵括之。以下就學生學習成效的定義及構面加以敘明。

一、學生學習成效之定義

各研究者對於學習成效之定義有不同看法,提出的見解也涵蓋不同範圍。有學者著眼於學生經過學習經驗後,所能達到課程或活動的學習目標和教育目標。汪瑞芝與廖玲珠(2008)認為學習成效是以各種不同指標來衡量學習目標是否達成;評量學生參與學習活動後,在某些指標的表現或某種行為的改變(Pike, Smart, & Ethington, 2012),學生歷經一段學習歷程後,期待其能瞭解、學習些什麼、能做些什麼,將具備的能力和技能(Mølstad & Karseth, 2016;Winchester, 2012);黃淑玲與池俊吉(2010)提出學生學習成效乃學校希望學生在課程結束或取得學位後,所獲得的知識與展現的能力;Hoffman 與 Schraw(2010)認為學習成效是學習者花費最少的時間、努力或認知資源,達到建立的學習目標之能力。

另有學者注重學生實際獲得重要學習目標之程度與行為改變,不論在知識應用、技術能力,以及態度、經驗等情意層面。Wongse-ek、Wills 與 Gilbert(2014)指出學生學習成效是評量學生接受教育前、後的行為變化;張春興(2013)認為學生在教育歷程中,因獲得知識而改變行為的歷程,

包括知識、經驗與行為等心理或能力上的轉變；而學習成效應包括知識的應用與能力的改變（Skinner, 2010），也就是學生在課程結束後所獲得的知識及展現的能力（何淑禎，2018）；不僅在知識、技能的改變，還包括態度上的改變（Lee, 2011），及經驗的狀態（Kleebbuaa ＆ Siriparpa, 2016）；Piccoli、Ahmad 與 Ives（2001）認為學習成效是學習者於學習結束後，在認知、情意和技能上的改變。另有陳秀梅（2018）指出學生學習成效是對學生的專業知識與技能學習成果進行績效評估，以及知識、技術能於未來課業中所產生行為改變的機率。

有學者著重在改善學程的課程規劃設計、教師教學及學生學習經驗。Guay、Ratelle 與 Chanal（2008）提出學生學習成效是判斷學生學習成果的指標，其目的在使學生瞭解其自身學習狀況外，並做為教師改進教學和學生改善學習的依據。

部分學者則認為學習成效乃為學生或教師知覺之評定，或者是相關系統所呈現的資料。Yueng 與 Ong（2012）提出學習成效為學習者在學習或課程結束時所瞭解和理解的陳述經驗；對學習表現的感知（Yurdugül ＆ Çetin, 2015）以上乃學習者主觀知覺自我學習的成果。陳建志（2019）認為學習成效是經由一段教學與學習歷程，教學者依學生學習起點行為與預定目標，經由學生學習態度、學習策略、學生行為表現及學習成就，據以反映學生學習動能和習得之程度；教師對學生學習成果的認知（林宏泰，2018）；則是透過教師以較客觀方式衡量學生的學習表現。而 Motiwalla 與 Tello（2000）則主張學習成效應兼顧學生主觀衡量自己對學習的滿意程度，以及教師以較客觀方式衡量學生的學習表現；另外，有就學校校務資訊系統中所紀錄的資料，包括學生入學前國中會考成績、入學後各次定期評量成績、升學考試成績、升學表現，學生獎懲、公假與缺曠課紀錄，以及學

生擔任幹部、社團參與等多元表現等資料，進行分析所得之結果（林淑芳，2018）。茲將上述國內外研究者對學生學習成效之定義，彙整如表 2-8。

表 2-8 學生學習成效之定義

作者	年代	學生學習成效定義
Motiwalla 與 Tello	2000	認為學習成效應兼顧學生主觀衡量自己對學習的滿意程度，以及教師以較客觀方式衡量學生的學習表現。
Piccoli 等人	2001	是學習者於學習結束後，在認知、情意和技能上的改變。
汪瑞芝與 廖玲珠	2008	經由課堂評估、活動過程評估、參與程度、學習滿意度、學習興趣、學習經驗、學習自我評估及學習成就等不同指標來加以衡量，以瞭解學習目標是否達成。
Guay 等人	2008	是判斷學生學習成果的指標，使學生瞭解其自身學習狀況外，並做為教師改進教學和學生改善學習的依據。
Skinner	2010	學習成效應包括經由知識應用和能力的改變，以增加知識概念被澄清的比率，即所謂準確的學習率。
Hoffman 與 Schraw	2010	為學習者花費最少的時間、努力或認知資源，達到建立的學習目標之能力。
黃淑玲與 池俊吉	2010	學校希望學生在課程結束或取得學位後，所獲得的知識及展現的能力。
Lee	2011	在教學活動結束後，學生在知識、技能與態度上的改變。

（續下頁）

作者	年代	學生學習成效定義
Winchester	2012	為學生歷經一段學習過程後，期待其能瞭解、學習些什麼，以及能做些什麼的描述。
Pike 等人	2012	為評量學生參與學習活動後，在某些指標的表現或某種行為的改變。
Yueng 與 Ong	2012	學習者在學習或課程結束時所瞭解和理解的陳述經驗。
張春興	2013	係指學生在教育歷程中，因獲得知識而改變行為的歷程，包括知識、經驗與行為等心理或能力上的轉變。
Wongse-ek 等人	2014	評量學生接受教育前、後的行為變化。
Yurdugül 與 Menzi Çetin	2015	學習者對學習表現的感知。
杜岐旺	2015	學習者經過特定時間的教學與學習互動後，教學者依據相對參照學習者的起始行為或預設目標，並藉由某些評量方法或工具，來瞭解學習者在認知、技能與情意等層面的習得的程度。
Kleebbuaa 與 Siriparpa	2016	指學生在公民參與、智能、溝通和人際關係等一些課程教學中，學習所產生的知識、技能、態度和經驗的狀態。
Mølstad 與 Karseth	2016	學生經過一段時間學習後將具備的能力和技能。
陳秀梅	2018	對學生的專業知識與技能學習成果進行績效評估，知識、技術能於未來課業中產生行為改變的機率。

（續下頁）

作者	年代	學生學習成效定義
何淑禎	2018	指學生在課程結束後所獲得的知識及展現的能力。
林淑芳	2018	就校務資訊系統中所紀錄的資料，包括入學前國中會考成績、入學後各次定期評量成績、升學考試成績、升學表現，學生獎懲、公假與缺曠課紀錄，以及學生擔任幹部、社團參與等多元表現等資料，進行分析所得之結果。
林宏泰	2018	為教師對學生的學習成果認知。
陳建志	2019	經由一段教學與學習歷程，教學者依學生學習起點行為與預定目標，經由學生學習態度、學習策略、學生行為表現及學習成就，據以反映學生學習動能和習得程度。
陳明忠	2022	學生在學校教育的各種課程和活動中，經由學習的歷程，而獲得心智、行為及態度上的改變，並反映在認知、情意及技能層面，展現出學習效能的改變與成長。
張凌凌	2022	指培養學生具有終身學習的關鍵核心能力，其內涵包括具體可評量之學業成就，在學習時展現自發主動的態度，與良好溝通互動之學習表現，以及共通跨域之核心素養。

資料來源：本研究整理

　　綜觀上述學者的論點，本研究歸納出學生學習成效之定義乃為學生歷經一段學習的歷程，在學習課程和相關活動的表現狀況，及學習熱誠、參與程度與感受愉悅之程度。

二、學生學習成效之構面

Piccoli et al.（2001）指出學習成效可從學習興趣、學習態度、作業表現、學習者自我評估及學習績效五個構面來評量。「學習興趣」是學習者對於學習內容的興趣；「學習態度」指學習者對於學習的興趣、動機和滿意度等；「作業表現」為學習者在學習單或作業簿的表現，由教學者於作業完成後給予分數或等級予以評定優劣；「學習者自我評估」乃為學習者對於學習程度的自我評量；「學習績效」指學習者的學習成績，包括期中或期末的成績。

D.-L. Kirkpatrick 與 J.-D. Kirkpatrick（2006）認為學習成效屬於總結式評鑑，學習成效評估的四層次模式依序為反應、學習、行為、成果等四項。反應層次是指學習者對學習課程的喜愛程度，包括課程主題、演講者、課程安排等滿意程度；學習層次是指學習者是否學習到知識與技能，如事實、原理、態度、技能之獲得；行為層次是指學習者於學習結束後行為是否有改變；成果層次則衡量學習者將所學習內容加以應用的程度。

陳年興、謝盛文與陳怡如（2006）認為只以成績作為學生學習成效的衡量，可能會有失偏頗，學生的知覺也很重要，採用自我評量的方式是較為可靠的學習成效指標。其探討新一代混成學習模式之學習成效研究中，學習成效以主觀的學習成績與客觀的學習滿意度兩層面來評估，其中學習成績包括期中考以及期末考成績，學習滿意度是指學生對學習活動的感覺，諸如滿意度、互動等，屬於學習者在學習過程中的經驗及反應，採用自我評量法進行學生知覺資料的蒐集。

蕭佳純、董旭英與饒夢霞（2009）探討家庭教育資源、學習態度、班級互動，以及學習成效四者之間的關係，學習成效三個測量指標是以學生

問卷綜合分析能力中利用 IRT 3-P 模式，估算「一般能力測驗」、「數學或數字型分析能力測驗」以及「綜合分析能力」答題行為所得到的學生能力估計值。

王如哲（2010）解析學生學習成效，認為學生學習成效需兼顧「直接」和「間接」，學習者在接受教育前、後之行為所產生實質變化，即為「直接的」學生學習成效；相對地，學習者在受過教育一段長時間後才顯現的效果，則為「間接的」學生學習成效。要能完整掌握學生學習成效，應涵蓋「認知」、「情感」及「動作技能」之不同向度。「認知」包括從簡單的知能，如認同，到複雜的過程如分析、批判；「情意」是與價值情感有關的知能，從簡單的價值認同，到複雜的倫理情境之批判與評價；「動作技能」則是與身體有關的能力與技術，從簡單的模仿，到有創意的精熟。

Pike et al.（2011）探究高等教育機構教育支出與學生投入程度影響學生學習表現時，提出衡量學生學習成效兩個面向為「認知獲益」（cognitive gains）與「非認知獲益」（non-cognitive gains）。「認知獲益」指學生的學習經驗有助於寫作與口語、通識教育、量化分析及批判性思考等方面，有明顯改善與進步；「非認知獲益」為檢驗學生對自我認識、道德規範、與他人合作及社區參與等面向的反應。

蔡金田（2014）探究教師效能對學生學習成就之影響，採用余民寧（2006）區分學習成就為廣義與狹義兩種中廣義的學習成就定義；學生學習成就除傳統學科成績納入研究變項外，另將學生在校期間的學習紀錄資料，如學生參加校內外競賽和學校出缺席情形等校內外之整體表現，列為學生學習成就探究之因素。

杜岐旺（2015）探究國民小學校長領導行為影響學生學習成效模式，學生學習成效分為認知與情意兩層面，來評估學習者在學習後習得程度的

學習成效指標。認知層面指標是以受試學校學生於苗栗縣學習成就評量中所獲得的測驗結果，包括國語文、數學、自然、英語文與社會五科測驗分數之加總，作為認知層面學習成效的實際現況；情意層面指標則以受試學校學生在「學生學習興趣量表」的得分，作為學生情意層面學習成效的實際現況。

吳堂鐘（2016）認為學習成效為學生經過學習的歷程後，對學習結果的滿意度，以及在學習態度、學習策略的改變結果。學生學習成效分為三個向度，分別為學習滿意度、學習態度及學習策略。「學習滿意度」係指學習者對學習活動感覺愉快的程度，為學習者對該學習歷程，其願望、需求獲得的滿足程度；「學習態度」指學習者在學習時，所表現出學習興趣、積極向上、學習信心、學習焦慮感、學習習慣、學習的價值觀等心態；「學習策略」則指學習者主動地將一種程序性的知識，運用在相同或相似的情境，以獲得新知識。

李勇輝（2017）對於數位學習脈絡下學生學習成效的評估主要著重於反應層次、學習層次與行為層次等三個層面。反應層次以「學習滿意度」來做衡量依據，評估學生對於數位學習的學習滿意程度；學習層次使用「知識獲得」來做評量依據，評量學生對於數位學習課程之原理、事實、技能、態度等之吸收情形；行為層次則使用「技能提昇」來做衡量依據，衡量學生將數位學習所學的知識與技能加以應用的程度。

林淑芳（2018）在探究高級中等學校學生學習成效之校務研究中，學生學習成效分為三部分：以學校校務系統中所紀錄之學生入學前的國中會考成績、入學後各次定期評量成績、升學考試成績及升學表現的學生進路分析；另為學生在校社團參與、擔任幹部、獎懲紀錄，及公假與缺曠課等學習表現及學校生活適應情形的學生資料。

　　林宏泰（2018）綜合學者的探究提出學生學習成效四個構面為學習興趣、學習態度、作業表現，以及學習績效等四個指標構面來衡量。「學習興趣」為學生於上課期間主動積極、努力學習、踴躍發言，及與同學討論課程內容，下課後會請教教師課業上的問題，並且樂於參加學校舉辦的社團活動、各項學習活動校及內外各項競賽活動；「學習態度」係指學生與老師及同學相處融洽，能遵守學校規定準時作息，並且生活適應情況良好；「作業表現」則為學生在學習過程當中所表現出獨特的想法與創造力，閱讀理解能力良好，並能透過口語適當表達自己的想法，進一步能運用所學知識解決問題；「學習績效」為學生在學業成績逐年進步，於多元評量有優秀表現，並於體適能、健康習慣、生活常規、品格表現有明顯提升，日常生活競賽成績表現突出，參加校內外競賽常能榮獲佳績，並且在人際關係、情緒管理等方面有顯著提升。

　　陳建志（2019）提出學生學習成效分為學習策略、學習態度、行為表現與學習成就四個層面。「學習策略」乃為學生採取主動方式，將程序性的知識，用在相同或相似的情境，來獲得新知識；「學習態度」係指學生對學校學習熱忱與參與的程度，包含對學習興趣、樂於上學、擁有高度學習動機、學校認同與爭取學校榮譽；「行為表現」指學生日常生活作息，失序行為與偏差行為表現情形等；「學習成就」指經由一定學習歷程後，依據教學目標對學生學習成果給予綜合評價，不僅包含一般紙筆測驗，也包含各項應具備的基本能力。

　　周菡苹等人（2020）將學習成效分為三個向度，分別為學習活動表現、學習滿意度及學習自我評估。「學習活動表現」為學生學習活動中的外顯行為，指學習者參與班上或學校內外各項活動所呈現的結果；「學習滿意度」為學生學習活動後的心理感受，係指學習者對學習活動後的一種心理感受，

　　這種感受是快樂、喜歡、積極的態度；「學習自我評估」為學生自我衡量學習程度的評估，亦指學習者自我評估學習之成效。

　　有關學習成效的構面之相關文獻國內外均有不少的論述與研究，為了讓本研究更加聚焦研究主題，茲彙整如下表 2-9。

表 2-9　學生學習成效之構面

作者	年代	學生學習成效構面
Piccoli 等人	2001	學習興趣、學習態度、作業的表現、學習者的自我評估、學習績效。
D.-L.Kirkpatrick 與 J.-D.Kirkpatrick	2006	學習成效評估的四層次模式依序為反應、學習、行為、成果等四項。
陳年興等人	2006	包涵學習成績與學習滿意度兩層面，學習者學習成績：如平時考、期中考與期末考等；學習者的學習滿意度，如滿意度和互動等。
蕭佳純等人	2009	一般能力測驗、數學或數字型分析能力測驗、綜合分析能力。
王如哲	2010	必須兼顧「直接」和「間接」的學生學習成效，並涵蓋「認知」、「情感」及「動作技能」之不同向度。
Pike 等人	2011	認知獲益、非認知獲益。
蔡金田	2014	包括學科成績、內外競賽成績、學生出缺席情形。

（續下頁）

作者	年代	學生學習成效構面
杜岐旺	2015	以受試學校學生於學習成就評量中所獲得的測驗結果為認知層面指標；以受試學校學生在「學生學習興趣量表」的得分，作為學生情意層面指標。
吳堂鐘	2016	包括學習滿意度、學習態度及學習策略三個向度。
李勇輝	2017	學習滿意度、知識獲得、技能提升。
林淑芳	2018	學生進路分析、學習表現及學校生活適應情形的資料。
林宏泰	2018	分為「學習興趣」、「學習態度」、「作業表現」、以及「學習績效」等四個子構面。
陳建志	2019	學生學習策略、學生學習態度、學生行為表現與學生學習成就四個層面。
周菡芊等人	2020	分為三個向度，分別為學習活動表現、學習滿意度、學習自我評估。

資料來源：本研究整理

　　綜合上述國內外文獻，針對研究主題與研究對象的不同，研究構面也有所差異，以下就學生學習成效研究構面分析如表 2-10。

表 2-10 學生學習成效研究構面分析

研究者（年代）	學習興趣	學習態度	作業表現	學習策略	學習績效	學習滿意度	學習動機	自我評估	認知構面	情意構面	技能構面	生活適應	其他
Piccoli 等人(2001)	●	●	●		●	●		●					
D.-L. Kirkpatrick 與 J.-D. Kirkpatrick (2006)				●			●		●		●		應用程度
陳年興等人(2006)						●	●						
蕭佳純等人(2009)						●			●				
王如哲(2010)									●	●	●		
Pike 等人(2011)			●			●			●	●			
蔡金田(2014)	●	●	●			●							
杜岐旺(2015)	●	●				●	●						內在狀態
吳堂鐘(2016)		●		●		●							
李勇輝(2017)		●				●			●		●		
林淑芳(2018)		●	●			●						●	

（續下頁）

研究者 （年代）	學生學習成效構面												
	學習興趣	學習態度	作業表現	學習策略	學習績效	學習滿意度	學習動機	自我評估	認知構面	情意構面	技能構面	生活適應	其他
林宏泰(2018)	●	●	●		●							●	
陳建志(2019)		●			●	●						●	
周菡苹等人(2020)			●		●	●			●				
統計次數	4	9	6	2	10	6	1	2	5	2	3	3	

資料來源：本研究整理

　　研究者根據學生學習成效的相關理論與上述構面表分析，發現學習績效、學習態度、學習滿意度與作業表現等四個學生學習成效構面有較高的共識。本研究參酌學生學習成效層面之相關文獻，將學生學習成效分為學習態度、學習滿意度、作業表現及學習績效等四個構面，作為國民中學學生學習成效構面分類依據，其內涵說明如下：

（一）學習態度：係指學生學習熱忱與對學校參與的程度，包含對學習興趣、團隊合作、積極參與學習和公益活動。

（二）學習滿意度：係指學生對學習活動感受愉悅的程度。學生在學習歷程中，其需求、自我成就獲得的滿足，有自我實現的感受。

（三）作業表現：指學生從事學習相關活動過程的表現。參與各項學習活動能展現自我的想法與創造力，運用科技資訊能力及解決生活問題。

（四）學習績效：係指學生在學習活動各方面的表現成果，包括在多元評
　　　量、生活常規、品格表現與人際關係、體適能與健康習慣、藝術知
　　　能與展演表現等各方面有明顯進步與提升。

貳、學生學習成效之相關研究

學生學習成效是學生在校學習表現的具體指標之一，致力提升學生的
學業成效，是主導教育發展的政府官員與專家學者、教育最前線的教師，
以及關心子女教育的家長們，最努力的共同目標（蕭佳純等人，2009），雖
有性別、種族、能力、興趣及社會階層等複雜的影響因素，然學校教育仍
是學生學習成效的主要影響因素（Kutsyuruba, Klinger, & Hussain , 2015）。
以下就國內外學者對學生學習成效相關的研究分別加以敘述：

一、學生學習成效相關實證研究

Mulford（2007）針對塔斯馬尼亞州五所校長領導辦學成功的公立學校
進行研究，以包括傳統的全國性學術成果比較，及學生參與學校活動的參
與度與滿意度，衡量方式以出席率、輟學率以及畢業後的就學率等學生學
習成效的多樣資料。研究結果顯示，大部分學生的表現，包含學生參與度、
認同感、社群歸屬感、自信心及自我導向、發揮個人潛能，以及讀寫與數
理方面的表現等，都與學校環境有關。Vandiver（2011）針對德克薩斯州東
北部高中學校行政人員和教師進行訪談與問卷調查，探究學校教育設施與
學習環境之間的關係，研究結果顯示，學校教育設施會影響學生學習和教
師的離職率，建議教育工作者應規劃適當的設備以提高學生的學習表現與
教師留任率。

　　Hopland（2013）探究學校設施設備（建築物和運動場）與學生學習成就之關係，以澳洲、比利時、英國、義大利、日本、荷蘭、紐西蘭及美國等八個工業國家，跨國家進行研究比較，以 TIMSS 2003 學生成就表現的統計資料分析。研究結果顯示兩者之間有負相關，然而係數並不顯著；在澳洲、荷蘭和日本數據顯示不良學校設施設備對於學生學業成就表現有不良影響，而在其餘五個國家就沒有顯著的影響；顯然，在不同國家學校設施設備發揮不同的作用，影響學生成就表現似乎存在差異性。

　　Brockmeier et al.（2013）探討校長與學校層級對國小學生學習成就之相關，研究對象為喬治亞州 1,023 所國小，所有學生成績數據和學校級別數據從喬治亞州州長學生辦公室的公共網站所收集，採用事後相關和小組比較研究設計，為採用 9 個自變項及 11 個依變項，自變項包含校長層級變項包括：校長的性別、種族、任期、教育經驗及穩定性，學校層級變項包括：學生入學人數、少數民族學生比率、午餐減免學生比率、身障生比率，依變項為學校三年級與五年級學生閱讀平均量表分數，英語、語言藝術、數學、科學與社會研究等，另外，加上五年級學生的寫作評估。研究結果顯示，學校層級變項比校長層級變項更能預測學生學習成就；隨著校長在學校任職時間增加，學生學習成績平均分數得分也增加；校長教育經驗對於學生成就表現上的影響力比校長任期或異動不頻繁的穩定性因素影響較小；校長穩定性較高的學校，學生學習成績平均分數得分也較高。

　　Kleebbuaa 與 Siriparpa（2016）探究教育和生活態度對中等教育基本學習成效的影響，對於不同背景的學生群體，有助於達到學習成效是哪些因素與機制。針對 2013 年美國全國十二年級的學生，按地理區域分類的多階段隨機抽樣，共 13,180 名學生進行問卷調查，分析檢驗中學教育對基本學習成效是否藉由學生的生活態度達到中介效果，並就都市與非都市不同背

景的學生進行數據對比分析。研究結果發現，教育對生活態度和基本學習成果關係都有影響，在對生活的態度與基本學習成果之間，教育可以透過生活態度提升學生基本學習成效，生活態度具有中介效果；為了達到學習之成效，不同學生群體所需不同，對於都市學生來說，教育是最重要的，但對於非都市學生來說，生活態度則扮演更關鍵性的角色。

Maxwell（2016）探討學校建築條件、學校社會氛圍，學生出席率和學業成就的關係，研究對象為紐約市 236 所中學 143,788 名學生，採用結構方程模型進行數據分析，模型數據包括：由建築專業人士評估的建築條件、透過學習質量調查表衡量的學校社會氛圍、學校學生出席率、標準化的數學和英語語言測試成績、符合資格減免和全免膳食費用的學生人數百分比、少數民族學生占學生總數的百分比等資料。中學生處於身心發展過渡期，對學校環境特別敏感，研究結果顯示，學校建築條件間接預測學生的考試成績；學校的校舍狀況良好且具吸引力，會向學生散播出有人關心的訊息和更積極的社會氛圍，使學生出席率提高；學校社會氛圍越好，學生曠課率越低，標準化的測試成績越高。

詹秀雯與張芳全（2014）採用國民中學學生科學與數學學習長期追蹤調查資料庫，以國中生學習成就的調查數據，建立影響學習成就的因素模型，以探討影響國中生學習成就之因素。從 1,770 位國中生樣本，分析家長社經地位、家長參與、同儕互動、師生關係、學習態度、學習技巧與學生學習成就之關係。研究結果發現，國中生家長社經地位愈高，家長參與、學生學習態度、技巧、同儕互動與學習成就愈好；家長參與子女學習愈多，對學生學習成就有提升之效果；學生學習態度愈積極，學習成就表現愈好；同儕互動之情形對學習成就具正向助益；師生互動愈好，學生學習成就愈高；學生學習技巧對學習成就則沒有明顯影響。

　　蔡金田（2014）探討國民小學校長效能與教師效能對學生學習成就之影響，針對全國 400 所公立國民小學 1,221 位教師實施問卷調查。研究結果發現，不同背景變項教師在校長效能、教師效能、學生學習成就等因素構面上有顯著差異存在；校長效能與教師效能對於學生學習成就具有顯著的正向直接影響效果；校長效能、教師效能、學生學習成就有顯著相關存在；校長效能與教師效能對於學生學習成就具有 77%解釋量。

　　杜岐旺（2015）探究國民小學校長領導行為、學生學習成效及其中介歷程變項的關係，以 102 學年度校長在該校任職滿 4 年以上之苗栗縣 44 位國民小學教師與六年級 1,035 位學生為研究對象。研究結果顯示，國民小學校長領導行為影響學生學習成效模式各變項間具關聯性；國民小學校長領導行為影響學生學習成效模式各變項間具預測功能，其中以教師班級經營對學生學習成效最具預測力。

　　林葆青（2017）以學習滿意度為雙重中介變項，驗證臺灣的大專院校實施資訊科技融入管理領域教學與翻轉教學對學習成效之影響，針對臺灣的大專商管學院之老師與學生採用立意抽樣法進行抽樣。研究結果顯示，實施資訊科技融入管理領域教學對學習滿意度有正向顯著的影響；學生的學習滿意度對學習成效有正向顯著的影響；實施資訊科技融入管理領域教學對學習成效有正向顯著的影響；實施翻轉教學對學習滿意度有正向顯著的影響；學習滿意度具有部分雙重中介效果，隱含著學習滿意度對於促進學習成效扮演著重要的橋樑。

　　陳秀梅（2018）探討組織社會化、個人組織契合度是否有利於學生在全英語學習環境下之學習成效，以臺灣連續榮獲 Cheers 雜誌評定為企業最愛的私立大學第一名之商管學院全英語授課學生 597 人為研究對象，採問卷調查法，有效問卷 314 份。研究結果發現，組織社會化可顯著正向影響

個人－組織契合度與英語學習成效；個人－組織契合度可正向影響英語學習成效，惟未達統計顯著效果；組織社會化與英語學習成效之間，個人－組織契合度不具有中介效果。

國小階段學生學習成效之實證研究：鐘巧如（2016）針對臺灣地區公立國民小學教育人員實施問卷調查，探究國民小學校長空間領導、教師社群運作與學生學習成效之關係，研究結果顯示，國民小學學生學習成效各層面表現達到中高程度，其中以「學生行為表現」層面最高。陳建志（2019）探討國民小學校長學習領導與學生學習成效的關聯性，並以個性化學習為中介變項，針對臺灣地區 1,020 位公立國民小學教師進行研究，採用問卷調查法，研究結果顯示，國民小學學生學習成效具有中高程度表現，分構面得分高低依序為「學生行為表現」、「學習態度」、「學習成就」、「學習策略」，以「學生行為表現」層面最為突出。周菡苹等人（2020）旨在探討國小高年級學童教師支持、學習態度及學習成效之相關性，以新北市某國小高年級學生為研究對象，有效問卷樣本 516 份，研究結果顯示，國小高年級學生學習成效分為學習活動表現、學習滿意度及學習自我評估等三個層面，各層面之平均值皆高於 3，顯示學生之學習成效屬中上程度，普遍表現理想。

國中階段學生學習成效之實證研究：吳堂鐘（2016）旨在探究國民中學學習領導、學習環境與學習成效之關係，以新北市公立國民中學學生為研究對象，採問卷調查法，共回收有效問卷數 923 份，研究結果發現，國中學生學習成效達到中高以上程度，以「學習滿意度」層面得分最高，而「學習策略」層面得分則相對較低。林宏泰（2018）以臺灣地區公立國民中學的教師為研究對象，樣本抽取學校數 86 所、教師 1,052 人，採問卷調查法，探討國民中學校長正向領導、教師教學效能與學生學習成效之關係，

研究分析顯示，國民中學學生學習成效屬於中上程度，分構面得分依序為「學習態度」、「學習興趣」、「作業表現」、「學習績效」，以「學習態度」表現最佳。陳明忠（2022）探究新北市國民中學校長教學領導、教師教學效能與學生學習成效之關係，問卷調查新北市 21 所國民中學教師，回收 762 份有效問卷，研究結果發現，教師知覺學生學習成效屬中高程度，其中以「學生創客表現」程度最高，「學生學習動機」程度最低。

高中階段學生學習成效之實證研究：黃庭鈺（2020）針對臺灣地區普通型公立高級中學 84 所學校 854 位教師實施問卷調查，研究發現，公立普通高中教師對學生學習成就的知覺現況屬中上程度，以「技能學習表現」的感受最佳。

二、背景變項與學生學習成效之研究

在學生學習成效各研究中，對於學生學習成效之背景變項不盡相同，歸納相關研究發現，背景變項主要包括：性別、年齡、最高學歷、服務年資、現在職務、學校區域、學校規模、學校校齡等；也有以年級（吳堂鐘，2016；周菡苹等人，2020）、平均班級人數（蔡金田，2014）進行研究，以校長到校服務年資進行研究（陳建志，2019）。以下將根據背景變項加以探討學生學習之成效。

（一）性別變項

針對性別變項部分，在黃庭鈺（2020）和鐘巧如（2016）研究發現男、女性別教育人員對於學生學習成效的知覺是有差異的，黃庭鈺（2020）和鐘巧如（2016）均發現男性教育人員對於學生學習成效的知覺高於女性者。而吳堂鐘（2016）以學生為研究對象，研究結果顯示，不同性別學生在知

覺學習成效有顯著差異，女學生在總量表與學習滿意度、學習策略均顯著
高於男學生。

　　但在林宏泰（2018）和陳建志（2019）的研究顯示，不同性別教師對
學生學習成效之知覺並未達顯著性差異。另外，周茵苹等人（2020）研究
發現，不同性別國小高年級學童學習成效並無顯著差異。由上述可知，不
同性別在學生學習成效上之知覺具有頗大的差異性，仍有可繼續探討研究
的空間。

（二）年齡變項

　　針對年齡變項部分，在林宏泰(2018)、陳建志(2019)以及鐘巧如(2016)
等人的研究顯示出不同年齡會影響學生學習成效知覺感受的差異。鐘巧如
（2016）發現不同年齡教育人員在「學生行為表現」、「學生學習態度」分
量表之得分，年齡為「51 歲(含)以上」者顯著高於「31 至 40 歲」者，而在
「學習成就」層面，年齡在「51 歲(含)以上」者顯著高於「41 至 50 歲」
者；林宏泰（2018）研究結果顯示，不同年齡的教師知覺學生學習成效整
體構面及「作業表現」、「學習績效」等子構面表現上，達顯著差異存在，
以「21 以上未滿 30 歲」組教師對學生作業表現感受程度較為明顯，「51 歲
以上」組教師對於學生學習績效有較明顯的差異；陳建志（2019）也發現
「41~50 歲」的教師在知覺「學生學習成就」層面高於「31~40 歲」者。
以上不同年齡對學生學習成效知覺有顯著差異性，大多呈現年長教師高於
年輕的教師，尤其 51 歲以上教師知覺學生學習成效程度較高。

（三）最高學歷變項

　　針對最高學歷變項部分，在林宏泰（2018）、陳建志（2019）以及鐘巧
如（2016）的研究顯示教師的最高學歷對學生學習成效知覺有顯著性差異。
鐘巧如（2016）發現不同最高學歷教育人員在「學生學習態度」分量表之

得分，碩、博士畢業之教師優於大學畢業者的現象；陳建志（2019）研究
也顯示，最高學歷為碩、博士的教師在知覺整體學生學習成效及各分層面
上，皆高於最高學歷為大學者；然而，林宏泰（2018）研究則顯示，不同
學歷的教師在學生學習成效整體以及各個子構面的感受程度上有所差異，
「一般大學」組高於「碩士以上」組，而「碩士以上」組又高於「師範或
教育大學」組。以上雖不同學歷教育人員對學生學習成效知覺有顯著性差
異，但各相關研究結果不盡相同，值得繼續進一步深入探討研究。

（四）服務年資變項

　　針對服務總年資變項部分，在林宏泰（2018）、陳建志（2019）以及鐘
巧如（2016）的研究發現不同年資對學生學習成效知覺有顯著差異。鐘巧
如（2016）研究顯示，不同服務年資教育人員而論，於「學生學習成就」
分量表得分，服務年資「26 年(含)以上」者高於「6 至 15 年」者；在「學
生行為表現」分量表之得分，服務年資「26 年(含)以上」者顯著高於「5 年
(含)以下」及「6 至 15 年」者；在「學生學習態度」分量表之得分，服務
年資「26 年(含)以上」者顯著高於「5 年(含)以下」、「6 至 15 年」及「16 至
25 年」者；陳建志（2019）則發現，服務年資為「5 年(含)以下」及「16 至
25 年」之教師在知覺整體學生學習成效及「學生行為表現」、「學生學習成
就」層面上，表現高於服務年資為「6 至 15 年」者，另在「學生學習態度」
層面，亦有服務年資「16 至 25 年」教師知覺表現高於「6 至 15 年」者的
情形；然而，林宏泰（2018）研究顯示，不同教學年資教師知覺整體學生
學習成效與「學生學習興趣」層面的得分表現上呈現顯著性差異，教學年
資較淺之教師知覺「學生學習興趣」相較資深教學年資者感受程度來的高。
以上研究雖顯示不同年資教師對學生學習成效知覺有顯著性差異，但各相
關研究並無較一致性的結果，有繼續探討的空間。

（五）現在職務變項

　　針對現在職務變項部分，在林宏泰（2018）、陳建志（2019）、蔡金田（2014）以及鐘巧如（2016）等人研究發現，不同職務的成員對於學生學習成效的知覺與評定會有不同的影響。蔡金田（2014）研究結果發現，擔任教師兼主任之學校教師對於學生學習成就層面「學科成績」、「校內外競賽」、「出缺席」三個向度之得分均顯著高於擔任教師兼組長者；陳建志（2019）研究顯示，現在職務為教師兼主任、組長及導師的教師在知覺整體學生學習成效及各分層面上，表現皆高於科任者。林宏泰（2018）亦發現不同職務的國民中學教師在知覺學生學習成效達顯著差異，分構面除「作業表現」層面未達顯著差異外，其餘在「學習興趣」、「學習態度」、「學習績效」等三個層面上均達顯著差異，結果顯示與「學生學習成效」整體相同，均為兼職行政的教師知覺學生學習成效程度高於級任導師。另外，鐘巧如（2016）研究發現，校長在「學生學習成就」分量表之得分高於級任教師，在「學生行為表現」、「學生學習態度」分量表之得分，高於教師兼任主任、組長及級科任教師。以上不同職務對學生學習成效知覺有顯著差異性，大多呈現兼職行政教師高於科任教師。

　　然而，黃庭鈺（2020）研究則顯示，不同職務的教師在學生學習成效的知覺上未達顯著性差異。由上述可知，不同職務的教育人員對學生學習成效的知覺或評定是存有差異，值得繼續深入探討。

（六）學校區域變項

　　針對學校區域變項部分，林宏泰（2018）、蔡金田（2014）以及鐘巧如（2016）等人研究發現，不同區域學校的成員對於學生學習成效的知覺與評定有顯著差異。鐘巧如（2016）研究顯示，不同學校地區教育人員在「學生學習成就」、「學生學習態度」分量表之得分，都市地區學校顯著高於鄉

鎮地區、偏遠地區的學校；林宏泰（2018）也發現都市區學校的整體學生學習成效顯著優於偏遠地區學習成效，在「學習績效」構面得分表現上，達顯著性差異；然而，蔡金田（2014）研究顯示，學校位處偏遠地區之學校教師在「學科成績」、「校內外競賽」、「出缺席」等三個層面知覺得分，均顯著高於都會地區與一般鄉鎮之學校教師。以上研究雖顯示不同學校區域教育人員對學生學習成效知覺有顯著性差異，但各相關研究並無較一致性的結果。

但在吳堂鐘（2016）和黃庭鈺（2020）的研究則發現，不同學校地區學生學習成效未達顯著性差異。由上述可知，對於學校區域影響學生學習成效的研究結果具有差異性，是值得進一步繼續探討研究。

（七）學校規模變項

針對學校規模變項部分，吳堂鐘(2016)、陳建志(2019)、黃庭鈺(2020)、蔡金田（2014）以及鐘巧如（2016）等人研究發現，不同學校規模的教育人員對於學生學習成效的知覺與評定有顯著差異。蔡金田（2014）研究顯示，學校班級數 13-24 班、25 班以上之學校教師，在「學科成績」、「校內外競賽」、「出缺席」等三個層面之得分均顯著高於 7-12 班之學校教師；吳堂鐘（2016）研究發現，不同學校規模國中學生在「學習策略」分構面出現顯著性差異，64 班以上超大型學校顯著高於 19-36 班中型規模學校的學生；黃庭鈺（2020）亦發現大型學校 49（含）班以上之教師知覺學生學習成效程度顯著較高。然而，陳建志（2019）研究顯示，學校規模在 12 班(含)以下之教師在知覺學生學習成效整體及「學生學習策略」、「學生學習成就」層面上，表現皆高於規模為 13-48 班及 49 班(含)以上之教師，而在「學生學習態度」層面，則是 12 班(含)以下表現高於 49 班(含)以上，「學生行為表現」層面則是 12 班(含)以下表現高於 13-48 班。鐘巧如（2016）研究

則發現，學校規模教育人員在「學生學習成就」分量表之得分，學校規模模 49 班(含)以上顯著高於 12 班(含)以下、13-48 班；於「學生行為表現」分量表之得分，學校規模 12 班(含)以下顯著高於 49 班(含)以上、13-48 班；在「學生學習態度」分量表之得分，學校規模 49(含)以上顯著高於 12 班(含)以下、13-48 班。以上研究雖顯示不同學校規模教育人員對學生學習成效知覺有顯著差異性，但各相關研究並無較一致性的結果。

然而，林宏泰（2018）研究發現，不同學校規模學生學習成效未達顯著性差異。由上述可知，對於學校規模影響學生學習成效的研究結果差異頗大，值得進一步繼續探討研究。

（八）學校校齡變項

針對學校校齡變項部分的研究並不多，在蔡金田（2014）的研究發現，61 年以上校齡之學校教師在「學科成績」與「校內外競賽」層面之得分顯著高於校齡 40 年以下之學校教師；然而，鐘巧如（2016）研究發現，學校校齡 11 至 30 年之教育人員於「學生學習成就」、「學生學習態度」分量表之得分高於 31 年(含)以上之學校。由上述可知，學校校齡影響學生學習成效具顯著性差異，但各相關研究並無較一致性的結果，可以再繼續探討研究。

（九）其他

蔡金田（2014）研究發現，學校平均班級人數 11-15 人、21 人以上之學校教師，在「學科成績」與「校內外競賽」層面之得分顯著高於學校平均班級人數 10 人以下之者。吳堂鐘（2016）研究顯示，年級變項在學生學習成效未達顯著性差異，但在「學習策略」層面呈現出八年級學生高於九年級學生的顯著性差異；周菡苹等人（2020）則發現不同年級之國小高年級學生學習成效並無顯著性差異。陳建志（2019）探究校長到校年資是否

造成學生學習成效顯著性差異，研究結果顯示，校長到校服務 5 年以上的
國民小學教師，在知覺整體學生學習成效及「學生學習態度」與「學生行
為表現」層面上，知覺程度皆高於校長年資為 1-4 年的教師。

三、不同研究變項與學生學習成效之研究

　　學校教育是為學生所存在，學校均以學生的學習為主要辦學目標，因
此，學生學習成效自然成為學校教育所關注及努力的焦點（簡紅珠，2006）。
以下整理出近幾年有關各級學校影響學生學習成效不同變項的研究結果重
點摘要如表 2-11，提供後續研究之參考。

表 2-11 學生學習成效相關研究摘要

作者 （年代）	研究議題	研究對象 研究方法	主要研究發現
詹秀雯 與 張芳全 (2014)	影響國中生 學習成就之 因素	分析樣本有 1,770 位國 中生 次級資料分 析法	1. 學生家長社經地位愈高，家長參與、學生學習態度、技巧、同儕互動與學習成就愈好。 2. 家長參與子女學習愈多，學生學習態度愈積極，學習成就表現愈好。 3. 學生同儕互動情形對學習成就具正向助益。 4. 師生互動愈好，學生學習成就愈高。

（續下頁）

作者 （年代）	研究議題	研究對象 研究方法	主要研究發現
蔡金田 (2014)	國民小學校長效能與教師效能對學生學習成就之影響	全國 400 所公立國民小學 1,221 位教師 問卷調查法	1. 校長效能與教師效能對於學生學習成就具有顯著的正向直接影響效果。 2. 校長效能、教師效能、學生學習成就有顯著相關存在。 3. 校長效能與教師效能對於學生學習成就有77%解釋量。
杜岐旺 (2015)	國民小學校長領導行為影響學生學習成效模式	苗栗縣國民小學 344 位教師與六年級 1,035 位學生 問卷調查法	1. 校長領導行為影響學生學習成效模式各變項間具關聯性。 2. 校長領導行為影響學生學習成效模式各變項間具預測功能，其中以教師班級經營對學生學習成效最具預測力。

（續下頁）

作者 （年代）	研究議題	研究對象 研究方法	主要研究發現
吳堂鐘 (2016)	國民中學學習領導、學習環境與學習成效關係	新北市公立國民中學 923 位學生	1. 學生知覺學習成效的感受達到中高以上程度，以「學習滿意度」得分最高，而「學習的策略」的得分則相對較低。
		問卷調查法	2. 不同性別學生在學習成效有顯著差異。
			3. 學習領導、學習環境與學習成效之徑路關係模式獲得支持。
			4. 學習領導對學習環境、學習成效具有正向的影響力；並透過學習環境，對於學生學習成效具有間接效果。
鐘巧如 (2016)	國民小學校長空間領導、教師社群運作與學生學習成效關係	臺灣地區公立國民小學1,008位教育人員	1. 學生學習成效各層面表現達到中高程度表現，以「學生行為表現」層面最獲認同。
		問卷調查法	2. 教育人員知覺學生學習成效會因為其背景變項不同(性別、年齡、最高學歷、現在職務、服務年資、學校規模、學校地區、學校歷史)而有顯著差異。

（續下頁）

作者 （年代）	研究議題	研究對象 研究方法	主要研究發現
林葆青 (2017)	資訊科技融入管理領域教學與翻轉教學對學習成效的影響－以學習滿意度為中介變項	臺灣的大專商管學院之老師與學生 問卷調查法	1. 實施資訊科技融入管理領域教學對學習滿意度有正向顯著的影響。 2. 學生的學習滿意度對學習成效有正向顯著的影響。 3. 實施資訊科技融入管理領域教學對學習成效有正向顯著的影響。 4. 實施翻轉教學對學習滿意度有正向顯著的影響。 5. 學習滿意度具有部分雙重中介效果。
林宏泰 (2018)	國民中學校長正向領導、教師教學效能、與學生學習成效關係	臺灣地區86所公立國民中學685位教師 問卷調查法	1. 學生學習成效屬於中上程度。 2. 不同年齡、學歷、教學年資、職務以及學校位置之教師知覺學生整體學生學習成效上達顯著性差異。 3. 校長正向領導、教師教學效能與教師教學效能均有顯著正相關。 4. 校長正向領導對教師教學效能、學生學習成效有顯著正向影響效果。 5. 教師教學效能對學生學習成效有顯著正向影響效果。

（續下頁）

作者 （年代）	研究議題	研究對象 研究方法	主要研究發現
			6. 校長正向領導透過教師教學效能對學生學習成效有直接及間接影響效果。
陳秀梅 (2018)	影響學生學習成效因素與探討—以專業課程英語授課為例	某私立大學商管學院全英語授課學生，有效問卷314份 問卷調查法	1. 組織社會化可顯著正向影響個人-組織契合度與英語學習成效。 2. 個人-組織契合度可正向影響英語學習成效，惟未達統計顯著效果。 3. 組織社會化與英語學習成效之間，個人－組織契合度不具有中介效果。
陳建志 (2019)	國民小學校長學習領導與學生學習成效關係—以個性化學習為中介變項	臺灣地區1,020位公立國民小學教師 問卷調查法	1. 學生學習成效為中高程度，以「學生行為表現」層面最為突出。 2. 教師因年齡、最高學歷、現在職務、服務年資、學校規模、校長到校年資之不同知覺學生學習成效有顯著差異。 3. 校長學習領導、教師運用個性化學習與學生學習成效之間呈現中度正相關。 4. 校長學習領導可透過教師運用個性化學習提升學生學習成效，教師運用個性化學習具有中介效果。

（續下頁）

作者 （年代）	研究議題	研究對象 研究方法	主要研究發現
黃庭鈺 (2020)	高級中等學校校長空間領導、學校組織健康與學生學習成就關係	臺灣地區普通型公立高級中84 所學校 854 位教師 問卷調查法	1. 教師對學生學習成就知覺現況屬中上程度，以「技能學習表現」感受最佳。 2. 不同性別和學校規模之教師對學生學習成就的知覺程度有顯著差異。 3. 校長空間領導會透過學校組織健康間接影響學生學習成就，學校組織健康具有完全中介效果。
周菡苹等人 (2020)	國小高年級學童教師支持、學習態度及學習成效之相關	新北市某國小高年級 516 位學童 問卷調查法	1. 教師支持與學習態度有中度正相關，與學習成效亦有中度正相關；學習態度和學習成效則有高度正相關。 2. 學生之學習態度在教師支持與學習成效之間具中介關係。
陳忠明 (2022)	國民中學校長教學領導、教師教學效能與學生學習成效關係之研究	新北市21所國中教師 762 份有效問卷 問卷調查法	1. 教師知覺學生學習成效屬中高程度，其中以「學生創客表現」程度最高，「學生學習動機」程度最低。 2. 不同年齡、年資、職務、最高學歷、學校規模、學校所在地區等背景變項之教師知覺學生學習成效有顯著差異。

（續下頁）

作者 （年代）	研究議題	研究對象 研究方法	主要研究發現
			3. 校長教學領導可透過教師教學效能促進學生學習成效，教師教學效能具有部分中介效果。

資料來源：本研究整理

四、小結

由上述學生學習成效相關之研究，綜合討論可得到下列發現：

（一）臺灣探究學生學習成效分布各級學校

綜觀各相關實證研究，大多採問卷調查法量化研究為主，研究結果顯示臺灣地區學生學習成效的現況大多呈現中上、中高程度的理想表現，然而，學習成效分構面最高得分部分，除陳建志（2019）和鐘巧如（2016）的研究均以「學生行為表現」層面最為突出外，其餘研究並無一致性結果；研究對象分布國小、國中、高中各級學校或大學等，足見學生學習成效之研究引起各方普遍性探討。

（二）背景變項影響學生學習成效之實證研究並無一致性結果

影響學生學習成效的背景變項部分，在上述實證研究發現，個人背景變項除年齡變項，研究結果大多呈現年長教師知覺學生學習成效程度較高於年輕者外，其餘在性別、最高學歷、服務年資、現在職務等變項均無一致性結果，可再進行探討；而學校背景變項在學校區域、學校規模、學校校齡等也無一致性結果，值得繼續探究。本研究以背景變項包括個人背景（性別、年齡、最高學歷、服務年資、現在職務）以及學校背景變項（學

校區域、學校規模、學校校齡、校長在該校的服務年資），以瞭解不同背景變項之教師知覺國中學生學習成效是否有顯著性差異。

（三）學生學習成效為教育之成果，其相關影響因素值得探究

　　綜合上述有關國內外學生學習成效之實證研究，有探討校長領導與學生學習成效之相關，例如：空間領導、學習領導、正向領導等變項；學校層面與學生學習成效之關聯，例如：校長效能、學校環境、學校組織健康等變項；教師層面與學生學習成效之相關，例如：教師效能、教師社群運作、教師支持、教師教學效能、翻轉教學等變項；學生個人層面與學習成效之相關，例如：個性化學習、學習態度等等變項。顯見學生學習成效受到教育實務者的重視，許多實證研究將「學生學習成效」做為研究主要變項之一。本研究欲探討校長空間領導、教師幸福感與學生學習成效之相關性。

第四節　校長空間領導、教師幸福感與學生學習成效之相關研究

　　由上述各節的探討中，可以發現校長空間領導、教師幸福感與學生學習成效之間可能存在著關聯性，影響著教育品質的提升與教育成果，因此將針對三者之相關進行研討，以作為本研究延續發展之探究。本節將針對校長空間領導與教師幸福感、校長空間領導與學生學習成效、教師幸福感與學生學習成效兩兩之關係，以及校長空間領導、教師幸福感與學生學習成效之關係，分別探討論述之。

壹、校長空間領導與教師幸福感之相關研究

校長的領導作為可以實現整個學校的幸福感，從而改善老師的幸福感（Laine et al., 2017），國內外探討領導者與教師之間的互動會影響教師幸福感的研究很少，研究者試圖從空間領導與教師幸福感的構面意涵尋找其關係脈絡。

Cenkseven-Onder 與 Sari（2009）以國小老師學校生活和倦怠的質量作為教師幸福感的預測因子為研究主題，研究對象為阿達納中心地區小學工作的 161 名教師，採用正-負影響量表、生活滿意度量表、學校生活質量量表和教師職業倦怠量表作為數據收集工具，以逐步回歸進行數據分析。研究結果發現，學校生活質量量表「狀態」子構面對教師幸福感有顯著預測力；學校生活質量量表「地位」、「應對工作壓力」和「學校管理者」三個子構面對教師的生活滿意度有顯著的預測作用。研究結果顯示，領導者是發展學校的氛圍和文化的人，一位好的領導者，學校的氛圍將是令教師滿意的，這種滿足感可能反映在他們的生活滿意度。

Cann et al.（2020）以新西蘭地區市區內的一所大型州立高中（約有 850 位學生和 65 位老師），該校領導者在學期最後為教師留出時間參加可以增進自身幸福的活動。研究訪談該校 6 名教師，匯集各種影響他們幸福感的因素，包括個人情況、態度與習慣，以及學校環境。研究重點著重於學校環境對教師幸福感的影響，特別是學校領導者促進教師福祉的行為部分。研究結果發現，領導者的三種領導行為會影響教師幸福感：1.領導者傾聽和重視教師，確保教師的意見、工作和努力得到重視；2.促進對教師有意義的專業發展：教師珍視學習的時間與機會，透過專業成長能自我實踐而感到成就感；3.教師在變革和決策方面具有足夠的參與權。研究顯示領導者

在推行計畫與領導行為時，能傾聽教師的聲音並讓其參與決策，將會提升教師的幸福感。

馮佳怡（2020）旨在探討國中校長空間領導、教師工作滿意度與學校效能之關係，以臺灣地區公立國民中學教師為研究對象，採問卷調查法，回收 956 份有效問卷。研究結果顯示，國中校長空間領導、教師工作滿意度與學校效能三者間具有中度正相關；國中校長空間領導之「形塑空間願景」、「建構教育空間」、「融入課程教學」、「使用者共同參與」四層面與教師工作滿意度整體與各層面（行政管理、工作本身、校長領導、同僚關係）有顯著正相關；而「融入課程教學」、「使用者共同參與」、「形塑空間願景」三個預測變項的多元迴歸係數變異量為 43%，顯示融入課程教學、使用者共同參與、形塑空間願景的得分愈高，則教師工作滿意度就愈高；國中校長空間領導、教師工作滿意度與學校效能結構方程模式適配度良好；國中校長空間領導可直接影響學校效能，更可間接透過教師工作滿意度的中介機制，對學校效能產生影響。

吳鐵屏（2021）旨在瞭解國民中學校長空間領導、學校組織健康與教師幸福感之關係，以桃園市 30 所國民中學教師為研究對象，採用問卷調查法，回收有效問卷 569 份。研究結果發現，國中教師知覺校長空間領導、教師幸福感各層面皆達中上程度，以「融入課程教學」及「正向情緒」層面的表現最突出；校長空間領導、學校組織健康與教師幸福感三者間具有正相關；校長空間領導及學校組織健康對教師幸福感具有正向預測力；校長空間領導、學校組織健康與教師幸福感結構方程模式之適配度良好；校長空間領導經由學校組織健康的中介效果，正向影響教師幸福感。

由上述研究發現，校長空間領導與教師幸福感有正向相關，校長空間領導作為會正向影響教師幸福感。目前臺灣探討校長空間領導與教師幸福

感兩變項，只有吳鐵屏（2021）「桃園市國民中學校長空間領導、學校組織健康與教師幸福感關係之研究」1 篇碩士論文，其研究範圍為桃園市國民中學，尚無全國性之實證研究，本研究乃藉由探討臺灣本島國民中學校長空間領導與教師幸福感之關係，以補此方面研究之不足。

貳、校長空間領導與學生學習成效之相關研究

校長領導被認為是有助於確保學校整體成功，並成為改善學校的動力（Bryk et al., 2010），儘管校長對學生學習的影響是間接的，其重要性也被普遍認為是僅次於教師對學生學習成效的影響（Hallinger, 2011），也有學者提出校長領導對學生學習成效有直接影響（Dimmock, 2012），為提升學生學習成效，校長需執行一些積極作為，例如對老師以及學校等方面，對學生有直接且足見影響的關鍵因素（Day & Leithwood, 2007），雇用教師、建立正向學校校園文化、檢視教學設施設備等（Branch, Hanushek, & Rivkin, 2012），創建一個令人興奮和引人入勝使學生成功關鍵的學習環境（Paolini, 2015）。盱衡諸專家學者之看法與國內外相關研究指出，學校建築和環境設施的設計或改善，會間接或直接影響學生學習氣氛、學習態度、學習方式、學習效果、人格發展、行為表現、價值觀念等教育成果（湯志民，2011；湯志民，2014；Khalil et al., 2011；Uline & Tschannen-Morgan, 2008），因此，本研究此部分除了闡述關於校長空間領導與學生學習成效之相關研究，亦納入學校空間規劃、設施設備、學校環境等研究變項，共同探討其與學生學習成效之關係。

Lopes et al.（2019）探究學校的環境與設施對學生學習成效之影響，以東帝汶民主共和國 Nicolau Lobato 普通中學 180 位 10 年級的學生，隨機抽樣 64 位學生為研究樣本。研究結果發現，學校環境與學校設施對學生學習

成績具有影響力，學校設施是影響學生學習成績的主要因素為 68.9%，學校環境的對學生學習成績的影響為 37.1%，其建議政府特別是教育部應在全國各地完善學校設施，每所學校校長、家長和全體學生，應共同創造良好的學校環境。

Adamu et al.（2019）研究調查校長學校設施管理與學生學術成就的相關性，以西非尼日利亞阿達瑪瓦州立教育區的中學為研究範圍，這五所中學有 337 位校長、5,128 位教師和 134,346 位高中學生，抽樣本量為 166 位校長、365 位教師和 531 位高中生，採問卷調查法。研究結果顯示，校長對學校設施的管理會促進高中學生學習成績之提升，且建議校長應妥善規劃與管理學校設施，以提供教師和學生專注於教學與學習，以利有效地達到教學目標；而政府和教育當局應提供給學校足夠的年度預算經費，以利定期更換學校設施；另外，校長、教師以及學生都應接受設施維護方面的培訓。

廖文靜（2011）旨在探討學校設施品質與教育成果之關係，以臺灣區公立普通高級中學 127 所學校為研究對象，分層抽取 74 所學校為研究樣本，回收 772 份有效問卷。研究結果顯示，學校設施品質與學生的學習態度呈中度正相關，「舒適的教室環境」、「良好的設施維護」和「完善的建築機能」等學校設施品質因素，能有效預測學生的學習態度；學校設施品質與學生學業成就呈低度正相關，「多元的學習空間」能有效預測學生學業成就；學校設施品質對於基礎學力低的學校比基礎學力高者，在學生學業成就上有更大的正面影響力；學校設施品質對於學生學業成就的影響來自間接效果，由「教師態度」、「學生態度」和「學生偏差行為」扮演中介的角色。學校設施品質與教育成果關係的實證模式經驗證確立，學校設施品質

直接影響教師態度和學生態度，並以間接方式影響學生行為和學生學業成就。

　　吳煒增（2015）針對臺北市國民小學教師和校長進行問卷調查，採分層隨機抽樣方式，問卷回收 71 所學校，829 份有效問卷，探討校園空間美學營造與學校特色的關係。研究結果發現，臺北市國民小學教育人員對於有關學生學習教育需求的認知，高於教育人員個人需求與成長的認知；整體校園空間美學營造及其個構面（落實整體規劃、美化校園空間、彰顯人文藝術、著重實用創價）與整體學校特色及其個構面（教育核心價值、師生優勢專長、課程永續發展、績效卓越表現）達中、高度正相關，顯示校園空間美學營造程度越好，學校特色表現越佳，亦即學校落實整體規劃、美化校園空間可使協助學生學習與發展的教育核心價值，以及持續改進教師教學與學生學習的課程永續發展更具成效。

　　鐘巧如（2016）探究臺灣地區公立國民小校長空間領導、教師社群運作與學生學習成效關係程度。研究結果發現，國民小學校長空間領導、教師社群運作與學生學習成效三者間具有正向關聯；國小校長空間領導、教師社群運作與學生學習成效的結構方程模式適配度良好；其中，在空間領導量表題項中，以「校長能鼓勵布置教學情境，以激勵學生學習動機」與「校長重視提供適於學生使用的空間與設施，以提升學習效果」得分最高，「校長重視數位資訊網路與教學平臺的設置，以建構無所所不在的習情境」得分最低；整體而言，校長空間領導可直接影響學生學習成效，更可透過教師社群運作的中介機制，對學生學習成效產生正向影響。

　　黃庭鈺（2020）探討臺灣地區普通型公立高級中等學校校長空間領導、學校組織健康與學生學習成就之關係。研究結果發現，高中校長空間領導、學校組織健康與學生學習成就的結構方程模型適配度良好；校長空間領導

對學校組織健康具有正向直接影響效果，學校組織健康對學生習成就亦具正向直接影響效果，然而，校長空間領導對學生學習成就不具直接影響力，但會透過學校組織對學生學習成就產生間接影響，顯示校長空間領導會透過學校組織健康間接影響學生學習成就，學校組織健康具有完全中介效果。

基於上述所及得知，校長空間領導對學生學習成效具有影響力。國外文獻多以建築設施設備與學校環境影響學生學習表現、校長領導行為影響學生學習成效表現等為主；臺灣校長空間領導尚屬新興議題，目前探究校長空間領導與學生學習成效相關研究以教師社群與學校組織為主，而探討校長空間領導與學生學習成效之關係只有鐘巧如（2016）1 篇博士論文，然而，探討國民中學階段校長空間領導與學生學習成效則付之闕如，為補足此不足，本研究欲進行探討國民中學校長空間領導與學生學習成效之相關性與其解釋效果。

參、教師幸福感與學生學習成效之相關研究

根據過往研究指出，經歷積極的情緒可以促進幸福感並改善學生的學習成效，學生在教室裡受到高水平的激勵，將展示包括學習、出勤、提高參與度，對課程資料的深入理解等學習成功的行為（Williams, Childers, & Kemp, 2013），研究發現教師的情緒疲憊與學生的學習成績之間存在負相關關係（Arens & Morin, 2016），教師流失率與組織承諾成反比，與學生學習成績下降有關（Ronfeldt, Loeb, & Wyckoff, 2013），表明教師幸福感與學生學習成效之間有著重要的關聯性（Arens & Morin, 2016；Collie & Martin, 2017；Klusmann, Richter, & Lüdtke, 2016）。

Collie 與 Martin（2017）探究教師適應能力、校長支持、幸福感和組織承諾，以及學生算數成績之間的關聯。以 115 位高中數學老師以及其任

教的 1,685 名學生為樣本，採用結構方程式分析。研究結果顯示，校長支持與教師的適應能力呈正相關，兩者均與教師幸福感和組織承諾呈現正相關，此外，教師幸福感與學生算術成績之間存在相關性。

Dicke et al.（2020）以 32 個國家 142,280 名教師和 8,869 名學校校長 TALIS（Teaching and Learning International Survey）樣本，與來自八個國家（澳大利亞、芬蘭、拉脫維亞、墨西哥、葡萄牙、羅馬尼亞、新加坡、西班牙）學生的 PISA（Programme for International Student Assessment）包括：閱讀、數學和科學等數據，探究教師工作滿意度、校長工作滿意度與氛圍及學生學習成效之關係。結果發現，教師與校長的工作滿意度是相互關聯，彼此相輔相成；教師和校長的工作環境滿意度與學生成績有關，當學生成績較高時，教師和校長對工作環境的滿意度較高；教師工作滿意度與學生所感知的紀律氛圍有關。這些發現顯示學生、教師和校長是相互影響，其建議規劃教育措施與政策應考量整體性，不應只是單一面向，學生、教師、校長，以及學校環境，各層面之間的相互作用及變化都將影響整個學校系統。

楊雅婷（2020）針對臺灣省公私立高級中等學校教師進行問卷調查，探討校長正向領導、教師幸福感與學校效能的關係。研究結果發現，校長正向領導、教師幸福感與學校效能整體具有顯著中度正相關；整體教師幸福感及其各構面（正向情緒、樂觀心態及生活滿意）與整體學校效能及其各構面（行政支持、教師教學、學生學習）呈現中度正相關，顯示教師幸福感程度愈高時，學校效能也越高，亦即教師知覺幸福感越高時，學生學習成效也越高；校長正向領導與教師幸福感可以正向預測學校效能，而「智慧倡導」、「樂觀心態」、「正向情緒」、「愛心關懷」及「反思學習」等 5 項，

可解釋「學生學習」34%之變異量；校長正向領導可透過教師幸福感促進學校效能，教師幸福感具有部分中介效果。

由上述文獻分析，教師幸福感與學生學習成效具有正向關聯性以及顯著解釋力，然而，因每個研究採納的教師幸福感與學生學習成效之衡量構面不盡相同，且目前並無針對教師幸福感與學生學習成效之研究，為此，本研究認為有需要進一步探究以補足此不足之處，亦同時探究教師幸福感對於學生學習成效之影響力。

肆、校長空間領導、教師幸福感與學生學習成效之相關研究

關於校長與教師的關係，及其對學生的影響的研究尚處於起步階段（Price & Moolenaar, 2015），校長空間領導、教師幸福感與學生學習成效之相關研究在國內外文獻篇數並不多，研究者搜尋近十年內全國博碩士論文及國內外相關文獻，尚未發現有研究者或研究論文同時以國民中學校長空間領導、教師幸福感與學生學習成效為研究主題，並且探討三者間的關係之實證研究。從上述對國民中學校長空間領導、教師幸福感與學生學習成效，三者中兩兩變項相互關係的研究探討，發現彼此之間有關聯性與相互影響。Hitt 與 Tucker（2016）認為領導者對教師與學校環境具直接影響力，對學生是間接影響，乃需透過與教師互動來完成提高學生的學習能力這項工作。至於，國民中學校長空間領導、教師幸福感與學生學習成效三者間似乎存在著關聯性，而其相關性為何則有待實證研究加以分析探討，以期透過研究所得調查資料結果，提供教育行政機關、國民中學校長與教師，以及家長團體尋求更適切而有效的方式，增進教師幸福感，以促進學生學習成效，提升教育品質與績效。

伍、小結

　　由上述實證論述，國中校長空間領導與教師幸福感有正向相關，校長空間領導作為會正向影響教師幸福感，然目前尚無探究全國國民中學校長空間領導與教師幸福感之相關實證研究；校長空間領導對學生學習成效具有影響力，探討國民中學校長空間領導與學生學習成效之關係則付之闕如；而就文獻分析，教師幸福感與學生學習成效具有正向關聯性以及影響力，然而，臺灣目前並無針對教師幸福感與學生學習成效之實證研究。由文獻探討得知，校長空間領導、教師幸福感與學生學習成效三者間似乎存在著關聯性，然而，臺灣尚無任何針對國民中學校長空間領導、教師幸福感與學生學習成效之關係進行研究，期待藉由本研究之進行與發現，能有助於補充當今研究之不足，透過研究所得調查資料結果，提供教育行政機關、教育相關人員、家長團體等建議，以期發揮校長空間領導之效能，增進教師幸福感，促進學生學習成效，達到提升教育品質與績效之目標。

第二部分　實證分析

第三章　實證研究設計與實施

　　本研究以問卷調查法與半結構式訪談法為研究方法，旨在瞭解國中校長空間領導、教師幸福感與學生學習成效之現況，並探究三者之關係及模式，藉由歸納整理國內外相關文獻，做為研究理論基礎，並參考文獻編製問卷與訪談大綱。本章主要說明本研究之設計與實施，分別就研究架構、研究工具、研究對象、研究實施、資料處理與分析，以及研究倫理等六節，茲分敘述如下。

第一節　研究架構

　　本研究根據研究動機與目的以及文獻探討擬定研究架構，分別以教師的性別、年齡、最高學歷、現在職務及服務年資，以及學校所在區域、學校規模、學校校齡及校長在該校的服務年資為背景變項，以校長空間領導為自變項，學生學習成效為依變項，教師幸福感為中介變項進行探討，研究架構可參見圖 3-1 所示。

　　茲將研究架構說明如下：

　　本研究之背景變項有個人背景變項及學校背景變項，以校長空間領導為自變項，學生學習成效為依變項，教師幸福感為中介變項，運用統計方法進行三變項之現況分析、差異情形、相關、結構方程式模式適配度情形，以及影響效果，並探討教師幸福感在校長空間領導與學生學習成效間是否

具有中介效果。

　　本研究採用平均數及標準差瞭解三變項之現況；藉由差異分析以分析不同背景變項之校長空間領導、教師幸福感與學生學習成效之差異情形；運用相關分析探討國民中學校長空間領導、教師幸福感以及學生學習成效三變項之相關程度；運用結構方程式模式以驗證國民中學校長空間領導、教師幸福感與學生學習成效之關係模式，並探討國民中學校長空間領導對教師幸福感以及學生學習成效之影響效果。

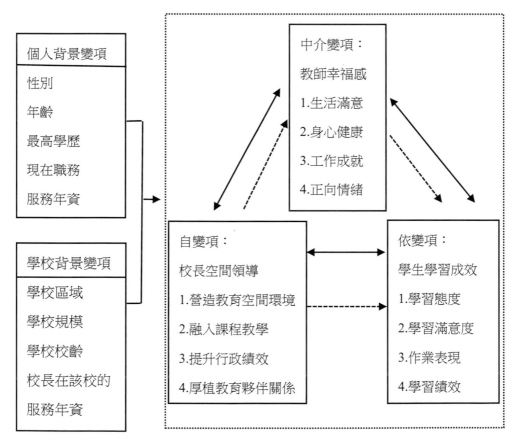

圖 3-1　研究架構

資料來源：本研究整理

第二節　研究工具

　　本研究主要探討國中校長空間領導、教師幸福感與學生學習成效之關係，研究工具分為問卷調查和訪談大綱兩種方法來進行，以下就問卷編製過程、問卷內容、填答與計分方式、問卷信校度分析，以及訪談大綱編製等做說明。

壹、問卷調查部分

一、問卷編製過程

　　本研究依據研究目的與相關文獻資料，研究者編製「校長空間領導、教師幸福感與學生學習成效研究調查問卷」初稿，經和指導教授討論編擬成專家效度問卷（如附錄一），委請專家學者對於問卷加以審查並提供修正意見，以建立專家內容效度，經刪除或修改文字內容，形成預試問卷，接著進行預試問卷施測，採用項目分析、因素分析以及信度分析進行問卷信效度之檢驗，保留或刪除題項後，發展成為正式問卷。

　　本研究問卷除包含蒐集受試者的個人基本背景變項資料之外，問卷內容包含三個主要部分：第一部分為「校長空間領導」量表，本研究量表題目參考李怡樺（2018）、莊明達（2012）、黃國庭（2014）以及鄭文淵（2014）等研究者所編製的問卷，編輯成本研究所需之量表。

　　第二部分為「教師幸福感」量表，研究量表題目參考洪英雄（2018）、黃明裕（2017）、楊雅婷（2020）以及蔡安繕（2017）等研究者所編製的問

卷，而編輯成本研究所需之量表。

第三部分為「學生學習成效」量表，研究量表題目則參考周菡苹等人（2020）、林宏泰（2018）、陳建志（2019）以及鐘巧如（2016）等研究者所編製之問卷，進而編輯成本研究所需之量表。

二、問卷內容

調查問卷內容分四個部分，包括第一部分為個人基本資料，第二部分為校長空間領導量表，第三部分是教師幸福感量表，以及第四部分學生學習成效量表，茲分別說明如下：

（一）個人基本資料

1. 性別：包含「男性」與「女性」兩組。

2. 年齡：包含「21-30 歲」、「31-40 歲」、「41-50 歲」以及「51 歲以上」等四組。

3. 最高學歷：包含「師範或教育大學」、「一般大學」以及「碩士以上」等三組。

4. 現在職務：包含「教師兼主任」、「教師兼組長」、「導師」以及「專任教師」等四組。

5. 服務年資：包含「10 年(含)以下」、「11-20 年」以及「21 年(含)以上」等三組。

6. 學校區域：包含「北部（臺北市、新北市、基隆市、桃園市、新竹縣、新竹市）」、「中部（苗栗縣、臺中市、南投縣、彰化縣、雲林縣）」、「南部（嘉義縣、嘉義市、臺南市、高雄市、屏東縣）」以及「東部（宜蘭縣、花蓮縣、臺東縣）」等四區。

7. 學校規模：包含「12 班(含)以下」、「13-48 班」以及「49 班(含)以上」等

三組。

8. 學校校齡：包含「10 年(含)以下」、「11-30 年」、「31-50 年」以及「50 年(含)以上」等四組。

9. 校長在該校服務年資：包含「1 年(含)以下」、「2-4 年」以及「5 年(含)以上」等三組。

（二）校長空間領導量表

　　本研究校長空間領導量表包括「營造教育空間環境」、「融入課程教學」、「提升行政績效」以及「厚植教育夥伴關係」等四個構面，共 20 題。

（三）教師幸福感量表

　　本研究教師幸福感量表包含「生活滿意」、「身心健康」、「工作成就」以及「正向情緒」等四個構面，共 18 題。

（四）學生學習成效量表

　　本研究學生學習成效量表包含「學習態度」、「學習滿意度」、「作業表現」以及「學習績效」等四個構面，共 19 題。

三、計分與填答方式

　　本研究調查問卷以 Likert 五點量表進行問卷評分，由低至高依序為「非常不同意」、「不同意」、「普通」、「同意」以及「非常同意」，分別為 1 分、2 分、3 分、4 分及 5 分，由受試者根據自身實際狀況勾選適當的選項。當受試者勾選的分數愈高時，表示受試者認知與感受的認同度愈高，該題項的表現程度亦愈高，反之，當受試者勾選的分數愈低時，則表示受試者認知與感受的認同度愈低，該題項的表現程度亦愈低。

四、問卷信效度分析

　　本研究根據過去文獻資料彙整後，完成問卷初稿編製作業，問卷主要

分為「個人基本資料」、「校長空間領導」、「教師幸福感」以及「學生學習
成效」等四個部分，形成預試問卷如附錄一。

（一）預試問卷考驗與結果分析

　　為瞭解預試問卷的可能性，採用 Google 網路問卷方式發送預試問卷
進行預試，總共發出 134 份，回收 127 份問卷，回收率為 94.78％，有效
問卷為 118 份，有效問卷率為 92.91％。為使研究工具更具嚴謹之建構效度
及信度，依據預試所得的資料，逐步進行項目分析、因素分析與信度分析，
藉以刪除不合適之題項，以建立正式問卷之效度與信度。

　　本研究之預試問卷共分為「校長空間領導量表」、「教師幸福感量表」，
以及「學生學習成效量表」等三部分，茲將各量表考驗結果分析如下：

1. 校長空間領導量表

（1）項目分析

A. 極端組檢核法-臨界比

　　具有鑑別力的的題目在兩極端組的得分應該具有顯著差異，由表 3-1
得知，本量表差異性檢定的結果所有題目均達顯著水準，表示題目之鑑別
力很好，所有預試 21 題題目全數保留。

表 3-1 校長空間領導量表獨立樣本檢定

	變異數相等的 Levene 檢定		平均數相等的 t 檢定		顯著
	F 檢定	顯著性	t	自由度	(雙尾)
A1	1.61	.21	9.25	64	.000
A2	5.01	.03	10.04	64	.000

（續下頁）

| | 變異數相等的 Levene 檢定 | | 平均數相等的 t 檢定 | | 顯著 |
	F 檢定	顯著性	t	自由度	(雙尾)
A3	.26	.61	10.10	64	.000
A4	4.75	.03	10.81	64	.000
A5	.09	.77	11.43	64	.000
A6	.01	.95	11.63	64	.000
A7	3.65	.06	14.26	64	.000
A8	5.40	.02	14.22	64	.000
A9	2.16	.15	10.76	64	.000
A10	6.86	.01	11.77	64	.000
A11	6.35	.01	8.25	64	.000
A12	2.43	.12	11.50	64	.000
A13	.01	.97	10.55	64	.000
A14	1.03	.32	11.75	64	.000
A15	1.28	.26	11.84	64	.000
A16	1.25	.27	7.93	64	.000
A17	4.19	.05	11.76	64	.000
A18	.00	1.00	14.62	64	.000
A19	.02	.90	7.01	64	.000
A20	.47	.49	8.64	64	.000
A21	.09	.77	10.79	64	.000

資料來源：本研究整理

B. 同質性考驗法

　　同一題本的試題均在測同一種屬性，題目與總量表相關須達到 .30 以上，且須達統計顯著水準。由表 3-2 得知，本量表題目與總量表相關均達 .30 以上，顯著水準達 .001 以上，各題項與總分的相關達高度相關，題項間所要測量態度行為特質同質性高，所有預試 21 題題目全數保留。

表 3-2 校長空間領導量表題項與總分的積差相關矩陣

	總分相關		總分相關		總分相關
A1	.75***	A8	.84***	A15	.81***
A2	.72***	A9	.73***	A16	.71***
A3	.75***	A10	.84***	A17	.79***
A4	.82***	A11	.73***	A18	.84***
A5	.78***	A12	.85***	A19	.64***
A6	.82***	A13	.74***	A20	.72***
A7	.83***	A14	.78***	A21	.80***

註：*** $p < .001$

資料來源：本研究整理

C. 一致性考驗法

　　運用一致性考驗法，求出校正項目總分的相關係數，可以得知此題項與其他題項的一致性如何。由表 3-3 得知，校長空間領導量表 21 題總量的 Cronbach's α 值等於 .967，如果刪除某一題後，α 係數值均變小，表示個題

與總量表的一致性頗高，但第 19 題題項刪除後，α 係數值並沒有改變，此
題項是否刪除將依因素分析後而定。

表 3-3 校長空間領導量表項目整體統計量

	題目刪除時的 量表平均數	題目刪除時的 量表變異數	修正的項目 總相關	該題刪除時的 Cronbach's Alpha 值
A1	71.70	204.11	.72	.966
A2	71.43	206.84	.69	.966
A3	71.80	205.56	.73	.966
A4	71.77	201.26	.80	.965
A5	71.76	202.76	.76	.965
A6	72.20	201.18	.80	.965
A7	71.96	199.58	.81	.965
A8	71.89	200.30	.82	.965
A9	71.85	203.54	.70	.966
A10	72.12	201.88	.82	.965
A11	71.51	206.01	.70	.966
A12	71.85	202.16	.83	.965
A13	71.81	204.22	.71	.966
A14	71.85	204.87	.75	.966
A15	72.23	200.06	.78	.965
A16	71.80	204.41	.68	.966

（續下頁）

	題目刪除時的 量表平均數	題目刪除時的 量表變異數	修正的項目 總相關	該題刪除時的 Cronbach's Alpha 值
A17	72.09	201.66	.76	.965
A18	72.08	200.99	.82	.965
A19	71.59	209.60	.61	.967
A20	71.79	204.84	.69	.966
A21	71.87	203.87	.77	.965
總量表 Cronbach's α 係數＝.967				

資料來源：本研究整理

　　茲將以上校長空間領導量表項目分析結果整理如表 3-4。如表 3-4 所列，極端組比較結果，21 個題項的 CR 值在 7.01 至 14.62 間，21 個題項均達統計上的顯著水準 (p=.000＜.001)；同質性檢驗中 21 個各題項與總量表的相關在 .64 至 .85 間，呈現中、高度相關 (p=.000＜.001)；21 個題項各該題刪除後的量表 α 係數與總量表的 α 係數相差不大，因而 21 個題項均可保留採用。

表 3-4　校長空間領導量表項目分析結果

題項	極端組比較	同質性檢驗			備註
	決斷值 （CR 值）	題目與 總分相關	校正題項題目 與總分相關	刪除後的 α 係數	
A1	9.25***	.75***	.72	.966	保留
A2	10.04***	.72***	.61	.966	保留

（續下頁）

題項	極端組比較		同質性檢驗		備註
	決斷值 （CR 值）	題目與總 分相關	校正題項題目 與總分相關	刪除後的 α 係數	
A3	10.10***	.75***	.73	.966	保留
A4	10.81***	.82***	.80	.965	保留
A5	11.43***	.78***	.76	.965	保留
A6	11.63***	.82***	.80	.965	保留
A7	14.26***	.83***	.81	.965	保留
A8	14.22***	.84***	.82	.965	保留
A9	10.76***	.73***	.70	.966	保留
A10	11.77***	.84***	.82	.965	保留
A11	8.25***	.73***	.70	.966	保留
A12	11.50***	.85***	.83	.965	保留
A13	10.55***	.74***	.71	.966	保留
A14	11.75***	.78***	.75	.966	保留
A15	11.84***	.81***	.78	.965	保留
A16	7.93***	.71***	.68	.966	保留
A17	11.76***	.79***	.76	.965	保留
A18	14.62***	.84***	.82	.965	保留
A19	7.01***	.64***	.61	.967	保留
A20	8.64***	.72***	.69	.966	保留

（續下頁）

題項	極端組比較		同質性檢驗		備註
	決斷值 （CR 值）	題目與總 分相關	校正題項題目 與總分相關	刪除後的 α 係數	
A21	10.79***	.80***	.77	.965	保留
總量表的 α 係數＝.967					

*** *p*＜.001

資料來源：本研究整理

（2）因素分析

　　首先進行 KMO 取樣適當性檢定及 Bartlett 球形檢定，以判斷變項是否適合進行因素分析。經檢驗後其 KMO 值為 .94，而 Bartlett 球形檢定顯示，卡方分配值為 2293.80，自由度為 210，檢驗結果達顯著 (p＜.001)，如表 3-5 所示。

表 3-5　校長空間領導量表 KMO 與 Bartlett 檢定

Kaiser-Meyer-Olkin　測量取樣適當性		.94
Bartlett 球形檢定	卡方分配值	2293.80
	自由度 df	210
	顯著性	.000

資料來源：本研究整理

　　由於 KMO 值及 Bartlett 球形檢定值皆達標準，適合進行因素分析。本研究透過「主成份分析法」萃取共同因素，特徵值大於 1 者為入選因素參

考標準，從校長空間領導萃取出四個因素，分析題目內容分別命名為：營

造教育空間環境、融入課程教學、提升行政績效，以及厚植教育夥伴關係。

「校長空間領導量表」之因素分析結果如表 3-6 所示，各題項之因素負荷

量介於 .71 到 .85 之間，表示各題項對於該構面的解釋力均達標準，整體

題項對量表累積解釋變異量 76.33%，具有良好的解釋力。

表 3-6 校長空間領導量表之因素分析摘要

題項	因素			
	1	2	3	4
A1	.76			
A2	.72			
A3	.75			
A4	.82			
A5	.79			
A6		.82		
A7		.83		
A8		.85		
A9		.73		
A10		.85		
A11		.74		
A12			.85	
A13			.74	

（續下頁）

題項	因素			
	1	2	3	4
A14			.78	
A15			.80	
A16			.71	
A17				.79
A18				.84
A20				.71
A21				.79
轉軸後特徵值	12.3	1.28	1.12	1.00
累積解釋變異量（%） 76.33				

註：1.萃取方法：主成份分析；2.僅列出因素負荷量大於.45 的數值。

資料來源：本研究整理

　　本研究校長空間領導預試量表經過項目分析與因素分析，總計刪除預試量表第 19 題項 1 題，剩餘題目共 20 題，刪題後題目內容如表 3-7。

表 3-7 校長空間領導量表正式問卷題目內容

構面	題目內容
營造教育空間環境	1. 校長能透過校園整體空間規劃，形塑具有文化氣息和藝術美感的人文校園。 2. 校長能重視安全維護設備（裝設電力、消防、保全系統等），建置無障礙和性別平等的設施（電梯、導盲磚、女廁比例高等）形塑安全友善校園。 3. 校長能建置各類節能環保設施（資源回收、校園綠美化、環保節能綠建築、生態池等），形塑永續發展校園。 4. 校長能規劃多樣化休憩活動設施和環境（圖書設備、符合人體工學課桌椅、角落座椅、交誼區、校園閱讀角、多樣運動設施等），以提供多樣的校園生活空間。 5. 校長能規劃校園景觀或建築風格（結合願景藍圖意象、LOGO、圖騰等），反映出學校發展願景與特色。
融入課程教學	6. 校長能規劃各種輔助教學區（學習步道、自然環境生態教學等特色教學區），營造出激發教師教學創意的環境。 7. 校長能活化多樣的教學空間與設備（設置師生藝廊、運用彈性隔板、易移動的置物櫃、設計大型教室等），以符應教師多元化的教學需求。 8. 校長能活化學校空間，規劃學生學習共享區域（圖書館設置討論區、教室設置學習角、小組討論教室等），形塑處處可學習的環境。 9. 校長能規劃各類空間以因應特色課程需求，以激發教師教學創意與學生學習興趣，如：鄉土資源教室、創客教室等。

（續下頁）

構面	題目內容
	10. 校長能依據學習者不同的學習特性差異，規劃設計各種新式學習空間，如：多元實驗空間、班群與群組分享空間、沉浸式學習環境等。
	11. 校長重視數位資訊網路與教學平臺的設置（智慧型網路、資訊管理系統、智慧型教室等），建構無所不在的學習情境。
提升行政績效	12. 校長能規劃校園空間，妥善安排行政、教學和活動區域，形塑各區域功能區隔卻彼此關聯密切的環境。
	13. 校長能建置自動化、數位化監控系統數位化（保全、消防等），以節省人力資源。
	14. 校長能規劃校園行政空間，安排便捷的辦公動線(行政處室的地點和位置便於洽公等)，形塑省時與便利的行政環境。
	15. 校長規劃舒適的辦公環境空間(辦公空間寬敞、備有沙發、美化布置等)，激發行政工作創意和效率。
	16. 校長能規劃學校行政數位化系統（資訊公布網路平臺、學生成績作業系統、各項會議無紙化等），提供即時資訊，以提升行政管理效率。
厚植教育夥伴關係	17. 校長能讓校園使用者共同參與校園規劃，以增進校園認同與歸屬感。
	18. 校長能透過師生共同參與，使空間與設備能符合課程和教學的需求。
	19. 校長引進社區相關產業文化、地方仕紳等資源，形塑學校與社區文化結合的環境。
	20. 校長透過學校社區空間互動規劃，鼓勵學生參與社區活動，形塑學校社區化、社區學校化的環境。

資料來源：本研究整理

（3）信度分析

以最後定稿之 20 題正式問卷量表，依各分量表及總量表進行 Cronbach's α 信度考驗，如表 3-8 所示，各分量表之 Cronbach's α 係數介於 .896～.918 間，總量表之 Cronbach's α 值為 .967，顯示校長空間領導量表信度良好。

表 3-8 校長空間領導量表信度分析

分量表	題目個數	Cronbach's α 值
營造教育空間環境	5	.900
融入課程教學	6	.918
提升行政績效	5	.896
厚植教育夥伴關係	4	.898
校長空間領導總量表	20	.967

資料來源：本研究整理

2. 教師幸福感量表

（1）項目分析

A. 極端組檢核法-臨界比

具有鑑別力的的題目在兩極端組的得分應該具有顯著差異，由表 3-9 得知，本量表差異性檢定的結果所有題目均達顯著水準，表示題目之鑑別力很好，所有預試量表 19 題題目全數保留。

表 3-9 教師幸福感量表獨立樣本檢定

| 題項 | 變異數相等的 Levene 檢定 | | 平均數相等的 t 檢定 | | 顯著性 |
	F 檢定	顯著性	t	自由度	(雙尾)
B1	.28	.60	6.22	53	.000
B2	.35	.55	8.90	53	.000
B3	.05	.82	12.22	53	.000
B4	4.65	.04	7.32	53	.000
B5	24.49	.00	10.45	53	.000
B6	6.40	.01	7.59	53	.000
B7	11.73	.00	6.44	53	.000
B8	2.56	.12	7.43	53	.000
B9	8.78	.01	12.75	53	.000
B10	.57	.46	12.96	53	.000
B11	.84	.36	9.62	53	.000
B12	1.41	.24	8.93	53	.000
B13	2.06	.16	6.79	53	.000
B14	1.33	.25	7.79	53	.000
B15	.07	.80	6.81	53	.000
B16	17.25	.00	9.45	53	.000
B17	.27	.61	11.30	53	.000
B18	21.22	.00	11.13	53	.000
B19	1.29	.26	12.24	53	.000

資料來源：本研究整理

B. 同質性考驗法

　　同一題本的試題均在測同一種屬性，題目與總量表相關須達到 .30 以上，且須達統計顯著水準。由表 3-10 得知，本量表題目與總量表相關均達 .30 以上，顯著水準達 .001 以上，各題項與總分的相關達中、高度相關，題項間所要測量態度行為特質同質性高，故所有預試量表 19 題題目全數保留。

表 3-10 教師幸福感量表題項與總分的積差相關矩陣

	總分相關		總分相關		總分相關
B1	.67***	B8	.63***	B15	.63***
B2	.76***	B9	.78***	B16	.75***
B3	.80***	B10	.75***	B17	.77***
B4	.69***	B11	.75***	B18	.80***
B5	.74***	B12	.70***	B19	.78***
B6	.59***	B13	.64***		
B7	.60***	B14	.67***		

註：*** p＜.001

資料來源：本研究整理

C. 一致性考驗法

　　運用一致性考驗法，求出校正項目總分的相關係數，可以得知此題項與其他題項的一致性如何。由表 3-11 得知，教師幸福量表 19 題總量表的

Cronbach's α 值等於 .945，如果刪除某一題後，α 係數值均變小，表示個題
與總量表的一致性頗高，但第 6 題題項刪除後，α 係數值並沒有改變，此
題項是否刪除將依因素分析後而定。

表 3-11 教師幸福感量表項目整體統計量

	題目刪除時的 量表平均數	題目刪除時的 量表變異數	修正的項目 總相關	該題刪除時的 Cronbach's Alpha 值
B1	71.76	94.10	.63	.942
B2	71.70	92.67	.73	.941
B3	71.72	91.68	.77	.940
B4	71.80	92.74	.64	.942
B5	71.41	94.56	.70	.941
B6	71.98	93.53	.53	.945
B7	71.65	95.07	.55	.944
B8	71.68	95.32	.59	.943
B9	71.70	91.46	.75	.940
B10	71.79	92.02	.71	.941
B11	71.72	92.68	.71	.941
B12	71.66	93.39	.66	.942
B13	71.54	95.50	.60	.943
B14	71.72	94.76	.63	.942
B15	71.76	94.83	.58	.943

（續下頁）

	題目刪除時的 量表平均數	題目刪除時的 量表變異數	修正的項目 總相關	該題刪除時的 Cronbach's Alpha 值
B16	71.70	93.13	.72	.941
B17	71.98	90.96	.74	.940
B18	71.60	92.67	.77	.940
B19	72.02	90.48	.74	.940
總量表 Cronbach's α 係數＝.945				

資料來源：本研究整理

　　茲將以上教師幸福感量表項目分析結果整理如表 3-12。如表 3-12 所列，極端組比較結果，19 個題項的 CR 值在 6.22 至 12.96 間，19 個題項均達統計上的顯著水準 (p=.000＜.001)；同質性檢驗中 19 個題項與總量表的相關在 .59 至 .80 間，呈現中、 高度相關 (p=.000＜.001)；19 個各題題項刪除後的量表 α 係數與總量表的 α 係數相差不大，因而預試量表 19 個題項均可保留採用。

表 3-12 教師幸福感量表項目分析結果

題項	極端組比較	同質性檢驗			備註
	決斷值 （CR 值）	題目與 總分相關	校正題項題目 與總分相關	刪除後的 α 係數	
B1	6.22	.67***	.63	.942	保留
B2	8.90	.76***	.73	.941	保留

（續下頁）

題項	極端組比較	同質性檢驗			備註
	決斷值 （CR 值）	題目與 總分相關	校正題項題目 與總分相關	刪除後的 α 係數	
B3	12.22	.80***	.77	.940	保留
B4	7.32	.69***	.64	.942	保留
B5	10.45	.74***	.70	.941	保留
B6	7.59	.59***	.53	.945	保留
B7	6.44	.60***	.55	.944	保留
B8	7.43	.63***	.59	.943	保留
B9	12.75	.78***	.75	.940	保留
B10	12.96	.75***	.71	.941	保留
B11	9.62	.75***	.71	.941	保留
B12	8.93	.70***	.66	.942	保留
B13	6.79	.64***	.60	.943	保留
B14	7.79	.67***	.63	.942	保留
B15	6.81	.63***	.58	.943	保留
B16	9.45	.75***	.72	.941	保留
B17	11.30	.77***	.74	.940	保留
B18	11.13	.80***	.77	.940	保留
B19	12.24	.78***	.74	.940	保留
總量表的 α 係數＝ .945					

註：*** $p < .001$

資料來源：本研究整理

（2）因素分析

首先進行 KMO 取樣適當性檢定及 Bartlett 球形檢定，以判斷變項是否適合進行因素分析。經檢驗後其 KMO 值為 .91，而 Bartlett 球形檢定顯示，卡方分配值為 1640.01，自由度為 171，檢驗結果達顯著 (p＜.001)，如表 3-13 所示。

表 3-13 教師幸福感導量表 KMO 與 Bartlett 檢定

Kaiser-Meyer-Olkin 測量取樣適當性		.91
Bartlett 球形檢定	卡方分配值	1640.01
	自由度 df	171
	顯著性	.000

資料來源：本研究整理

由於 KMO 值及 Bartlett 球形檢定值皆達標準，適合進行因素分析。本研究透過「主成份分析法」萃取共同因素，特徵值大於 1 者為入選因素參考標準，從教師幸福感萃取出四個因素，分析題目內容分別命名為：生活滿意、身心健康、工作成就，以及正向情緒。「教師幸福感量表」之因素分析結果如表 3-14 所示，各題項之因素負荷量介於 .55 到 .84 之間，表示各題項對於該構面的解釋力均達標準，整體題項對量表累積解釋變異量為 72.58%，具有良好的解釋力。

表 3-14 教師幸福感量表之因素分析摘要

題項	因素			
	1	2	3	4
B1	.76			
B2	.76			
B3	.72			
B4	.61			
B5	.62			
B7		.78		
B8		.67		
B9		.55		
B10			.56	
B11			.56	
B12			.80	
B13			.83	
B14			.84	
B15				.73
B16				.60
B17				.80
B18				.75
B19				.77
轉軸後特徵值	9.38	1.41	1.28	1.09

（續下頁）

題項	因素			
	1	2	3	4
累積解釋變異量（%） 72.58				

註：1.萃取方法：主成份分析；2.僅列出因素負荷量大於.45 的數值

資料來源：本研究整理

　　本教師幸福感預試量表經過項目分析與因素分析，總計刪除預試量表第 6 題 1 題，剩餘題目共 18 題，刪題後題目內容如表 3-15。

表 3-15 教師幸福感量表正式問卷題目內容

構面	題目內容
生活滿意	1.身為教師我覺得我的生活有安全感。
	2.身為教師我覺得我的生活是充實自在的。
	3.身為教師我喜歡我現在的生活。
	4.身為教師我可以自主規劃時間，完成自己想做的事。
	5.身為教師我很享受並珍惜現在擁有的一切。
身心健康	6.我有正常規律的生活起居習慣。
	7.我會適時紓解工作壓力。
	8.我覺得自己是位充滿活力的教師。

（續下頁）

構面	題目內容
工作成就	9.我能從工作中得到積極的肯定與讚賞。
	10.我的工作能帶給我成就感。
	11.我有良好的工作成效。
	12.我能達成預定的工作目標。
	13.我對我的工作成效感到滿意。
正向情緒	14.我感受到周遭的人物與環境是和善的。
	15.我覺得世界是美好的。
	16.我對未來的生涯發展感到樂觀。
	17.我對於我的人生抱持樂觀看法。
	18.我對工作未來發展感到樂觀。

資料來源：本研究整理

（3）信度分析

　　以最後定稿之 18 題正式問卷量表，依各分量表及總量表進行 Cronbach's α 信度考驗，如表 3-16 顯示，各分量表之 Cronbach's α 係數介於 .742～.893 間，總量表之 Cronbach's α 值為 .945，顯示教師幸福感量表信度良好。

表 3-16 教師幸福感量表信度分析

分量表	題目個數	Cronbach's α 值
生活滿意	5	.879
身心健康	3	.742
工作成就	5	.893
正向情緒	5	.877
教師幸福感總量表	18	.945

資料來源：本研究整理

3. 學生學習成效量表

（1）項目分析

A. 極端組檢核法-臨界比

　　具有鑑別力的的題目在兩極端組的得分應該具有顯著差異，由表 3-17 得知，本量表差異性檢定的結果所有題目均達顯著水準，表示題目之鑑別力很好，所有預試 20 題題目全數保留。

表 3-17 學生學習成效量表獨立樣本檢定

題項	變異數相等的 Levene 檢定		平均數相等的 t 檢定		顯著性
	F 檢定	顯著性	t	自由度	(雙尾)
C1	7.56	.01	7.15	67	.000
C2	4.32	.04	8.21	67	.000

（續下頁）

題項	變異數相等的 Levene 檢定		平均數相等的 t 檢定		顯著性
	F 檢定	顯著性	t	自由度	(雙尾)
C3	7.73	.01	4.86	67	.000
C4	.08	.78	8.09	67	.000
C5	1.68	.20	7.84	67	.000
C6	5.71	.02	7.26	67	.000
C7	.01	.92	5.84	67	.000
C8	.13	.72	8.23	67	.000
C9	.01	.94	9.63	67	.000
C10	.27	.61	10.12	67	.000
C11	1.35	.25	12.56	67	.000
C12	5.57	.02	7.99	67	.000
C13	1.44	.24	8.31	67	.000
C14	.13	.73	12.73	67	.000
C15	1.01	.32	6.66	67	.000
C16	.01	.96	8.72	67	.000
C17	.01	.96	8.89	67	.000
C18	2.07	.16	8.84	67	.000
C19	.04	.85	8.07	67	.000
C20	1.80	.19	6.55	67	.000

資料來源：本研究整理

B. 同質性考驗法

　　同一題本的試題均在測同一種屬性，題目與總量表相關須達到 .30 以上，且須達統計顯著水準。由表 3-18 得知，本量表題目與總量表相關均達 .30 以上，顯著水準達 .001 以上，各題項與總分的相關達中、高度相關，題項間所要測量態度行為特質同質性高，故所有預試 20 題題目全數保留。

表 3-18 學生學習成效量表題項與總分的積差相關矩陣

	總分相關		總分相關		總分相關
C1	.63***	C8	.67***	C15	.64***
C2	.63***	C9	.75***	C16	.68***
C3	.50***	C10	.72***	C17	.64***
C4	.66***	C11	.79***	C18	.71***
C5	.68***	C12	.63***	C19	.68***
C6	.59***	C13	.68***	C20	.62***
C7	.64***	C14	.75***		

註：*** $p < .001$

資料來源：本研究整理

C. 一致性考驗法

　　運用一致性考驗法，求出校正項目總分的相關係數，可以得知此題項與其他題項的一致性如何。由表 3-19 得知，學生學習成效量表 20 題總量表的 Cronbach's α 值等於 .932，如果刪除某一題後，α 係數值均變小，表

示個題與總量表的一致性頗高，但第 3 題題項刪除後，α 係數值並沒有改

變，此題項是否刪除將依因素分析後而定。

表 3-19 學生學習成效量表項目整體統計量

題項	題目刪除時的量表平均數	題目刪除時的量表變異數	修正的項目總相關	該題刪除時的 Cronbach's Alpha 值
C1	69.37	75.51	.58	.930
C2	69.58	75.41	.58	.930
C3	69.03	77.77	.43	.932
C4	69.84	75.09	.61	.929
C5	69.15	75.77	.64	.929
C6	69.17	76.99	.54	.930
C7	68.99	77.30	.60	.929
C8	69.15	76.30	.63	.929
C9	69.29	74.75	.72	.927
C10	69.37	74.50	.68	.928
C11	69.41	74.11	.76	.926
C12	69.33	76.11	.59	.930
C13	69.50	74.48	.63	.929
C14	69.50	74.81	.72	.927
C15	69.32	75.74	.60	.929
C16	69.33	75.03	.63	.929
C17	69.37	74.99	.58	.930

（續下頁）

題項	題目刪除時的量表平均數	題目刪除時的量表變異數	修正的項目總相關	該題刪除時的 Cronbach's Alpha 值
C18	69.43	74.15	.67	.928
C19	69.42	74.39	.64	.929
C20	69.44	75.04	.56	.930

總量表 Cronbach's α 係數＝.932

資料來源：本研究整理

　　茲將以上學生學習成效量表項目分析結果整理如表 3-20。如表 3-20 所列，極端組比較結果，20 個題項的 CR 值在 4.86 至 12.73 間，20 個題項均達統計上的顯著水準 (p=.000＜.001)；同質性檢驗中 20 個題項與總量表的相關在 .50 至 .79 間，呈現中度相關 (p=.000＜.001)；20 個題項刪除後的量表 α 係數與總量表的 α 係數相差不大，因而 20 個題項均可保留採用。

表 3-20 學生學習成效量表項目分析結果

題項	極端組比較	同質性檢驗			備註
	決斷值（CR 值）	題目與總分相關	校正題項題目與總分相關	刪除後的 α 係數	
C1	7.15	.63	.58	.930	保留
C2	8.21	.63	.58	.930	保留
C3	4.86	.50	.43	.932	保留
C4	8.09	.66	.61	.929	保留

（續下頁）

題項	極端組比較	同質性檢驗			備註
	決斷值 （CR 值）	題目與 總分相關	校正題項題目 與總分相關	刪除後的 α 係數	
C5	7.84	.68	.64	.929	保留
C6	7.26	.59	.54	.930	保留
C7	5.84	.64	.60	.929	保留
C8	8.23	.67	.61	.929	保留
C9	9.63	.75	.72	.927	保留
C10	10.12	.72	.68	.928	保留
C11	12.56	.79	.76	.926	保留
C12	7.99	.63	.59	.930	保留
C13	8.31	.68	.63	.929	保留
C14	12.73	.75	.72	.927	保留
C15	6.66	.64	.60	.929	保留
C16	8.72	.68	.63	.929	保留
C17	8.89	.64	.58	.930	保留
C18	8.84	.71	.67	.928	保留
C19	8.07	.68	.64	.929	保留
C20	6.55	.62	.56	.930	保留

總量表的 α 係數＝.932

註：*** $p < .001$

資料來源：本研究整理

（2）因素分析

　　首先進行 KMO 取樣適當性檢定及 Bartlett 球形檢定，以判斷變項是否適合進行因素分析。經檢驗後其 KMO 值為 .91，而 Bartlett 球形檢定顯示，卡方分配值為 1341.19，自由度為 190，檢驗結果達顯著 (p＜.001)，如表 3-21 所示。

表 3-21 學生學習成效量表 KMO 與 Bartlett 檢定

Kaiser-Meyer-Olkin 測量取樣適當性		.91
	卡方分配值	1341.19
Bartlett 球形檢定	自由度 df	190
	顯著性	.000

資料來源：本研究整理

　　由於 KMO 值及 Bartlett 球形檢定值皆達標準，適合進行因素分析。本研究透過「主成份分析法」萃取共同因素，特徵值大於 1 者為入選因素參考標準，從學生學習成效萃取出四個因素，分析題目內容分別命名為：學習態度、學習滿意度、作業表現，以及學習績效。「學生學習成效量表」之因素分析結果如表 3-22 所示，各題項之因素負荷量介於 .57 到 .80 之間，表示各題項對於該構面的解釋力均達標準，整體題項對量表累積解釋變異量為 64.99%，具有良好的解釋力。

表 3-22 學生學習成效量表之因素分析摘要

題項	因素			
	1	2	3	4
C1	.63			
C2	.62			
C4	.64			
C5	.67			
C6	.57			
C7	.65			
C8		.68		
C9		.77		
C10		.73		
C11		.80		
C12			.63	
C13			.68	
C14			.76	
C15			.65	
C16			.63	
C17				.69
C18				.63
C19				.71

（續下頁）

題項	因素			
	1	2	3	4
C20				.68
轉軸後特徵值	8.70	1.50	1.16	1.00

累積解釋變異量（％） 64.99

註：1. 萃取方法：主成份分析；2. 僅列出因素負荷量大於 .45 的數值。

資料來源：本研究整理

　　本學生學習成效預試量表經過項目分與因素分析，總計刪除預試量表第 3 題 1 題，剩餘題目共 19 題，刪題後題目內容如表 3-23。

表 3-23 學生學習成效量表正式問卷題目內容

構面	題目內容
學習態度	1.學生能主動向教師請教或和同學討論課業。
	2.學生對於教師規定的作業能認真完成。
	3.學生能關懷生命倫理，並主動參加公益團體活動。
	4.學生能主動積極參與班上各項活動。
	5.學生能積極參加各項競賽或活動。
	6.課堂上，學生能和諧相處，彼此互相合作。
學習滿意度	7.學生在課堂的學習感到愉快。
	8.學生的學習需求能獲得滿足。
	9.學生能達到學習目標，獲得成就感。

（續下頁）

構面	題目內容
	10.學生能投入學習活動，有自我實現的感受。
作業表現	11.學生能以口語適當表達自己的觀點與想法。
	12.學生能在學習過程中表現出創造力。
	13.學生能運用所學的知識，解決生活的問題。
	14.學生能運用科技、資訊與媒體，展現學習成效。
學習績效	15.學生在多元評量表現越來越進步。
	16.學生的生活常規與品格表現有明顯進步。
	17.學生於自我情緒管理與人際互動關係有顯著提升。
	18.學生在健康習慣與體適能有顯著進步。
	19.學生的藝術展演表現能力有顯著進步。

資料來源：本研究整理

（3）信度分析

　　以最後定稿之 19 題正式問卷量表，依各分量表及總量表進行 Cronbach's α 信度考驗，如表 3-24 顯示，各分量之 Cronbach's α 係數介於 .833～ .896 間，總量表之 Cronbach's α 值為 .932，顯示學生學習成效量表信度良好。

表 3-24 學生學習成效量表信度分析

分量表	題目個數	Cronbach's α 值
學習態度	6	.892
學習滿意度	4	.833
作業表現	4	.894
學習績效	5	.896
學生學習成效總量表	19	.932

資料來源：本研究整理

貳、訪談大綱編製

　　基於上述的問卷架構，參酌理論基礎、相關研究，以及國民中學階段學校的特性，著手編製訪談大綱（如附錄三），依此進行訪談，根據訪談結果來印證問卷調查結果。

第三節　研究對象

　　本研究係以臺灣本島公立國民中學為範圍，問卷調查對象是 110 學年度公立國民中學編製內合格教師，採問卷調查法為主，訪談為輔，進行研究。茲就調查對象、研究樣本抽樣，以及訪談對象等說明如下。

壹、研究對象

　　本研究以 110 學年度，臺灣本島地區公立國民中學之現任正式教師兼主任、教師兼組長、導師及專任教師為研究對象。依據教育部統計處所彙編 110 學年度國民中學學校名錄，扣除高級中等學校附設國中部及離島地區國中，各縣市轄內之公立國民中學共計 671 所。是以，本研究之母群體為臺灣本島地區，分北、中、南、東四大區域共 671 所公立國民中學，編製內合格教師人數總計 44,412 人。

貳、研究樣本與抽樣

一、預試樣本

　　本研究預試問卷乃根據臺灣本島地區國民中學校數為母群體（不含完全中學），共計 671 所國民中學（教育部，2022），依學校所數佔總計校數的比率，採用分層隨機抽樣進行問卷調查。吳明隆與涂金堂（2016）指出，問卷預試樣本人數以問卷中包含最多題項量表之題項數目的 3 到 5 倍為原則。本研究以校長空間領導量表為最多之題數為 20 題，故預試人數為 60 到 100 人為原則。依據樣本的學校類型區分為小型學校（12 班以下）、中型學校（13-48 班）、大型學校（49 班以上），不同規模學校取樣原則為 12 班以下每校抽取 8 人，13 至 48 班每校抽取 14 人，49 班以上每校則抽取 20 人，作為本研究預試問卷對象，預計抽取教師共 134 人，其分配如表 3-25。

表 3-25 預試樣本抽樣分配

學校規模	學校總數	學校比率	抽取校數	每校人數	問卷總數
小型學校 (12 班以下)	232 校	34%	3	8	24
中型學校 (13-48 班)	341 校	51%	5	14	70
大型學校 (49 班以上)	98 校	15%	2	20	40
總計	671 校	100%	10		134

資料來源：本研究整理

二、正式調查樣本

　　本研究設計以問卷調查法蒐集臺灣本島國民中學編製內合格正式教師教師的資料，為使本研究樣本具代表性，實施正式問卷調查時，採「多階段抽樣」（multi-leve sampling）方式進行抽樣。先將臺灣地區（福建省之金門縣、連江縣及臺灣澎湖縣除外）所有縣市分為北、中、南、東四區，依照各區國民中學之學校校數比例，選取學校樣本，再依學校規模大、中、小之差異，分配不同比例的學校校數。

　　本研究的研究對象為全臺本島公立國民中學正式教師，依據教育部110 學年度統計共計 671 所公立國民中學，教師人數總計 44,412 人，依2022 年 Sample Size Calculator—Determine Sample Size(http://www.survey

system.com/sscalc.htm)之計算程式，在 95%信心水準下，抽樣誤差為 3%，
母群體為 44,412 人，其合理抽樣人數需要 1,042 人，呼應吳明隆與涂金堂
（2016）建議，問卷調查的抽樣人數介於 500 人至 1,000 人之間較為適合
的說法。

　　以縣市地區作為分層的依據，分別依北、中、南、東四個地區占臺灣
地區學校總數的比例，以及學校規模之小型學校、中型學校、大型學校之
比例約為 3：5：2，而決定每個地區要取樣的學校數。再就所抽樣之學校，
函請學校校長或主任協助抽取校內 8 至 20 位教師作為樣本，取樣人數依
各校班級數而有所不同，各規模學校取樣 12 班以下每校抽取 8 人，13 至
48 班每校抽取 14 人，49 班以上每校則抽取 20 人為原則，預計發出 1,170
份問卷，其分配如表 3-26。

表 3-26 研究樣本抽取人數分配

區域	包含縣市	學校總數	校數所占比例	樣本學校數	總樣本人數
北區	臺北市、新北市	220	約33%	小型： 7	小型： 56
	基隆市、桃園市			中型：15	中型： 210
	新竹縣、新竹市			大型： 4	大型： 80
中區	苗栗縣、臺中市	186	約28%	小型：11	小型： 88
	南投縣、彰化縣			中型：13	中型： 182
	雲林縣			大型： 3	大型： 60
南區	嘉義縣、嘉義市	199	約29%	小型：10	小型： 80
	臺南市、高雄市			中型：14	中型： 196
	屏東縣			大型： 3	大型： 60

（續下頁）

區域	包含縣市	學校總數	校數所占比例	樣本學校數	總樣本人數
東區	宜蘭縣、花蓮縣	66	約10%	小型： 6	小型： 48
	臺東縣			中型： 5	中型： 60
				大型： 2	大型： 40
總計		671		小型：34	小型： 272
				中型：47	中型： 658
				大型：12	大型： 240
				合計：89	合計：1,170

資料來源：本研究整理

於 2022 年 4 月 5 日至 7 月 4 日期間蒐集正試問卷資料，共計回收問卷 1,104 份，問卷回收率為 94.36％。問卷回收後，經剔除問卷填答不全和明顯單一選項等無效問卷，共得有效教師問卷 1,047 份，有效問卷率為 94.84％。

三、基本資料分析

本研究共計回收 1,047 份有效問卷，正式問卷樣本資料分析如表 3-27。本研究採用人數和百分比說明背景變項之分布情況，性別以「女性」居多，共計 695 位，占總樣本數 66.4％；年齡以「41-50 歲」居多，共計 539 位，占總樣本數 51.5％；最高學歷以「碩士(含)以上（含 40 學分班）」為居多，共計 698 位，占總樣本數 66.7％；現在職務以「教師兼導師」佔較多，共計 317 位，占總樣本數 30.3％；服務年資以「11-20 年」居多，共計 494 位，占總樣本數 47.2％；學校區域以「北部」學校較多，共計 344 位，占總樣本數 32.9％；學校規模以「13-48 班」居多，共計 593 位，占總樣本數 56.6％；

學校校齡以「51 年以上」最多，共計 595 位，占總樣本數 56.8%；校長在校服務年資以「2-4 年」居多，共計 507 位，占總樣本數 48.4%。

表 3-27 正式問卷樣本資料分析

背景變數	項目	人數	百分比(%)
性別	男性	352	33.6
	女性	695	66.4
年齡	21-30 歲	84	8.0
	31-40 歲	256	24.5
	41-50 歲	539	51.5
	51 歲以上	168	16.0
最高學歷	師範大學或教育大學	175	16.7
	一般大學	174	16.6
	碩士(含)以上（含 40 學分班）	698	66.7
現在職務	教師兼主任	153	14.6
	教師兼組長	300	28.7
	教師兼導師	317	30.3
	專任教師	277	26.5
服務年資	10 年(含)以下	217	20.7
	11-20 年	494	47.2
	21 年(含)以上	336	32.1

（續下頁）

背景變數	項目	人數	百分比(%)
學校區域	北部	344	32.9
	中部	309	29.5
	南部	254	24.3
	東部	140	13.4
學校規模	12 班(含)以下	227	21.7
	13-48 班	593	56.6
	49 班(含)以上	227	21.7
學校校齡	10 年(含)以下	9	0.9
	11-30 年	197	18.8
	31-50 年	246	23.5
	51 年以上	595	56.8
貴校校長在校服務年資	1 年(含)以下	137	13.1
	2-4 年	507	48.4
	5 年(含)以上	403	38.5

註：N=1,047

資料來源：本研究整理

四、訪談對象

　　研究者對應理論基礎與相關研究，以文獻探討先形成初步架構後，編製訪談大綱，欲藉由訪談拉近理論與實務之差距，以瞭解本研究主題的實際想法和作為。訪談對象是透過縣市教育局(處)推薦在空間領導有相關背景且具有總務主任經驗之兼職主任或教師，北區、中區、南區、東區等四

區各區學校各 2 位，總共 8 位教師為訪談對象名單如表 3-28，冀望透過訪談大綱做半結構式訪談，以更深入瞭解國民中學校長在空間領導、教師幸福感及學生學習成效之間的關係，與調查問卷所得資料做應證和深入探討。

表 3-28 訪談對象名單

受訪單位	受訪者代號	受訪者身分
中部○○國中	A	林○○教師
中部○○國中	B	莊○○導師
東部○○國中	C	蘇○○主任
東部○○國中	D	何○○導師
北部○○國中	E	陳○○主任
南部○○國中	F	黃○○主任
南部○○國中	G	阮○○主任
北部○○國中	H	丁○○主任

資料來源：本研究整理

第四節　研究實施

本研究以問卷調查法為主，訪談為輔，作為蒐集研究資料之方法。根據校長空間領導、教師幸福感以及學生學習成效的理論及其相關研究進行探討及分析，彙整出此三個變數之內涵，以此為基礎，並參酌之前研究者之問卷題項內容，編製符合本研究主題與目的之問卷，於 2022 年 1 月 15

日進行計畫發表，並根據口委教授寶貴意見進行修正與補充，以確定研究計畫。接著邀請相關領域的專家學者針對問卷題項內容提出修改建議，接續再依專家效度內容所修訂之預試問卷實施預試作業，預試問卷回收整理分析後，修訂成為正式問卷內容。接著進行正式問卷抽樣與調查，待回收正式問卷之後，依據問卷調查結果與訪談結果進行歸納分析，並與國內外文獻比較探討，最後撰寫本研究之結論與建議。

壹、預試問卷施測

本研究預試問卷初稿為研究者根據過去文獻探討，以及與指導教授討論修改後提出，函請相關領域的專家學者提供問卷題項的修改意見，以確保研究問卷內容具有專家效度與內容效度。本研究於 2022 年 3 月 23 日至 3 月 31 日蒐集預試問卷資料，總共發放 10 所學校 134 份預試問卷，回收 127 份問卷，回收率為 94.78％，有效問卷為 118 份，有效問卷率為 92.91％。預試問卷回收後，採用項目分析、因素分析以及信度分析作為預試問卷題項保留或刪除之依據，藉此作為本研究正式問卷發放使用。

貳、正式問卷調查

本研究根據上述預試問卷編製與分析步驟之後，完成正式問卷之編製，再將正式問卷發放至臺灣本島各地之學校進行施測，於 2022 年 4 月 5 日至 7 月 4 日期間蒐集正試問卷資料，發放 89 所國民中學學校 1,170 份正式問卷，回收問卷 1,104 份，問卷回收率為 94.36％，經剔除問卷填答不全和明顯單一選項等無效問卷，共得有效問卷 1,047 份，有效問卷率為 94.84％。

參、半結構性訪談

　　研究者為使問卷調查更周延，另輔以半結構性訪談，以獲得質性資料，更深入瞭解國中校長空間領導、教師幸福感與學生學習成效之關係。透過縣市教育局(處)推薦北區、中區、南區、東區等四區在空間領導有相關背景且具總務主任經驗的教師，參與本研究訪談者共 8 位教師。於 2022 年 10 月 28 日至 11 月 17 日分別連絡受訪者訪談，於正式訪談前一星期將訪談大綱寄給受訪者先行準備，採視訊方式進行訪談，訪談開始先說明研究倫理，並徵求受訪者之同意予以錄音，以利電子紀錄訪談內容轉謄為文字稿，待整理訪談內容及撰寫完成訪談結果後，寄給受訪者檢核確認，做為本研究結果之參考依據。

第五節　資料處理與分析

　　為探究國民中學校長空間領導、教師幸福感與學生學習成效之關係，本研究問卷調查之統計分析方法包括問卷信效度分析、描述性統計、獨立樣本 t 檢定、單因子變異數分析、皮爾森積差相關，及結構方程模式等，另就訪談做資料整理。以下就使用之資料分析方法分述如下。

壹、預試問卷分析

　　首先以項目分析法做為預試量表刪題的依據，再以因素分析法決定正式量表的題項，並檢驗各量表構面與該量表的內部一致性信度，茲分述如下。

一、項目分析（item analysis）

（一）極端組檢核法-臨界比（critical ration；CR）

極端組檢核法-臨界比是利用 t 檢定找出題目之間的鑑別度，以前 27%與後 27%的樣本來做比對差異，於每個題目中找出極端的兩組，視其回答之平均數高低差異，評判題目是否具有鑑別度，如 CR 絕對值小於 3 即表示該題未具有顯著差異，不具鑑別度，則該題目應予以刪除（吳明隆、涂金堂，2016）。

（二）同質性檢核法

同一題本的試題是在測同一種屬性，因此試題彼此之間應該具有高度相關，而每個題目與量表總分也應具高相關，吳明隆與涂金堂（2016）認為題目與總量表相關最好在 .30 以上，且需達到統計顯著水準。

（三）一致性考驗法

採用一致性考驗方法，求出校正項目總分的相關係數（corrected item-total correlation）。校正項目總分的相關係數，乃是表示一個題項與其他題項總分的相關係數，由此可得知此題項與其他題項的一致性情形（吳明隆、涂金堂，2016）。

二、因素分析（factor analysis）

進行 KMO（ Kaiser-Meyer-Olkin measure of sampling adequacy ）取樣適切性檢定及 Bartlett 球形檢定，判斷變項是否適合進行因素分析。依據 1974 年 Kaiser 的觀點，可從 KMO 值來判斷個題項間是否適合進行因素分析，當 KMO 值小於 .60 時則不宜進行因素分析，KMO 值最好在 .80 以上，KMO 值如在.70 時屬「適中」，（吳明隆、涂金堂，2016），Bartlett 球面考驗需達 .05 顯著水準。接著以「主成份分析法」（principal component analysis）萃取共同因素，再以因素結構矩陣中「因素負荷量」（pattern loading） .45 為刪題標準，刪除未達 .45 的題項。

三、信度分析（reliability analysis）

依各分量表及總量表進行 Cronbach's α 信度考驗，分量表信度係數最好在 .70 以上，總量表的信度係數最好在 .80 以上（吳明隆、涂金堂，2016），量表的信度越高，代表量表的穩定性越高。

貳、正式問卷分析

一、描述性統計（Descriptive Statistic）

以次數分配、百分比、平均數與標準差等描述性統計，做為調查樣本的個人背景（包括性別、年齡、最高學歷、現在職務及服務年資）、學校背景變項（包括學校區域、學校規模、學校校齡，以及校長在校服務年資）等資料統計分析，以瞭解本研究調查樣本的分布情形，並進一步分析目前國中校長空間領導、教師幸福感及學生學習成效之現況。

二、獨立樣本 t 檢定（Independent Samples t-test）

以受試者的基本資料為自變項，以「校長空間領導」、「教師幸福感」及「學生學習成效」為依變項，進行 t 檢定，以分析不同性別背景變項之國民中學教師知覺校長空間領導、教師幸福感與學生學習成效整體及各層面是否有差異，同時針對有差異的變項進行事後比較。

三、單因子變異數（One-Way ANOVA）

用以比較不同背景變項（包括年齡、最高學歷、現在職務、服務年資、學校區域、學校規模、學校校齡，以及校長在校服務年資）在國民中學教

師知覺校長空間領導、教師幸福感與學生學習成效各量表之差異情形。其中，在單因子變異數分析時，若 F 值達 .05 顯著水準，則進一步以雪費事後比較法（Scheffé method）進行事後比較；而若在變異數同質性檢定中發現變異數為不同質時，則以 Games-Howell 法進行事後比較。

四、皮爾森積差相關（Pearson Product-Moment Correlation）

以皮爾森積差相關探討校長空間領導、教師幸福感以及學生學習成效三者之間各構面與整體之間的相關情形。

五、結構方程模式（Structrual Equation Modeling, SEM）

針對「校長空間領導」、「教師幸福感」與「學生學習成效」等各理論變項間的結構關係進行分析，並驗證本研究提出結構模式的適配度。採用驗證性因素分析（Confirmatory Factor Analysis, CFA），再進行結構方程模式分析檢驗本研究所提出之模式適配度的檢核，本研究以 AMOS (Analysis of Moment Structure) 20 統計軟體進行潛在變項路徑分析（path analysis with latent variables, PA-LV），分析模型包括校長空間領導、教師幸福感與學生學習成效的測量模式（measurement model），以及校長空間領導、教師幸福感對學生學習成效的結構模式（structural model），以探討校長空間領導（營造教育空間環境、融入課程教學、提升行政績效、厚植教育夥伴關係）對教師幸福感（生活滿意、身心健康、工作成就、正向情緒）與學生學習成效之影響程度，並探究教師幸福感在校長空間領導與學生學習成效間是否存在中介效果，以拔靴法（Bootstrapping method）重複抽樣 1,000 計算，檢驗教師幸福感的中介效果，若有中介效果則進一步分析是部分中介或完全中介。

參、訪談資料整理

研究者在進行半結構訪談後，首先聆聽錄音檔，先刪除無意義語氣詞及偏離主題的內容，逐字謄錄訪談內容，其次閱讀整體謄錄的內容，進行初步的理解，仔細審視經驗現象，於一星期之內將訪談的錄音檔加以整理謄寫出訪談結果，寄給受訪者檢核確認。

為清楚區別資料來源處，對不同的資料進行不同代號的編碼，編碼原則為受訪者代碼（1 碼）、受訪日期（西元、月、日共 8 碼）與頁數（2 碼），例如：A20221029：03 表示 A 受訪者 2022 年 10 月 29 日第 3 頁之訪談紀錄。

第六節　研究倫理

研究倫理乃是進行研究時必須遵守的行為規範，為目前臺灣教育研究較忽略一部分（林天佑，1996），陳向明（2009）研究提出質性研究研究倫理的原則，包括自願與不隱蔽、尊重隱私與保密、公正合理，以及公平回報等四項。廖世傑等人（2012）針對臺灣對教育研究者受試者之權益保護，提出告知的同意、隱私與保密、信任關係等三個主要項目的研究倫理。本研究採取問卷調查和訪談法進行研究，茲彙整上述研究倫理原則，臚列出本研究之研究倫理，包括尊重個人的意願、確保個人隱私與保密、維護研究對象的身心安全與平等互惠、恪守誠信原則，以及如實呈現資料與客觀分析等五項，敘明如下：

壹、尊重個人的意願

　　基於保障個人的基本人權，在研究進行前，先向研究對象說明本研究之主題、目的及實施流程，研究過程中若當事人有特殊考量，有權利隨時終止參與研究；進行訪談時，需徵求受訪者的同意才進行錄音及書面記錄，避免蒐集非必要的個人資料或意見，也儘可能不個別記錄每個人的每一個行為反應或意見，在合情、合理、合法的場域與氛圍下，尊重當事人自由意願，進行研究或資料蒐集。

貳、確保個人隱私與保密

　　匿名及保密性為研究者應務必嚴格遵守的原則。用代碼替代受訪或受研究的身分；在訪談後特別注意資料的保密，不論是問卷或訪談資料均由研究者親自處理，不假他人之手，嚴格做到原始資料不外洩；研究完成後，儘速毀去相關蒐集的原始資料，以確保做到私密、安全原則。

參、維護研究對象的身心安全與平等互惠

　　確保研究對象在研究進行過程中，免於人身恐懼的自由，不受到生理或心理的傷害，為研究者該負的義務與責任。爰此，在訪談過程中採取傾聽的技巧，注意受訪者的情緒反應，秉持尊重謹慎的態度，遇到受訪者不願提及的話題，或表示某些談話內容不便放入訪談紀錄中，皆遵照受訪者之指示，予以妥善處理。

　　另外，在研究過程中盡力秉持互惠原則，除負擔訪談過程中的雜支費用、透過專注傾聽與接納，讓受訪者感受到被尊重和榮譽感外，並藉由訪

談的提問與互動，使其對於問題得到真正的理解及情感上的回饋，同時也讓受訪者瞭解其所提供資訊的價值性，將可透過研究者的分享來激勵他人。

肆、恪守誠信原則

誠信是研究者的基本態度，切不可為取得研究成果，有欺瞞之情形。研究者應採用合適的研究方法，對於研究方法和資料搜集方式不要刻意去隱瞞研究對象。研究者在訪談過程中將再次重申本研究係屬匿名訪談之研究，並與受訪者再確認訪談紀錄資料後，再度確定徵詢其同意未來以匿名方式公開其訪談紀錄，並可引用至研究論文。

伍、如實呈現資料與客觀分析

研究者必須去除既有的理論知識與價值判斷，避免有先入為主的想法而掩蓋真實的意義，需用開放與接納的態度來面對訪談內容，讓事物自我呈顯（吳靖國，2010），而訪談過程中適時複述受訪者的回答重點，以取得確認，以免誤解其意思；研究者依據訪談錄音初步轉譯為訪談紀錄後，將訪談紀錄寄給受訪者，請其親自進行校對修正，確認訪談紀錄是否符合原意，以確定訪談紀錄修正無誤。在研究過程中發現之報導與解說應客觀，避免誤導，研究結論之獲得應基於實證與其分析演繹，不應刻意排除負面，以及非預期的研究資料，使讀者能完整掌握研究的結果。

第四章　實證研究結果與討論

　　本章根據問卷調查數據進行統計分析以及半結構式訪談收集資料，以瞭解國民中學教師知覺校長空間領導、教師幸福感與學生學習成效之關係。本章分為四節，第一節為國民中學教師知覺校長空間領導、教師幸福感與學生學習成效之現況分析；第二節為不同背景變項國民中學教師知覺校長空間領導、教師幸福感與學生學習成效之差異分析；第三節為國民中學教師知覺校長空間領導、教師幸福感與學生學習成效之相關分析；第四節為國民中學教師知覺校長空間領導、教師幸福感與學生學習成效之結構方程模式影響效果分析。

第一節　國民中學教師知覺校長空間領導、教師幸福感與學生學習成效之現況分析

　　本節以描述性統計中的平均數及標準差分析國民中學教師知覺校長空間領導、教師幸福感與學生學習成效等三部分的現況。本研究量表為五點量表，量表上分為「非常不同意」（對題項敘述認同度低於 20%）、「不同意」（對題項敘述認同度介於 21%-40%）、「普通」（對題項敘述認同度介於 41%-60%）、「同意」（對於題項敘述認同度介於 61%~80%）及「非常同意」（對

題項敘述認同度超過 81%）；其中「非常不同意」得 1 分、「不同意」得 2 分、「普通」得 3 分、「同意」得 4 分、「非常同意」得 5 分。依據吳明隆與張毓仁 (2018) 所指，就 Likert 五點量表而言，分數組距介於 1.00~1.80 之間，知覺感受為「低程度」；介於 1.81~2.60 之間，知覺感受為「中低程度」；介於 2.61~3.40 之間，知覺感受為「中程度」；介於 3.41~4.20 之間，知覺感受為「中高程度」；介於 4.21~5.00 之間，知覺感受則為「高程度」。以下逐一說明校長空間領導、教師幸福感及學生學習成效三部分的情形。

壹、國民中學教師知覺校長空間領導之現況分析

本研究將國中校長空間領導分為四個構面，分別是「營造教育空間環境」、「融入課程教學」、「提升行政績效」，以及「厚植教育夥伴關係」。以下將國中校長空間領導各題描述性統計及各構面統計結果說明如下。

一、國中校長空間領導各題平均數之現況

國民中學教師知覺校長空間領導之各題現況分析摘要，如表 4-1。由表 4-1 得知，「國中校長空間領導」量表各題平均數介於 3.64 到 4.15 之間，標準差介於.73 到.91 之間，其中平均數最高為第 2 題「校長能重視安全維護設備（裝設電力、消防、保全系統等），建置無障礙和性別平等的設施（電梯、導盲磚、女廁比例高等）形塑安全友善校園」，平均數為 4.15，屬於「中高」程度；平均數最低的為第 15 題「校長規劃舒適的辦公環境空間(辦公空間寬敞、備有沙發、美化布置等)，激發行政工作創意和效率」，平均為 3.64，亦屬於「中高」程度。

表 4-1 國民中學教師知覺校長空間領導之各題現況分析摘要

構面	題目	平均數	標準差
營造教育空間環境	1. 校長能透過校園整體空間規劃，形塑具有文化氣息和藝術美感的人文校園。	3.89	.80
	2. 校長能重視安全維護設備（裝設電力、消防、保全系統等），建置無障礙和性別平等的設施（電梯、導盲磚、女廁比例高等）形塑安全友善校園。	4.15	.73
	3. 校長能建置各類節能環保設施(資源回收、校園綠美化、環保節能綠建築、生態池等)，形塑永續發展校園。	3.91	.80
	4. 校長能規劃多樣化休憩活動設施和環境(圖書設備、符合人體工學課桌椅、角落座椅、交誼區、校園閱讀角、多樣運動設施等），以提供多樣的校園生活空間。	3.91	.83
	5. 校長能規劃校園景觀或建築風格(結合願景藍圖意象、LOGO、圖騰等)，反映出學校發展願景與特色。	3.89	.85
融入課程教學	6. 校長能規劃各種輔助教學區(學習步道、自然環境生態教學等特色教學區），營造出激發教師教學創意的環境。	3.73	.84
	7. 校長能活化多樣的教學空間與設備（設置師生藝廊、運用彈性隔板、易移動的置物櫃、設計大型教室等），以符應教師多元化的教學需求。	3.82	.84

（續下頁）

構面	題目	平均數	標準差
	8. 校長能活化學校空間，規劃學生學習共享區域（圖書館設置討論區、教室設置學習角、小組討論教室等），形塑處處可學習的環境。	3.91	.81
	9. 校長能規劃各類空間以因應特色課程需求，以激發教師教學創意與學生學習興趣，如：鄉土資源教室、創客教室等。	3.84	.85
	10.校長能依據學習者不同的學習特性差異，規劃設計各種新式學習空間，如：多元實驗空間、班群與群組分享空間、沉浸式學習環境等。	3.73	.86
	11.校長重視數位資訊網路與教學平臺的設置（智慧型網路、資訊管理系統、智慧型教室等），建構無所不在的學習情境。	4.10	.75
提升行政績效	12.校長能規劃校園空間，妥善安排行政、教學和活動區域，形塑各區域功能區隔卻彼此關聯密切的環境。	3.91	.82
	13.校長能建置自動化、數位化監控系統數位化(保全、消防等)，以節省人力資源。	3.83	.84
	14.校長能規劃校園行政空間，安排便捷的辦公動線(行政處室的地點和位置便於洽公等)，形塑省時與便利的行政環境。	3.83	.77

（續下頁）

構面	題目	平均數	標準差
	15.校長規劃舒適的辦公環境空間(辦公空間寬敞、備有沙發、美化布置等)，激發行政工作創意和效率。	3.64	.91
	16.校長能規劃學校行政數位化系統(資訊公布網路平臺、學生成績作業系統、各項會議無紙化等)，提供即時資訊，以提升行政管理效率。	3.95	.77
厚植教育夥伴關係	17.校長能讓校園使用者共同參與校園規劃，以增進校園認同與歸屬感。	3.87	.86
	18.校長能透過師生共同參與，使空間與設備能符合課程和教學的需求。	3.88	.84
	19.校長引進社區相關產業文化、地方仕紳等資源，形塑學校與社區文化結合的環境。	3.88	.87
	20.校長透過學校社區空間互動規劃，鼓勵學生參與社區活動，形塑學校社區化、社區學校化的環境。	3.85	.87

註：N=1047

資料來源：本研究整理

　　就國中校長空間領導「校長能重視安全維護設備，建置無障礙和性別平等的設施形塑安全友善校園」題項而言，誠如受訪者 F 也指出受重視：

　　不要說是傳統學校，像新建校舍整個設備規劃，都很重視校園安全設備。F20221109：01

就國中校長空間領導「校長規劃舒適的辦公環境空間，激發行政工作創意和效率」題項而言，誠如受訪者 E、F、G、H 也指出較不足：

學校是 66 班滿班，對辦公環境比較少規劃，幾乎專科教室都是幾個老師共用一間，把所有的空間都給學生，所以行政單位是能省則省。E20221107：01

本校在新建校舍時，以學生班級教室為主，老師與行政的環境還是會注意，教師上班在辦公室備課或處理學生問題，是需要給他們較舒適的空間。至於規劃優先順序，學校通常還是會先規劃教師的環境，行政就先放到後面。F20221109：01

我的感覺確實校長不會特別先把「規劃舒適的辦公環境空間(辦公空間寬敞、備有沙發、美化布置等)，激發行政工作創意和效率」這方面放前面，而是先把學生所要的放在前面比較多。 G20221114：01

本校有非常多的教室都規劃成專科教室，例如：點子教室、工藝教室、五金教室等各式各樣的教室。以教師而言，通常也都會以學生為優先，申請經費往往都是建置學生的學習環境，比較少會顧慮到教師的需求，尤其行政的需求。H20221117：02

二、國中校長空間領導各構面之現況

國民中學教師知覺校長空間領導各構面現況分析摘要，如表 4-2。

表 4-2 國民中學教師知覺校長空間領導各構面現況分析摘要

構面	題數	平均數	標準差	平均數排序
營造教育空間環境	5	3.95	.67	1
融入課程教學	6	3.86	.69	3
提升行政績效	5	3.83	.69	4
厚植教育夥伴關係	4	3.87	.76	2
整體校長空間領導	20	3.88	.65	

資料來源：本研究整理

　　整體校長空間領導總平均得分為 3.88，標準差為 .65，屬於「中高」程度。校長空間領導各構面平均得分由高至低依序為：「營造教育空間環境」（M = 3.95）、「厚植教育夥伴關係」（M = 3.87）、「融入課程教學」（M = 3.86）、「提升行政績效」（M = 3.83），均屬於中高程度，其中「營造教育空間環境」平均數超過校長空間領導整體平均數，說明國民中學教師知覺校長空間領導在此部分的表現及努力，其他三構面「厚植教育夥伴關係」、「融入課程教學」以及「提升行政績效」平均數介於 3.83 至 3.87 分，國中校長空間領導在此三個方面也都有「中高」程度的表現。

　　就國中校長空間領導「營造教育空間環境」構面，誠如受訪者 B、D、E、F、G 也指出感受較高：

　　　學校申請空間美感的計畫補助，把廊道變成一個休憩區，學生可以烤肉活動的一個地點。另外在長廊中間放置書桌、還有書櫃，讓學生下課的時候會走過去坐下來看書，有時學生要做教室布置，或做科

展討論，也會運用到桌子做跨班的社群連結。B20221029：01

校長把校長室的壁面部分營造成一個讀書角，學生中午可以跟他分享書籍聊書趣的活動，校長室外圍也布置成可以閱讀的走廊，佈告欄的部分目前重新設計規劃，未來可以搭配活動作特展。D20221106：01

學校規劃校園皆從學校發展 5 大願景面向去規劃。E20221107：03

把學校的願景放入學校空間設計。F20221109：01

因校舍老舊，規劃要做校舍重建，校舍重建的公共藝術會跟學校的願景、學校的特色結合。G20221114：01

就國中校長空間領導「厚植教育夥伴關係」構面的作為，誠如受訪者A、D、E、F、G 也指出有此感受：

校長在空間的規劃與營造，加上家長、社區民眾的資源，會強化社區家長對於學校的認同參與感。A20221029：01

校長也有提醒我們，規劃給誰用就應該要詢問使用者的意見，當時我們會定期召開需求會議，不會以自己主觀立場去規劃。D20221106：03

校長在校園規劃跟充實設備上面，給主任們有很大的空間，給主

任只是幾個大方向，實際上的真正的作為都是由下而上，學校教師需要什麼而做什麼。E20221107：01

校園整體規劃都有社區耆老、退休老師、美術老師的參與，校長不會以獨裁的方式，他會尊重老師們的想法去做規劃，與設計師來做討論。F20221109：01

學校校舍整建在跟縣府溝通之前，學校成立校內校舍重建小組，校長擔任召集人，由校內資深老師，各處室的主任共同討論學校的需求、未來整建的方針，當意見不同時，校長就會加以溝通協調。G20221114：01

貳、國民中學教師知覺教師幸福感之現況分析

本研究將教師幸福感分為四個構面，分別是「生活滿意」、「身心健康」、「工作成就」以及「正向情緒」。以下將教師幸福感各題描述性統計及各構面統計結果說明如下。

一、教師幸福感各題平均數之現況

國民中學教師知覺教師幸福感之現況分析摘要，如表4-3：

表 4-3 國民中學教師知覺教師幸福感之現況分析摘要

構面	題目	平均數	標準差
生活滿意	1.身為教師我覺得我的生活有安全感。	4.00	.77
	2.身為教師我覺得我的生活是充實自在的。	4.02	.74
	3.身為教師我喜歡我現在的生活。	3.99	.77
	4.身為教師我可以自主規劃時間，完成自己想做的事。	3.95	.81
	5.身為教師我很享受並珍惜現在擁有的一切。	4.24	.69
身心健康	6.我有正常規律的生活起居習慣。	4.18	.72
	7.我會適時紓解工作壓力。	4.04	.70
	8.我覺得自己是位充滿活力的教師。	3.94	.74
工作成就	9.我能從工作中得到積極的肯定與讚賞。	3.91	.76
	10.我的工作能帶給我成就感。	3.91	.74
	11.我有良好的工作成效。	3.94	.69
	12.我能達成預定的工作目標。	4.03	.64
	13.我對我的工作成效感到滿意。	3.92	.72
正向情緒	14.我感受到周遭的人物與環境是和善的。	4.03	.73
	15.我覺得世界是美好的。	3.96	.73
	16.我對未來的生涯發展感到樂觀。	3.82	.82
	17.我對於我的人生抱持樂觀看法。	4.02	.71
	18.我對工作未來發展感到樂觀。	3.78	.84

註：*N*=1047

資料來源：本研究整理

由表 4-3 得知,「教師幸福感」量表各題平均數介於 3.78 到 4.24 之間,標準差介於 .64 到 .84 之間,平均數最高為第 5 題「身為教師我很享受並珍惜現在擁有的一切」,得分為 4.24,屬於「高」程度;平均數最低的為第 18 題「我對工作未來發展感到樂觀」,得分為 3.78,屬於「中高」程度。由本數據可知國民中學教師對於教師幸福感現況給予「中高」到「高」程度的評價。

就國中教師幸福感「身為教師我很享受並珍惜現在擁有的一切」題項而言,誠如受訪 G、H 也指出感受程度高:

目前台灣教師的薪資雖然沒有像電子業的薪水高,但比上不足比下有餘,也算穩定,教師薪水是一直累計上升,可能外面中高階主管才會有像教師這般的薪水,所以教師的薪資與工作的彈性是不錯的。G20221114:02

我覺得是對的,當你做的一切,覺得孩子都喜歡。學校的老師夥伴有一個想法,只要學生想要我們就做,等到真正實現的時候就覺得很有成就感。H20221117:02

就國中教師幸福感「我對工作未來發展感到樂觀」題項而言,誠如受訪 G、H 也指出感受為較低:

少子化就可能會造成教師超額問題,雖然不至於丟掉工作,但可能會調離家較遠的學校;另外,課綱一些政策面的影響,讓老師覺得未來工作並不樂觀。G20221114:02

　　　　現在生生用平板的政策讓科技老師很累，生活科技也要加英文的
雙語教育，這樣會打亂的學校既定想要發展的方向，學校想要發展的
方向是老師的心願，所以我覺得對於這樣的發展與改變，老師對於自
己工作的未來感到不樂觀。H20221117：02

二、教師幸福感各構面之現況

　　　　國民中學教師知覺教師幸福感各構面之現況分析摘要，如表 4-4。

表 4-4　國民中學教師知覺教師幸福感各構面之現況分析摘要

構面	題數	平均數	標準差	平均數排序
生活滿意	5	4.04	.64	2
身心健康	3	4.05	.59	1
工作成就	5	3.94	.60	3
正向情緒	5	3.92	.65	4
整體教師幸福感	18	3.98	.55	

註：N=1047

資料來源：本研究整理

　　　　整體教師幸福感總平均得分為 3.98，標準差為 .55，屬於「中高」程度
之水準。教師幸福感各構面平均得分由高至低依序為：「身心健康」（M＝
4.05）、「生活滿意」（M＝4.04）、「工作成就」（M＝3.94）、「正向情緒」（M
＝3.92），均屬於「中高」程度。其中「身心健康」、「生活滿意」平均數超過
教師幸福感整體平均數，說明國民中學教師在身心健康和生活滿意兩構面

均有良好的知覺程度，另外「工作成就」、「正向情緒」兩構面的平均數也都有「中高」程度的表現。

　　就國中教師幸福感整體有「中高」程度的良好知覺，誠如受訪者 B、F 也有下列敘述：

　　學校的氛圍還蠻積極的，長時間在學校，不管是工作、家庭生活，我覺得教師同儕之間的那個連結很深刻，會讓我覺得身心健康、工作成就、正向情緒等其實都不錯。B20221029：02

　　服務年資 20 多年，一直從事行政工作，生活滿意度可以說是百分之百。幾乎是以校為家，早上 6 點到校，晚上 7 點才回家。F20221109：01

參、國民中學教師知覺學生學習成效之現況分析

　　本研究將學生學習成效分為四個構面，分別是「學習態度」、「學習滿意度」、「作業表現」以及「學習績效」。以下將學生學習成效各題描述性統計及各構面統計結果說明如下。

一、學生學習成效各題平均數之概況

　　國民中學教師知覺學生學習成效之現況分析摘要，如表 4-5。

表 4-5 國民中學教師知覺學生學習成效之現況分析摘要

構面	題目	平均數	標準差
學習態度	1.學生能主動向教師請教或和同學討論課業。	3.62	.80
	2.學生對於教師規定的作業能認真完成。	3.40	.81
	3.學生能關懷生命倫理，並主動參加公益團體活動。	3.20	.81
	4.學生能主動積極參與班上各項活動。	3.70	.72
	5.學生能積極參加各項競賽或活動。	3.82	.73
	6.課堂上，學生能和諧相處，彼此互相合作。	3.87	.67
學習滿意度	7.學生在課堂的學習感到愉快。	3.78	.71
	8.學生的學習需求能獲得滿足。	3.73	.71
	9.學生能達到學習目標，獲得成就感。	3.61	.74
	10.學生能投入學習活動，有自我實現的感受。	3.61	.74
作業表現	11.學生能以口語適當表達自己的觀點與想法。	3.70	.72
	12.學生能在學習過程中表現出創造力。	3.61	.77
	13.學生能運用所學的知識，解決生活的問題。	3.55	.75
	14.學生能運用科技、資訊與媒體，展現學習成效。	3.71	.76
學習績效	15.學生在多元評量表現越來越進步。	3.68	.76
	16.學生的生活常規與品格表現有明顯進步。	3.67	.81
	17.學生於自我情緒管理與人際互動關係有顯著提升。	3.59	.79
	18.學生在健康習慣與體適能有顯著進步。	3.61	.79
	19.學生的藝術展演表現能力有顯著進步。	3.63	.78

註：N=1047

資料來源：本研究整理

由表 4-5 得知,「學生學習成效」量表各題平均數介於 3.20 到 3.87 之間,標準差介於 .67 到 .81 之間,國民中學教師在學生學習成效知覺上介於「中」程度到「中高」程度之間。其中平均數得分最高為第 6 題「課堂上,學生能和諧相處,彼此互相合作」為 12 年課綱「人際關係與團隊合作」核心素養能力,平均得分為 3.87,屬於「中高」程度;平均數最低的為第 3 題「學生能關懷生命倫理,並主動參加公益團體活動」為課綱「道德實踐與公民意識」核心素養能力,平均得分為 3.20,屬於「中」程度。另外,第 13 題「學生能運用所學的知識,解決生活的問題」為課綱「系統思考與解決問題」核心素養能力,平均數為 3.55;第 14 題「學生能運用科技、資訊與媒體,展現學習成效」為課綱「科技資訊與媒體素養」核心素養能力,平均數為 3.71;第 19 題「學生的藝術展演表現能力有顯著進步」為課綱「藝術涵養與美感素養」核心素養能力,平均數為 3.63,以上均有「中高」程度的表現。

就國中學生學習成效「課堂上,學生能和諧相處,彼此互相合作」題項而言,誠如受訪者 D、F 也指出感受較高:

目前教學比較流行分組,學生在和諧相處彼此互助合作的素養能力相較於之前是比較好。D20221106:03

現在都是常態編班,教師常會把學生分組,配合獎勵方式,高學習成就的同學會帶頭去帶領低學習成就的同學,低學習成就的學生也會利用下課時間去問小組長,這種合作學習不是老師逼迫,而是學生互相的帶動學習,所以同學之間和諧相處,彼此互相合作能力是有提升。F20221109:02

就國中學生學習成效「學生能關懷生命倫理，並主動參加公益團體活動」題項而言，誠如受訪者 D、F、G 也指出表現較不佳：

雖然學校距離慈濟很近，但好像並沒有特別活動，我覺得學生關懷生命倫理的素養能力這是需要有人帶領，或自己有機會去接觸。D20221106：02

國中端會考免試升學有些縣市有服務學習時數，有些縣市沒有，而服務時數認定又太狹隘了，規定需公家機關、社團法人，一些民間團體則不承認；之前家長很盲目會一直去爭取孩子服務時數，積分夠了就不會再多去著重這種志工服務；而有些學校為了滿足家長跟學生需求，直接開立寒暑假到學校幫忙做打掃或是整理，就有服務時數，所以學生沒辦法走入社區去做一些社服或弱勢團體的關懷服務。F20221109：02

學生主動參加公益團體活動應該是非常少，因為學校附近沒有很多公益相關的團體，這方面的資訊很少，學生會主動想參加除非家長本身有參與；至於服務學習時數，絕大部分都是幫忙學校內部的事情，很少幫忙外面的公益團體。G20221114：03

就國中學生學習成效「運用所學的知識，解決生活的問題」題項而言，誠如受訪者 G 也指出能力有提升：

不管是偏鄉或是市區，大部分的學生可用手機、資訊設備上網去

尋資訊，去尋找要解決問題的資訊。G20221114：02

　　就國中學生學習成效「學生能運用科技、資訊與媒體，展現學習成效」題項而言，誠如受訪者 E、G 也指出能力有提升：

　　學校這幾年當配合教育政策，學生使用平板、用 app 做簡易的創作，老師也運用智慧教室協同教學，所以學生在這方面的能力應該都有提升，尤其歷經疫情這段時間的線上教學。E20221107：02

　　我也觀察到目前有資訊媒體相關設備跟以往相較，老師拋出問題，學生會上電腦或用平板查詢，有時候他們下課也會自己主動查資料。學生在運用科技資訊媒體展現學習成效的這部分絕對是有提升。G20221114：02

　　就國中學生學習成效「學生的藝術展演表現能力有顯著進步」題項而言，誠如受訪者 B、E、F、G、H 也指出能力有提升：

　　在大樓四面圍繞中間的區塊，設計了舞台，讓學生可以做快閃的藝文表演，除了原本每周一的藝文日外，現在連課間都可以快閃，學生只要想表演活動，或是老師們希望在課堂上的東西可以展現，只要提出報備，就可以在那區域做下課快閃。B20221029：03

　　校園空間情境布置，都放置學生的作品、美術作品。透過這些設備與空間規劃，潛移默化的效果，學生藝術美感涵養會提升，對自我

195

自信提升也有幫助。E20221107：02

新校舍規劃展演舞台，配合上教學課程與活動，感覺學生比較不會害羞，在展演表現的能力的確有提升。F20221109：03

學生的展演的能力是有提升的。本校學生對技藝學習是蠻有興趣，也得到一些縣內比賽的獎項，每年畢業典禮需要辦成果展，將技藝成果展現出來，我覺得是還不錯的。G20221114：03

本校有個信念就是每位孩子都要有能力去策展，學校會辦各式各樣的展覽，我們期許每位學生都可以是策展說故事的人，學生藝術展現的能力是真的不錯。H20221117：04

二、學生學習成效各構面之概況

國民中學教師知覺學生學習成效各構面之現況分析摘要，如表 4-6。

表 4-6 國民中學教師知覺學生學習成效各構面之現況分析摘要

構面	題數	平均數	標準差	平均數排序
學習態度	6	3.60	.59	4
學習滿意度	4	3.68	.63	1
作業表現	4	3.64	.63	2
學習績效	5	3.63	.66	3
整體學生學習成效	19	3.64	.56	

註：N=1047

資料來源：本研究整理

　　整體學生學習成效總平均得分為 3.64，標準差為 .56，學生學習成效各構面平均得分由高至低依序為：「學習滿意度」（M＝3.68）、「作業表現」（M＝3.64）、「學習績效」（M＝3.63）、「學習態度」（M＝3.60），均屬於「中高」程度，就國中學生學習成效「學習滿意度」給予「中高」的評價，如受訪者 C、E、F、H 也有如下敘述：

　　社團活動、童軍教育和技職教育，對學生來講，比較沒有一般課室裡的壓力，感到學生有比較多笑容。C20221105：02

　　最近學校設備更新，建置智慧型教室，教室中間有觸控螢幕，使用這種設備，教學增加 app、媒體的互動，有多層次上不一樣的師生互動，學生上課其實蠻開心的。E20221107：04

　　學校跟校友募款購置平板，學校一些年輕人教師會用一些遊戲軟體，用平板互動教學，學生覺得蠻有興趣的。F20221109：02

　　全縣學校全部都裝冷氣，學生學習覺得很舒服，不管是上課或午休，學生的心比較可以靜下來，甚至學生有願意參加晚自習。F20221109：03

　　因學校有不同的主題課程，然後要求學生去創意，所以設計思考這個課程在學校還蠻夯的，我覺得學生學習滿意度應該不低。H20221117：03

就國中學生學習成效「學習態度」構面，誠如受訪者 B、C、D 也指出感受較低：

今年 7 年級新生在小學前面那兩年線上學習，大部分的孩子都比較被動，所以帶起來會比較累。B20221029：02

本校學生對老師的依賴性比較大，老師能尋求家長的支援相對很少。C20221105：02

我們班的學生功課會寫，老師的基本要求會配合，但是說很積極去討論功課就比較少。D20221106：02

肆、綜合討論

根據上述各項研究結果，進一步加以討論，茲分析如下。

一、國中校長空間領導現況

本研究結果顯示，國中教師知覺「校長空間領導」現況為中上程度（M=3.88），此結果與莊明達（2012）、馮佳怡（2020）、黃庭鈺（2020）、黃國庭（2014）、鄭文淵（2014）等人的研究結果相似。研究國小階段校長空間領導有莊明達（2012）探討基隆市、臺北市、新北市、桃園市四縣、黃國庭（2014）研究臺北市、新北市、桃園三縣市，結果均呈現校長空間領導成效為中上程度，而在湯志民等人（2013）探究臺北市及新北市學校、

李怡樺（2018）探討臺北市、鐘巧如（2016）研究臺灣地區公立國民小學校長空間領導情形更呈現高程度；馮佳怡（2020）、鄭文淵（2014）以臺灣地區公立國民中學教師為研究對象，與本研究母群體特質最為相近，研究結果國中校長空間領導成效為中高程度；黃庭鈺（2020）研究臺灣地區普通型公立高級中等校長空間領導也呈現中高程度。綜上，多數研究顯示，高、國中小各級學校教職員所知覺的校長空間領導情況良好，多屬中上、高程度表現，顯示校長空間領導的實施情形已受到肯定。近年來，教育部中長程的美感教育及各地方政府教育局（廳）對學校校園營造挹注大量經費，學校校園規劃理念的推動，透過政策計畫的推展，使得校園空間環境、教學資源設備的質與量大幅提升，教師對校長空間領導的成效普遍能給予中高程度的肯定。

其次，本研究結果顯示，國中教師知覺校長空間領導各構面之平均得分高低排序為：營造教育空間環境、厚植教育夥伴關係、融入課程教學、提升行政績效。校長空間領導以「營造教育空間環境」構面程度最高，與李怡樺（2018）、黃國庭（2014）、鄭文淵（2014）、鐘巧如（2016）的研究結果相同。推究其原因，近年來，學校致力於營造科技、友善、永續、藝術美感校園不遺餘力，而學校空間規劃與公共藝術作品皆能與學校願景相結合，是以，教師知覺「營造教育空間環境」構面程度較高。

值得注意的是，本研究結果「厚植教育夥伴關係」層面次之，與黃庭鈺（2020）、黃國庭（2014）空間領導實證研究中「使用者共同參與」得分最低不同，可見國中校長現在多能徵詢使用者的意見，邀請學校成員和使用者共同參與校園學校建築及空間規劃，以期能符合使用者的需求，再加上學校社區化理念的推展，學校與社區互動較頻繁，校長也多能引進地方社區資源，與社區文化相結合，校長在空間領導「厚植教育夥伴關係」成

效已有所提升。

至於「提升行政績效」層面得分較低，推究其原因，校長實施空間領導，多優先規劃班級教室、考量學生所需求，接著才會考慮教師的需求，至於行政辦公環境通常放在最後，申請經費往往都是在建置學生的學習環境，就如同行政院預定 2022 年夏天前全國中小學班班教室有冷氣，也是規劃與補助班級教室或專科教室，至於導師辦公室或行政辦公室則不在考量範圍內。

二、國中教師幸福感現況

本研究結果顯示，國中教師知覺教師幸福感現況為「中高」程度（M=3.98），此結果與過去的研究結果相似。黃明裕（2017）調查臺南市國小教師幸福感之現況，達中上水準，洪英雄（2018）調查全國原住民地區國民小學教師幸福感之表現屬中上程度；劉惠嬋與胡益進（2014），研究新北市某國中結果發現該國中教師幸福感呈現中高程度，而蔡安繕（2017）調查北北基桃四市公立國民中學教師，同樣發現國民中學教師幸福感屬於中高程度；另外，楊雅婷（2020）之研究結果，臺灣省公私立高級中等學校教師幸福感的知覺屬中高程度，洪怡靜與陳紫玲（2015）研究結果顯示，高中職餐旅群教師幸福感受屬「中上程度」。綜上，多數研究顯示，高、國中小各級學校教師幸福感受多屬中上程度。

本研究發現在教師幸福感「身為教師我很享受並珍惜現在擁有的一切」題項感受為「高」程度，顯示國中教師於教職工作相對的穩定薪水與彈性的生活感到滿意，並且很珍惜在教職生涯能有幫助學生實現夢想的機會。然而，在「我對工作未來發展感到樂觀」題項感受較低，由訪談資料得知，教師對於少子化可能造成超額的可能性感到不安，而一些教育新政策打亂

學校既定的發展方向，本預定實施的中、長程計畫有可能就此中斷；另外，目前教育部推動本土語言課程，單獨拉成一個課程，相對排擠到其他課程時數，讓學校端很困擾，而原本以社團方式外聘專業教師擔任本土語言師資，現在要由正式編製非專業教師去教授，也讓教師無所適從，這些的憂慮是教師對工作未來發展感到樂觀感受較低的其中原因。

其次，本研究結果顯示，國中教師知覺教師幸福感各構面之平均得分高低排序為「身心健康」、「生活滿意」、「工作成就」、「正向情緒」，其中以「身心健康」構面感受程度最高，與洪英雄（2018）研究原住民地區國小教師幸福感以「身心健康」之感受程度最高相似。顯示國中教師十分重視自己的規律生活起居習慣，注意適時紓解工作壓力，讓自己保持身心健康，成為充滿活力的教師。

三、國中學生學習成效現況

本研究結果顯示，國中教師知覺學生學習成效現況為「中高」程度（M=3.64），吳堂鐘（2016）、陳忠明（2022）調查新北市公立國民中學學生學習成效達到中高以上程度，林宏泰（2018）研究分析顯示，臺灣地區公立國民中學國民中學學生學習成效亦屬於中上程度，與本研究結果相同，均反映目前國民中學學生學習成效各指標均有良好的表現。

本研究發現學生學習成效「課堂上，學生能和諧相處，彼此互相合作」題項得分最高，此為 12 年課綱「人際關係與團隊合作」核心素養能力，顯示教師對學生課堂上和諧相處、彼此互相合作的學習態度給予中高程度的肯定，在目前教學正常化採常態編班，教師常以分組方式讓學生合作學習，高學習成就學生帶領低學習成就同學學習，而低學習成就學生也樂於向高學習成就同學請益，分組學習的教學型態方式讓學生在團隊合作與人際關

係的素養能力大有提升。另外，教師在「學生能關懷生命倫理，並主動參加公益團體活動」題項知覺感受度最低，屬於中程度，此為 12 年課綱「道德實踐與公民意識」核心素養能力，就訪談資料顯示，教師表示學生主動參加公益團體活動應該是非常少，有些學校附近沒有很多公益團體，相對這方面的資訊便很少，而學生會主動參加除非是家長本身有參與或學校有類似的社團，沒人帶領學生很難主動參加公益團體活動，至於服務學習時數，絕大部分都是學校幫忙安排學生當處室小義工、寒暑假返校打掃或協助支援活動等學校內部的事情，學生很少會再主動去幫忙外面的公益團體，是以，學生關懷生命倫理、參與公益團體活動的「道德實踐與公民意識」核心素養能力有待提升。此外，屬於 12 年課綱的核心素養能力，包括「學生能運用所學的知識，解決生活的問題」的系統思考與解決問題能力、「學生能運用科技、資訊與媒體，展現學習成效」的科技資訊與媒體素養能力、「學生的藝術展演表現能力有顯著進步」的藝術涵養與美感素養能力，以上均有「中高」程度的良好表現。

其次，本研究結果顯示，國中教師知覺學生學習成效各構面之平均得分高低排序為「學習滿意度」、「作業表現」、「學習績效」、「學習態度」，學生學習成效以「學習滿意度」構面程度最高。此結果與吳堂鐘（2016）探究新北市公立國民中學學生學習成效以「學習滿意度」構面得分最高結果相同。就訪談資料顯示，學生在目前建置智慧型教室的新穎資訊設備、多媒體的互動教學、教室冷氣空調，以及社團活動、童軍教育和技職教育、設計思考等多元學習課程等，使得學生在課堂的學習感到愉快、學習需求獲得滿足，並且能投入學習活動，能達到學習目標而獲得成就感。

第二節　不同背景變項國民中學教師知覺校長空間領導、教師幸福感與學生學習成效之差異分析

　　本節以獨立樣本 t 考驗、單因子變異數分別探討不同性別、年齡、最高學歷、現在職務、服務年資、學校區域、學校規模、學校校齡、校長在該校服務年資等九個背景變項下，國民中學教師在知覺國中校長空間領導、教師幸福感與學生學習成效的差異情形，若單因子變異數分析 F 檢定達顯著水準，則以 Scheffé 進行事後比較，以下進行說明。

壹、校長空間領導之差異分析

　　本研究以受試者在「校長空間領導量表」中的得分為依據，分別進行 t 考驗或單因子變異數分析，以瞭解其差異情形。統計結果分項說明如下：

一、不同個人背景變項教師所知覺的校長空間領導之差異情形

（一）不同性別教師所知覺的校長空間領導之差異情形

　　不同性別之國民中學教師知覺校長空間領導之 t 檢定摘要，如表 4-7。

表 4-7 不同性別之國民中學教師知覺校長空間領導之 t 檢定摘要

構面	性別	人數	平均數	標準差	t 值
營造教育空間環境	男	352	4.02	.66	2.49*
	女	695	3.91	.67	
融入課程教學	男	352	3.95	.70	3.11**
	女	695	3.81	.68	
提升行政績效	男	352	3.92	.70	3.04**
	女	695	3.79	.68	
厚植教育夥伴關係	男	352	3.96	.76	2.68**
	女	695	3.83	.75	
整體校長空間領導	男	352	3.96	.66	3.08**
	女	695	3.83	.64	

註：1. N=1047

2. $*p < .05, **p < .01$

資料來源：本研究整理

　　不同性別國中教師在知覺校長空間領導構面 t 值，分別是「營造教育空間環境」為 2.49、「融入課程教學」為 3.11、「提升行政績效」為 3.04、「厚植教育夥伴關係」為 2.68，而「整體校長空間領導」為 3.08，四個構面均達顯著差異水準，且男性教師在各構面及整體校長空間領導平均數皆高於女性教師，顯示男教師在知覺國中校長空間領導顯著高於女教師。

（二）不同年齡教師所知覺的校長空間領導之差異情形

　　不同年齡國民中學教師知覺校長空間領導之變異數分析摘要，如表 4-

8。不同年齡教師在國中校長空間領導各構面的 F 值分別為「營造教育空間
環境」為 3.52，「融入課程教學」為 2.38，「提升行政績效」為 3.79，「厚植
教育夥伴關係」為 2.21，而「整體校長空間領導」為 3.13。其中「融入課
程教學」和「厚植教育夥伴關係」兩構面未達顯著差異，而「整體校長空
間領導」以及「營造教育空間環境」、「提升行政績效」兩個分構面則達顯
著差異 (p＜.05)，經 Scheffé事後比較，發現年齡「21-30 歲」組的教師較
「31-40 歲」的教師在「提升行政績效」和「整體校長空間領導」有較高知
覺；年齡「51 歲以上」的教師在「營造教育空間環境」也較「31-40 歲」
的教師高知覺。

表 4-8 不同年齡國民中學教師知覺校長空間領導之變異數分析摘要

| 構面 | 年齡 | 人數 | 平均數 | 標準差 | 變異數分析 | | | | | Scheffé |
					SV	SS	DF	MS	F	事後比較
營造教育空間環境	(1)	84	4.02	.69	組間	4.71	3	1.57	3.52*	4>2
	(2)	256	3.84	.66	組內	465.39	1043	.45		
	(3)	539	3.96	.65	總和	470.09	1046			
	(4)	168	4.04	.71						
	總和	1047	3.95	.67						
融入課程教學	(1)	84	4.00	.69	組間	3.39	3	1.13	2.38	
	(2)	256	3.79	.66	組內	495.35	1043	.48		
	(3)	539	3.85	.70	總和	498.74	1046			
	(4)	168	3.90	.71						
	總和	1047	3.86	.69						

（續下頁）

| 構面 | 年齡 | 人數 | 平均數 | 標準差 | 變異數分析 | | | | | Scheffé |
					SV	SS	DF	MS	F	事後比較
提升行政績效	(1)	84	4.00	.72	組間	5.34	3	1.78	3.79**	1>2
	(2)	256	3.74	.69	組內	490.22	1043	.47		
	(3)	539	3.83	.68	總和	495.56	1046			
	(4)	168	3.89	.69						
	總和	1047	3.83	.69						
厚植教育夥伴關係	(1)	84	4.06	.76	組間	3.78	3	1.26	2.21	
	(2)	256	3.81	.73	組內	595.81	1043	.57		
	(3)	539	3.86	.75	總和	599.59	1046			
	(4)	168	3.89	.81						
	總和	1047	3.87	.76						
整體校長空間領導	(1)	84	4.02	.66	組間	3.91	3	1.30	3.13*	1>2
	(2)	256	3.80	.62	組內	433.24	1043	.42		
	(3)	539	3.87	.64	總和	437.14	1046			
	(4)	168	3.93	.67						
	總和	1047	3.88	.65						

註：1.組別：(1)代表「21-30 歲」組；(2)代表「31-40 歲」組；

　　　(3)代表「41-50 歲」組；(4)代表「51 歲以上」組。

　2.* $p < .05$, **$p < .01$

資料來源：本研究整理

（三）不同最高學歷教師所知覺的校長空間領導之差異情形

　　不同最高學歷國民中學教師知覺校長空間領導之變異數分析摘要，如

表 4-9。不同最高學歷教師在國中校長空間領導各構面的 F 值分別為「營造教育空間環境」為 0.35，「融入課程教學」為 1.57，「提升行政績效」為 0.79，「厚植教育夥伴關係」為 0.06，而「整體校長空間領導」為 0.62。「整體校長空間領導」與分構面均未達顯著差異水準，顯示不同最高學歷的教師在知覺校長空間領導並無顯著差異。

表 4-9 不同最高學歷國民中學教師知覺校長空間領導之變異數分析摘要

構面	不同最高學歷	人數	平均數	標準差	變異數分析				
					SV	SS	DF	MS	F
營造教育空間環境	(1)	175	3.99	.65	組間	0.31	2	.16	0.35
	(2)	174	3.95	.68	組內	469.78	1044	.45	
	(3)	698	3.94	.67	總和	470.09	1046		
	總和	1047	3.95	.67					
融入課程教學	(1)	175	3.93	.67	組間	1.49	2	.75	1.57
	(2)	174	3.87	.70	組內	497.25	1044	.48	
	(3)	698	3.83	.69	總和	498.74	1046		
	總和	1047	3.86	.69					

（續下頁）

構面	不同最高學歷	人數	平均數	標準差	變異數分析				
					SV	SS	DF	MS	F
提升行政績效	(1)	175	3.86	.70	組間	0.74	2	.37	0.79
	(2)	174	3.88	.67	組內	494.82	1044	.47	
	(3)	698	3.81	.69	總和	495.56	1046		
	總和	1047	3.83	.69					
厚植教育夥伴關係	(1)	175	3.89	.72	組間	0.07	2	.03	0.06
	(2)	174	3.86	.81	組內	599.52	1044	.57	
	(3)	698	3.87	.75	總和	599.59	1046		
	總和	1047	3.87	.76					
整體校長空間領導	(1)	175	3.92	.63	組間	0.52	2	.26	0.62
	(2)	174	3.89	.66	組內	436.62	1044	.42	
	(3)	698	3.86	.65	總和	437.14	1046		
	總和	1047	3.88	.65					

註：組別：(1)代表「師範大學或教育大學」組；(2)代表「一般大學」組；
　　　(3)代表「碩士(含)以上（含40學分班）」組。

資料來源：本研究整理

（四）不同現在職務教師所知覺的校長空間領導之差異情形

　　不同職務之國民中學教師知覺校長空間領導之差異性檢定，如表4-10。不同職務教師在國中校長空間領導各構面的F值，分別是「營造教育空間環境」為6.97，「融入課程教學」為6.48，「提升行政績效」為6.54，「厚植教育夥伴關係」為8.78，而「整體校長空間領導」為8.17，其中整體及四

個構面皆達顯著差異（$p<.001$），接續 Scheffé 事後比較，在「營造教育空間環境」構面，教師兼任主任分數顯著高於未兼行政工作之導師與專任教師，教師兼任組長分數顯著高於未兼行政工作之導師；在「融入課程教學」、「提升行政績效」兩個構面，教師兼任行政分數顯著高於未兼行政工作之導師；「厚植教育夥伴關係」構面，教師兼任主任與組長分數顯著高於未兼行政工作之導師與專任教師；在「整體校長空間領導」部分，則是教師兼任主任分數顯著高於未兼行政工作之導師與專任教師，教師兼任組長分數顯著高於未兼行政工作之導師。

就不同職務之教師知覺國中校長空間領導，誠如受訪者 D 也指出導師感受度較低：

擔任導師工作，顧班級及處理班上突發狀況就很忙碌，對學校的空間規劃就不會去瞭解或在意那麼多，大多都是被動接受。
D20221106：02

表 4-10 不同職務之國民中學教師知覺校長空間領導之變異數分析摘要

構面	職務	人數	平均數	標準差	變異數分析					Scheffé 事後比較
					SV	SS	DF	MS	F	
營造教育空間環境	(1)	153	4.11	.59	組間	9.24	3	3.08	6.97***	1>3,4
	(2)	300	4.01	.66	組內	460.85	1043	.44		2>3
	(3)	317	3.84	.68	總和	470.09	1046			
	(4)	277	3.90	.69						
	總和	1047	3.95	.67						

（續下頁）

| 構面 | 職務 | 人數 | 平均數 | 標準差 | 變異數分析 | | | | | Scheffé |
					SV	SS	DF	MS	F	事後比較
融入課程教學	(1)	153	3.96	.62	組間	9.13	3	3.04	6.48***	1,2>3
	(2)	300	3.96	.67	組內	489.61	1043	.47		
	(3)	317	3.75	.71	總和	498.74	1046			
	(4)	277	3.80	.70						
	總和	1047	3.85	.69						
提升行政績效	(1)	153	3.97	.64	組間	9.15	3	3.05	6.54***	1,2>3
	(2)	300	3.91	.67	組內	486.41	1043	.47		
	(3)	317	3.72	.68	總和	495.56	1046			
	(4)	277	3.79	.71						
	總和	1047	3.83	.69						
厚植教育夥伴關係	(1)	153	4.03	.70	組間	14.77	3	4.92	8.78***	1,2>3,4
	(2)	300	3.99	.70	組內	584.82	1043	.56		
	(3)	317	3.74	.77	總和	599.59	1046			
	(4)	277	3.80	.80						
	總和	1047	3.87	.76						
整體校長空間領導	(1)	153	4.02	.58	組間	10.04	3	3.35	8.17***	1>3,4
	(2)	300	3.97	.63	組內	427.10	1043	.41		2>3
	(3)	317	3.76	.66	總和	437.14	1046			
	(4)	277	3.83	.66						
	總和	1047	3.88	.65						

註：1.組別：(1)代表「教師兼主任」組；(2)代表「教師兼組長」組；

(3)代表「教師兼導師」組；(4)代表「專任教師」組。

2.***p＜.001

資料來源：本研究整理

（五）不同服務年資教師所知覺的校長空間領導之差異情形

　　不同服務年資國民中學教師知覺校長空間領導之變異數分析摘要，如表 4-11。

表 4-11 不同服務年資國民中學教師知覺校長空間領導之變異數分析

構面	服務年資	人數	平均數	標準差	變異數分析				
					SV	SS	DF	MS	F
營造教育空間環境	(1)	217	3.91	.70	組間	.89	2	.44	0.99
	(2)	494	3.93	.65	組內	469.20	1044	.45	
	(3)	336	3.99	.67	總和	470.09	1046		
	總和	1047	3.94	.67					
融入課程教學	(1)	217	3.86	.71	組間	.40	2	.20	0.41
	(2)	494	3.83	.67	組內	498.34	1044	.48	
	(3)	336	3.88	.71	總和	498.74	1046		
	總和	1047	3.85	.69					
提升行政績效	(1)	217	3.83	.74	組間	.47	2	.23	0.49
	(2)	494	3.81	.68	組內	495.09	1044	.47	
	(3)	336	3.86	.67	總和	495.56	1046		
	總和	1047	3.83	.69					

（續下頁）

構面	服務年資	人數	平均數	標準差	變異數分析				
					SV	SS	DF	MS	F
厚植教育夥伴關係	(1)	217	3.92	.77	組間	.63	2	.32	0.55
	(2)	494	3.86	.74	組內	598.96	1044	.57	
	(3)	336	3.85	.78	總和	599.59	1046		
	總和	1047	3.87	.76					
整體校長空間領導	(1)	217	3.88	.67	組間	.26	2	.13	0.31
	(2)	494	3.86	.63	組內	436.88	1044	.42	
	(3)	336	3.90	.65	總和	437.14	1046		
	總和	1047	3.87	.65					

註：組別：(1)代表「10 年(含)以下」組；(2)代表「11-20 年」組；

(3)代表「21 年(含)以上」組。

資料來源：本研究整理

不同服務年資教師在國中校長空間領導各構面的 F 值分別為「營造教育空間環境」為 0.99，「融入課程教學」為 0.41，「提升行政績效」為 0.49，「厚植教育夥伴關係」為 0.55，而「整體校長空間領導」為 0.31。「整體校長空間領導」與分構面均未達顯著差異水準，顯示不同服務年資的教師在知覺校長空間領導並無顯著差異。

二、不同學校背景變項教師所知覺的校長空間領導之差異情形

（一）不同學校區域教師所知覺的校長空間領導之差異情形

不同學校區域國民中學教師知覺校長空間領導之差異性檢定，如表 4-12。

表 4-12 不同學校區域之國民中學教師知覺校長空間領導之變異數分析摘要

構面	學校區域	人數	平均數	標準差	變異數分析					Scheffé 事後比較
					SV	SS	DF	MS	F	
營造教育空間環境	(1)	344	4.02	.64	組間	3.03	3	1.01	2.25	
	(2)	309	3.88	.74	組內	467.06	1043	.45		
	(3)	254	3.93	.62	總和	470.09	1046			
	(4)	140	3.94	.65						
	總和	1047	3.95	.67						
融入課程教學	(1)	344	3.95	.66	組間	6.59	3	2.20	4.65**	1>2,3
	(2)	309	3.79	.76	組內	492.15	1043	.47		
	(3)	254	3.77	.66	總和	498.74	1046			
	(4)	140	3.92	.62						
	總和	1047	3.85	.69						
提升行政績效	(1)	344	3.91	.68	組間	4.56	3	1.52	3.23	
	(2)	309	3.76	.74	組內	491.00	1043	.47		
	(3)	254	3.78	.63	總和	495.56	1046			
	(4)	140	3.88	.69						
	總和	1047	3.83	.69						
厚植教育夥伴關係	(1)	344	3.92	.74	組間	2.21	3	.74	1.29	
	(2)	309	3.83	.78	組內	597.38	1043	.57		
	(3)	254	3.89	.73	總和	599.59	1046			
	(4)	140	3.80	.80						
	總和	1047	3.87	.76						

（續下頁）

| 構面 | 學校區域 | 人數 | 平均數 | 標準差 | 變異數分析 | | | | | Scheffé |
					SV	SS	DF	MS	F	事後比較
整體校長空間領導	(1)	344	3.95	.62	組間	3.45	3	1.15	2.77*	1>2,3
	(2)	309	3.81	.70	組內	433.69	1043	.42		
	(3)	254	3.84	.60	總和	437.14	1046			
	(4)	140	3.89	.63						
	總和	1047	3.87	.65						

註：1.組別：(1)代表「北部（臺北市、新北市、基隆市、桃園市、新竹縣、新竹市）學校」；

(2)代表「中部（苗栗縣、臺中市、南投縣、彰化縣、雲林縣）學校」；

(3)代表「南部（嘉義縣、嘉義市、臺南市、高雄市、屏東縣）學校」；

(4)代表「東部（宜蘭縣、花蓮縣、臺東縣）學校」。

2.* $p < .05$, ** $p < .01$

資料來源：本研究整理

不同學校區域之國中教師在知覺校長空間領導之四構面的 F 值別是「營造教育空間環境」為 2.25，「融入課程教學」為 4.65，「提升行政績效」為 3.23，「厚植教育夥伴關係」為 1.29，而「整體校長空間領導」為 2.77。其中「營造教育空間環境」、「提升行政績效」及「厚植教育夥伴關係」等三構面均未達顯著差異水準；然而在「融入課程教學」和「整體校長空間領導」則達顯著差異水準($p < .05$)顯示出「北部」學校教師知覺高於「中部」

與「南部」學校教師。

（二）不同學校規模教師所知覺的校長空間領導之差異情形

　　不同學校規模國民中學教師知覺校長空間領導之差異性檢定，如表 4-13。不同學校規模之國中教師在國中校長空間領導四構面的 F 值別為「營造教育空間環境」為 1.26，「融入課程教學」為 2.46，「提升行政績效」為 2.25，「厚植教育夥伴關係」為 8.78，而「整體校長空間領導」為 3.30。其中在「整體校長空間領導」和「厚植教育夥伴關係」得分達顯著差異($p<.05$)，經 Scheffé事後比較顯示「12 班(含)以下」與「13-48 班」學校規模教師在「厚植教育夥伴關係」知覺高於「49 班(含)以上」學校規模的教師，而「13-48 班」學校規模教師在「整體校長空間領導」知覺高於「49 班(含)以上」學校規模的教師。

表 4-13　不同學校規模國民中學教師知覺校長空間領導之變異數分析摘要

構面	學校規模	人數	平均數	標準差	變異數分析					Scheffé 事後比較
					SV	SS	DF	MS	F	
營造教育空間環境	(1)	227	3.92	.70	組間	1.13	2	.56	1.26	
	(2)	593	3.98	.69	組內	468.96	1044	.45		
	(3)	227	3.90	.59	總和	470.09	1046			
	總和	1047	3.95	.67						
融入課程教學	(1)	227	3.83	.71	組間	2.34	2	1.17	2.46	
	(2)	593	3.89	.70	組內	496.40	1044	.47		
	(3)	227	3.78	.63	總和	498.74	1046			
	總和	1047	3.85	.69						

（續下頁）

構面	學校規模	人數	平均數	標準差	變異數分析					Scheffé 事後比較
					SV	SS	DF	MS	F	
提升行政績效	(1)	227	3.85	.71	組間	2.12	2	1.06	2.25	
	(2)	593	3.86	.68	組內	493.44	1044	.47		
	(3)	227	3.75	.67	總和	495.56	1046			
	總和	1047	3.83	.69						
厚植教育夥伴關係	(1)	227	3.88	.76	組間	9.92	2	4.96	8.78***	1,2>3
	(2)	593	3.93	.75	組內	589.67	1044	.56		
	(3)	227	3.69	.74	總和	599.59	1046			
	總和	1047	3.87	.76						
整體校長空間領導	(1)	227	3.87	.66	組間	2.75	2	1.38	3.30*	2>3
	(2)	593	3.91	.66	組內	434.39	1044	.42		
	(3)	227	3.78	.59	總和	437.14	1046			
	總和	1047	3.88	.65						

註：1.組別：(1)代表「12 班(含)以下」；(2)代表「13-48 班」；(3)代表「49 班(含)以上」。

2. *p<.05, ***p<.001

資料來源：本研究整理

（三）不同學校校齡教師所知覺的校長空間領導之差異情形

不同學校校齡國民中學教師知覺校長空間領導之差異性檢定，如表 4-14。不同學校校齡之國中教師在國中校長空間領導四構面的 F 值別為「營造教育空間環境」為 2.72，「融入課程教學」為 4.39，「提升行政績效」為 1.33，

「厚植教育夥伴關係」為 1.18，而「整體校長空間領導」為 2.67。其中，除「融入課程教學」達顯著差異水準($p<.01$)外，其餘均未達顯著差異水準。經 Scheffé 事後比較顯示，「11-30 年」學校的教師在「融入課程教學」知覺高於「31-50 年」和「51 年以上」學校校齡的教師。

表 4-14 不同學校校齡國民中學教師知覺校長空間領導之變異數分析摘要

構面	學校校齡	人數	平均數	標準差	變異數分析					Scheffé 事後比較
					SV	SS	DF	MS	F	
營造教育空間環境	(1)	9	3.80	.89	組間	3.65	3	1.22	2.72	
	(2)	197	4.07	.61	組內	466.44	1043	.45		
	(3)	246	3.92	.65	總和	470.09	1046			
	(4)	595	3.92	.69						
	總和	1047	3.95	.67						
融入課程教學	(1)	9	3.72	1.01	組間	6.22	3	2.07	4.39**	2>3,4
	(2)	197	4.01	.64	組內	492.52	1043	.47		
	(3)	246	3.82	.67	總和	498.74	1046			
	(4)	595	3.82	.70						
	總和	1047	3.85	.69						
提升行政績效	(1)	9	3.67	1.07	組間	1.88	3	.63	1.33	
	(2)	197	3.91	.68	組內	493.68	1043	.47		
	(3)	246	3.82	.63	總和	495.56	1046			
	(4)	595	3.81	.71						
	總和	1047	3.83	.69						

（續下頁）

構面	學校校齡	人數	平均數	標準差	變異數分析					Scheffé 事後比較
					SV	SS	DF	MS	F	
厚植教育夥伴關係	(1)	9	3.58	1.11	組間	2.02	3	.67	1.18	
	(2)	197	3.94	.72	組內	597.57	1043	.57		
	(3)	246	3.86	.75	總和	599.59	1046			
	(4)	595	3.85	.76						
	總和	1047	3.87	.76						
整體校長空間領導	(1)	9	3.70	1.0	組間	3.33	3	1.11	2.67	
	(2)	197	3.99	.62	組內	433.81	1043	.42		
	(3)	246	3.85	.61	總和	437.14	1046			
	(4)	595	3.85	.66						
	總和	1047	3.87	.65						

註：1.組別：(1)代表「10年(含)以下」；(2)代表「11-30年」；

(3)代表「31-50年」；(4)代表「51年以上」。

2.**$p<.01$

資料來源：本研究整理

（四）不同校長在校服務年資教師所知覺的校長空間領導之差異情形

不同校長在該校服務年資於校長空間領導之差異性檢定，如表4-15。

表 4-15 不同校長在該校服務年資於校長空間領導之變異數分析摘要

| 構面 | 校長在該校服務年資 | 人數 | 平均數 | 標準差 | 變異數分析 | | | | | Scheffé 事後比較 |
					SV	SS	DF	MS	F	
營造教育空間環境	(1)	137	3.89	.67	組間	4.52	2	2.26	5.06**	2>3
	(2)	507	4.01	.64	組內	465.57	1044	.45		
	(3)	403	3.88	.69	總和	470.09	1046			
	總和	1047	3.95	.67						
融入課程教學	(1)	137	3.88	.66	組間	4.67	2	2.33	4.93**	2>3
	(2)	507	3.91	.67	組內	494.07	1044	.47		
	(3)	403	3.77	.71	總和	498.74	1046			
	總和	1047	3.85	.69						
提升行政績效	(1)	137	3.84	.64	組間	4.49	2	2.24	4.77**	2>3
	(2)	507	3.89	.67	組內	491.08	1044	.47		
	(3)	403	3.75	.71	總和	495.56	1046			
	總和	1047	3.83	.69						
厚植教育夥伴關係	(1)	137	3.96	.69	組間	6.32	2	3.16	5.56**	1,2>3
	(2)	507	3.92	.74	組內	593.27	1044	.57		
	(3)	403	3.77	.79	總和	599.59	1046			
	總和	1047	3.87	.76						

（續下頁）

構面	校長在該校服務年資	人數	平均數	標準差	變異數分析					Scheffé 事後比較
					SV	SS	DF	MS	F	
整體校長空間領導	(1)	137	3.89	.61	組間	4.50	2	2.25	5.44**	2>3
	(2)	507	3.94	.63	組內	432.64	1044	.41		
	(3)	403	3.79	.67	總和	437.14	1046			
	總和	1047	3.87	.65						

註：1.組別：(1)代表「1年(含)以下」；(2)代表「2-4年」；

　　　(3)代表「5年(含)以上年」。

　　2. **$p<.01$

資料來源：本研究整理

　　　不同校長在該校服務年資之國中教師在國中校長空間領導各構面的 F 值，分別是「營造教育空間環境」為 5.06，「融入課程教學」為 4.93，「提升行政績效」為 4.77，「厚植教育夥伴關係」為 5.56，而「整體校長空間領導」為 5.44。其中整體及四個構面皆達顯著差異（$p<.01$），接續 Scheffé 事後比較，在「整體校長空間領導」和四個分構面，校長在該校服務年資「2-4年」得分顯著高於校長在該校服務年資「5年(含)以上年」；在「厚植教育夥伴關係」構面，校長在該校服務年資「1年(含)以下」與服務年資「2-4年」學校教師得分顯著高於校長在該校服務年資「5年(含)以上年」者。

　　　就國中校長在該校服務年資「2-4年」在「整體校長空間領導」和分構面得分顯著較高，誠如受訪者 C 也指出如下列所述：

今年是校長任職本校第 4 年，校園閒置空間幾乎都已經規劃成相

關的專科教室，設備也非常充裕，提供學生多元學習。C20221105：01

三、綜合討論

　　不同背景變項的國中教師在校長空間領導整體及各構面的知覺差異情形，整理如表 4-16。由表 4-16 可知，國中教師對校長空間領導的知覺程度會因「性別」、「年齡」、「現在職務」、「學校區域」、「學校規模」、「學校校齡」、「校長在校服務年資」而有顯著差異，但不因「最高學歷」、「服務年資」而有所不同，茲綜合討論如下：

表 4-16 不同背景變項之國民中學教師知覺校長空間領導之差異結果摘要

變項\構面	性別	年齡	最高學歷	現在職務	服務年資	學校區域	學校規模	學校校齡	校長在該校服務年資
營造教育空間環境	男>女	4>2	n.s	1>3,4 2>3	n.s	n.s	n.s	n.s	2>3
融入課程教學	男>女	n.s	n.s	1,2>3	n.s	1>2,3	n.s	2>3,4	2>3
提升行政績效	男>女	1>2	n.s	1,2>3	n.s	n.s	n.s	n.s	2>3
厚植教育夥伴關係	男>女	n.s	n.s	1,2>3,4	n.s	n.s	1,2>3	n.s	1,2>3
整體校長空間領導	男>女	1>2	n.s	1>3,4 2>3	n.s	1>2,3	2>3	n.s	2>3

註：

1. 年齡：(1)「21-30 歲」組；(2)「31-40 歲」組；(3)「41-50 歲」組；
　　　　(4)「51 歲以上」組。

2. 最高學歷：(1)「師範大學或教育大學」組；(2)「一般大學」組；
　　　　　　(3)「碩士(含)以上（含 40 學分班）」組。

3. 現在職務：(1)「教師兼主任」組；(2)「教師兼組長」組；
　　　　　　(3)「教師兼導師」組；(4)「專任教師」組。

4. 服務年資：(1)「10 年(含)以下」組；(2)「11-20 年」組；
　　　　　　(3)「21 年(含)以上」組。

5. 學校區域：(1)「北部（臺北市、新北市、基隆市、桃園市、新竹縣、新竹市）
　　　　　　　學校」；
　　　　　　(2)「中部（苗栗縣、臺中市、南投縣、彰化縣、雲林縣）學校」；
　　　　　　(3)「南部（嘉義縣、嘉義市、臺南市、高雄市、屏東縣）」學校；
　　　　　　(4)「東部（宜蘭縣、花蓮縣、臺東縣）學校」。

6. 學校規模：(1)「12 班(含)以下」；(2)「13-48 班」；(3)「49 班(含)以上」。

7. 學校校齡：(1)「10 年(含)以下」；(2)「11-30 年」；(3)「31-50 年」；(4)「51
　　　　　　年以上」。

8. 校長在該校服務年資：(1)「1 年(含)以下」；(2)「2-4 年」；
　　　　　　　　　　　(3)「5 年(含)以上」。

資料來源：本研究整理

（一）不同性別教師對校長空間領導之知覺程度有顯著差異

　　本研究結果顯示，男性教師對整體校長空間領導的知覺程度顯著高於女性，在校長空間領導各構面上，男性教師也在所有構面（營造教育空間環境、融入課程教學、提升行政績效、厚植教育夥伴關係）的知覺程度均

顯著高於女性教師。此結果與莊明達（2012）、馮佳怡（2020）、黃庭鈺（2020）以及鐘巧如（2016）等等研究結果相同。男性教師在整體校長空間領導及各分構面的平均數皆顯著高於女性教師，顯示男性教師較認同校長的空間領導作為。推究其原因，可能是男性教師較有意願擔任行政職，透過各式行政會議瞭解校長的校園空間規劃理念與作為，進而對校長的空間領導有較明確的感受與認同。

（二）不同年齡教師對校長空間領導之知覺程度有顯著差異

　　本研究結果顯示，不同年齡教師對校長空間領導之知覺程度在「整體校長空間領導」以及「營造教育空間環境」、「提升行政績效」兩個分構面達顯著差異，研究結果與黃國庭（2014）和鐘巧如（2016）相似。

　　本研究發現年齡「21-30 歲」組的教師較「31-40 歲」的教師在「提升行政績效」和「整體校長空間領導」有較高知覺，推測其原因，可能是「21-30 歲」年齡教師初入學校多兼任行政職或擔任領域召集人，參與學校校園規劃小組、領域會議、課程發展委員會等會議，對校長整體空間領導的理念與推動措施，以及提升學校行政績效的作為較為瞭解，相對知覺程度也較高。另外，年齡「51 歲以上」的教師在「營造教育空間環境」也較「31-40 歲」的教師高知覺，推測其原因，可能是年齡相對較長的教師歷經學校校園空間環境規劃、發展與變遷，對於校長在營造教育空間環境構面的知覺感受程度相對較高。

（三）不同最高學歷教師對校長空間領導之知覺程度無顯著差異

　　本研究結果顯示，不同最高學歷教師對校長空間領導之知覺程度在「整體校長空間領導」與分構面均未達顯著差異水準，顯示不同最高學歷的教師在知覺校長空間領導並無顯著差異。研究結果與李怡樺（2018）、湯志民等人（2013）以及鐘巧如（2016）等人研究發現結果相似。

（四）不同現在職務教師對校長空間領導之知覺程度有顯著差異

本研究結果顯示，不同現在職務教師對校長空間領導之知覺程度在「整體校長空間領導」以及四個分構面均達顯著差異，研究結果和莊明達（2012）、湯志民等人（2013）、馮佳怡（2020）、黃庭鈺（2020）、黃國庭（2014）以及鐘巧如（2016）等人的研究結果不同職務教師對校長空間領導知覺有顯著差異性，大多呈現兼職行政教師高於科任教師相似。

本研究發現在「整體校長空間領導」與「營造教育空間環境」構面，主任知覺顯著高於導師與專任教師，組長知覺顯著高於導師；在「融入課程教學」、「提升行政績效」兩個構面，兼職行政的主任與組長知覺顯著高於導師；而在「厚植教育夥伴關係」構面，兼任行政的主任與組長知覺顯著高於未兼行政工作之導師與專任教師。探究其原因，可能是兼行政職的教師是學校空間規劃與設備添購的規劃者和執行者，較常與校長溝通協調計畫之擬定和檢討執行之情形，對於校長空間領導的理念，以及其為學校爭取資源、做社區與學校溝通橋樑等作為，有更深切的瞭解與體會，自然對於校長空間領導成效的知覺高於未兼行政職的教師。

另外，本研究發現導師在「整體校長空間領導」與各分構面知覺程度較低，推究其原因，可能是導師大多專注於班級經營和處理班上突發狀況，對學校的空間規劃不會太在意，而很多導師大多一直長期擔任導師，未曾兼任過行政職務，對空間規劃改善與設備添置不知經費來源以及如何爭取，對於校長空間領導的敏銳度與感受度相對於兼職行政者較低。

（五）不同服務年資教師對校長空間領導之知覺程度無顯著差異

本研究結果顯示，不同服務年資教師對校長空間領導之知覺程度在「整體校長空間領導」與分構面均未達顯著差異水準，顯示不同服務年資的教師在知覺校長空間領導並無顯著差異。研究結果與馮佳怡（2020）和黃庭

鈺（2020）研究發現結果相同。

（六）不同學校區域教師對校長空間領導之知覺程度有顯著差異

　　本研究結果顯示，不同學校區域教師對校長空間領導之知覺程度在「整體校長空間領導」和「融入課程教學」構面有顯著差異，與黃庭鈺（2020）、黃國庭（2014）研究結果不盡相同，黃國庭（2014）研究顯示鄉鎮地區學校教師在「形塑空間願景」與「建構教育空間」層面知覺較都市地區教師佳，黃庭鈺（2020）發現「中區」教師對於校長空間領導的知覺程度普遍高於其他地區。而本研究結果顯示，「北部」學校教師知覺高於「中部」與「南部」學校教師，推測其原因，可能是北部地區有關校長空間領導的議題研究探討較多，相關研討會交流也較多，使得北部地區教師在校長空間領導的知覺較為敏銳。

（七）不同學校規模教師對校長空間領導之知覺程度有顯著差異

　　本研究結果顯示，不同學校規模教師對校長空間領導之知覺程度在「整體校長空間領導」和「厚植教育夥伴關係」構面有顯著差異，研究結果與馮佳怡（2020）、黃國庭（2014）研究發現結果相似。

　　本研究發現顯示在「整體校長空間領導」，「13-48 班」學校規模教師知覺顯著高於「49 班(含)以上」學校規模的教師，推究其原因，可能中型學校校長在實施空間領導時，在空間領導理念的推動、意見的溝通與整合、學校資源的分配等相較於大型學校容易，讓中型學校教師在知覺校長空間領導成效顯著高於大型學校；而在「厚植教育夥伴關係」構面部分，則是「12 班(含)以下」與「13-48 班」學校規模教師知覺顯著高於「49 班(含)以上」學校規模的教師，推究其原因，可能是中、小型學校無論在與社區互動、引進社區文化，以及師生共同參與校園規劃等，其推動相較於大型規

模學校時間更加彈性與快速，是以，中、小型學校教師在知覺校長空間領導「厚植教育夥伴關係」層面的成效顯著高於大型學校教師。

（八）不同學校校齡教師對校長空間領導之知覺程度有部分顯著差異

本研究結果顯示，不同學校校齡教師對校長空間領導之知覺程度只有在「融入課程教學」達顯著差異水準，在「整體校長空間領導」以及其他分構面則無顯著差異。研究結果與馮佳怡（2020）、黃國庭（2014）、鄭文淵（2014）以及鐘巧如（2016）等人的研究發現不同學校校齡的教師對於校長空間領導的知覺有差異相似，但結果不盡相同。

本研究發現顯示「11-30 年」學校的教師在「融入課程教學」知覺高於「31-50 年」和「51 年以上」學校校齡的教師。推測其原因，可能是 11-30 年校齡的學校校舍尚算新穎，還不到要校舍耐震補強的校齡，校長能運用既有的空間加以活化，規劃設置如學習角、分組討論區、班群分享空間等學習的環境，針對教師多元教學或特色課程需求，再規劃出多樣的教學空間，是以，11-30 年學校教師在「融入課程教學」構面的知覺，相較於 31 年以上校齡校舍較老舊的學校教師感受程度較高。

（九）不同校長在校服務年資教師對校長空間領導之知覺程度有顯著差異

本研究結果顯示，不同校長在校服務年資教師對校長空間領導之知覺程度在「整體校長空間領導」以及四個分構面均達顯著差異。

本研究發現在校長在該校服務年資「2-4 年」在「整體校長空間領導」和四個分構面得分均高於校長在該校服務年資「5 年(含)以上年」，探究其原因，可能是校長在校服務進入第 2 年已較瞭解學校歷史背景、資源所在，以及學校校園規劃與設備待改善之處，開始逐步擘劃學校校園建設與爭取資源改善，所以教師較能感受校長空間領導之作為，而到服務年資「5 年(含)以上年」，校長想要規劃改善的空間大都已完成，連任後較著重組織文

化、制度的改革與建樹，故教師對校長在空間領導感受較不深刻。

除此，在「厚植教育夥伴關係」構面，校長在該校服務年資「1 年(含)以下」與服務年資「2-4 年」學校教師得分顯著高於校長在該校服務年資「5 年(含)以上年」者，推究其原因，可能是校長剛到學校 1 年會積極徵詢校內教師對教學之需求、學校設備有需改善或添購之處，教師在「厚植教育夥伴關係」共同參與的部分感受較深，而服務 2-4 年的校長，會花較多時間在拓展與經營社區公共關係，以爭取更多社會資源建設學校，是以，教師在「厚植教育夥伴關係」構面的感受相較於校長連任服務年資「5 年(含)以上年」學校的教師知覺程度較高。

貳、教師幸福感之差異分析

本研究以受試者在「教師幸福感量表」中的得分為依據，分別進行 t 考驗或單因子變異數分析，以瞭解其差異情形。統計結果分項說明如下：

一、不同個人背景變項教師所知覺的教師幸福感之差異情形

（一）不同性別教師所知覺的教師幸福感之差異情形

不同性別之國民中學教師知覺國中教師幸福感之 t 檢定摘要，如表 4-17。

表 4-17 不同性別之國民中學教師知覺國中教師幸福感之 t 檢定摘要

構面	性別	人數	平均數	標準差	t 值
生活滿意	男	352	4.12	.64	2.89**
	女	695	4.00	.62	

（續下頁）

構面	性別	人數	平均數	標準差	t 值
身心健康	男	352	4.10	.60	1.73
	女	695	4.03	.59	
工作成就	男	352	4.00	.63	2.04*
	女	695	3.92	.59	
正向情緒	男	352	3.98	.65	1.95
	女	695	3.89	.65	
整體教師幸福感	男	352	4.04	.56	2.50*
	女	695	3.95	.55	

註：1. N=1047

2.* $p < .05$, **$p < .01$

資料來源：本研究整理

　　不同性別國中教師在知覺教師幸福感之四構面的 t 值分別為「生活滿意」為 2.89，「身心健康」為 1.73，「工作成就」為 2.04，「正向情緒」為 1.95，「整體教師幸福感」為 2.50，其中「整體教師幸福感」及其中的「生活滿意」和「工作成就」分構面達顯著差異水準（$p < .05$），且男性教師在「整體教師幸福感」及此兩分構面平均數皆高於女性教師，可顯示男性教師在知覺「整體教師幸福感」及此兩分構面高於女性教師。

（二）不同年齡教師所知覺的教師幸福感之差異情形

　　不同年齡之國民中學教師知覺教師幸福感之差異性檢定，如表 4-18。

表 4-18 不同年齡之國民中學教師知覺教師幸福感之變異數分析摘要

構面	不同年齡	人數	平均數	標準差	變異數分析					Scheffé 事後比較
					SV	SS	DF	MS	F	
生活滿意	(1)	84	4.15	.70	組間	6.87	3	2.29	5.74***	1,3,4>2
	(2)	256	3.91	.67	組內	416.04	1043	.40		
	(3)	539	4.06	.60	總和	422.91	1046			
	(4)	168	4.12	.63						
	總和	1047	4.04	.64						
身心健康	(1)	84	4.15	.62	組間	5.77	3	1.92	5.58***	1,4>2
	(2)	256	3.94	.60	組內	359.82	1043	.34		
	(3)	539	4.06	.58	總和	365.59	1046			
	(4)	168	4.15	.57						
	總和	1047	4.05	.59						
工作成就	(1)	84	3.99	.63	組間	3.09	3	1.03	2.81	
	(2)	256	3.87	.62	組內	382.41	1043	.37		
	(3)	539	3.94	.59	總和	385.50	1046			
	(4)	168	4.04	.60						
	總和	1047	3.94	.61						
正向情緒	(1)	84	3.98	.70	組間	3.16	3	1.05	2.49	
	(2)	256	3.83	.69	組內	441.82	1043	.42		
	(3)	539	3.94	.62	總和	444.98	1046			
	(4)	168	3.96	.64						
	總和	1047	3.92	.65						

（續下頁）

構面	不同年齡	人數	平均數	標準差	變異數分析					Scheffé 事後比較
					SV	SS	DF	MS	F	
整體教師幸福感	(1)	84	4.06	.57	組間	4.23	3	1.41	4.66**	4>2
	(2)	256	3.88	.58	組內	315.50	1043	.30		
	(3)	539	3.99	.54	總和	319.73	1046			
	(4)	168	4.06	.54						
	總和	1047	3.98	.55						

註：1.組別：(1)代表「21-30 歲」組；(2)代表「31-40 歲」組；

(3)代表「41-50 歲」組；(4)代表「51 歲以上」組。

2.** $p < .01$,*** $p < .001$

資料來源：本研究整理

不同年齡教師在教師幸福感各構面的 F 值分別為「生活滿意」為 5.74，「身心健康」為 5.58，「工作成就」為 2.81，「正向情緒」為 2.49，「整體教師幸福感」為 4.66。其中「工作成就」和「正向情緒」兩構面未達顯著差異，而「整體教師幸福感」以及「生活滿意」、「身心健康」兩個分構面則達顯著差異（$p < .01$），經 Scheffé 事後檢定比較結果得知，發現在「生活滿意」方面，「21-30 歲」、「41-50 歲」、「51 歲以上」的教師均比「31-40 歲」的教師知覺高；在「身心健康」方面，「21-30 歲」、「51 歲以上」的教師比「31-40 歲」的教師知覺高；而在「整體教師幸福感」方面，則是「51 歲以上」的教師均比「31-40 歲」的教師知覺高。

就「31-40 歲」年齡教師知覺生活滿意度顯著低於其他各年齡層的教師，誠如受訪者 A 也指出如下列敘述：

因為兼職行政工作，難免會因行政的工作繁雜，生活滿意度受到影響，像在裝冷氣過程中，當時假日都要督工，孩子還小難免生活部分會受到影響。A20221029：01

（三）不同最高學歷教師所知覺的教師幸福感之差異情形

不同最高學歷之國民中學教師知覺教師幸福感之差異性檢定，如表 4-19。不同最高學歷教師在教師幸福感各構面的 F 值分別為「生活滿意」為 .99，「身心健康」為 .11，「工作成就」為 1.55，「正向情緒」為 .45，「整體教師幸福感」為 .81。「整體教師幸福感」與各分構面均未達顯著差異水準，顯示不同最高學歷的教師在知覺教師幸福感並無顯著差異。

表 4-19 不同最高學歷之國民中學教師知覺教師幸福感之變異數分析摘要

構面	最高學歷	人數	平均數	標準差	變異數分析				
					SV	SS	DF	MS	F
生活滿意	(1)	175	4.02	.62	組間	.80	2	.40	0.99
	(2)	174	3.99	.72	組內	422.11	1044	.40	
	(3)	698	4.06	.62	總和	422.91	1046		
	總和	1047	4.04	.63					
身心健康	(1)	175	4.03	.53	組間	.07	2	.04	0.11
	(2)	174	4.05	.66	組內	365.52	1044	.35	
	(3)	698	4.06	.59	總和	365.59	1046		
	總和	1047	4.05	.59					

（續下頁）

構面	最高學歷	人數	平均數	標準差	變異數分析				
					SV	SS	DF	MS	F
工作成就	(1)	175	3.88	.62	組間	1.14	2	.57	1.55
	(2)	174	3.91	.63	組內	384.36	1044	.37	
	(3)	698	3.97	.60	總和	385.50	1046		
	總和	1047	3.94	.61					
正向情緒	(1)	175	3.91	.65	組間	.39	2	.19	0.45
	(2)	174	3.88	.68	組內	444.59	1044	.43	
	(3)	698	3.93	.64	總和	444.98	1046		
	總和	1047	3.92	.65					
整體教師幸福感	(1)	175	3.96	.54	組間	.50	2	.25	0.81
	(2)	174	3.94	.60	組內	319.24	1044	.31	
	(3)	698	4.00	.54	總和	319.73	1046		
	總和	1047	3.98	.55					

註：組別：(1)代表「師範大學或教育大學」組；(2)代表「一般大學」組；
　　　(3)代表「碩士(含)以上（含 40 學分班）」組。

資料來源：本研究整理

（四）不同現在職務教師所知覺的教師幸福感之差異情形

　　不同職務之國民中學教師知覺教師幸福感之差異性檢定，如表 4-20。
不同職務教師在教師幸福感各構面的 F 值分別為「生活滿意」為 1.79，「身
心健康」為 .88，「工作成就」為 1.92，「正向情緒」為 1.31，「整體教師幸
福感」為 1.59。「整體教師幸福感」與各分構面均未達顯著差異水準，顯示

不同職務的教師在知覺教師幸福感並無顯著差異。

表 4-20 不同職務國民中學教師知覺教師幸福感之變異數分析摘要

構面	職務	人數	平均數	標準差	變異數分析				
					SV	SS	DF	MS	F
生活滿意	(1)	153	4.08	.61	組間	2.16	3	.72	1.79
	(2)	300	4.04	.61	組內	420.74	1043	.40	
	(3)	317	3.97	.66	總和	422.91	1046		
	(4)	277	4.08	.65					
	總和	1047	4.04	.63					
身心健康	(1)	153	4.12	.61	組間	.93	3	.31	0.88
	(2)	300	4.05	.58	組內	364.66	1043	.35	
	(3)	317	4.02	.58	總和	365.59	1046		
	(4)	277	4.05	.60					
	總和	1047	4.05	.59					
工作成就	(1)	153	4.05	.62	組間	2.12	3	.71	1.92
	(2)	300	3.93	.60	組內	383.38	1043	.37	
	(3)	317	3.92	.58	總和	385.50	1046		
	(4)	277	3.92	.63					
	總和	1047	3.94	.61					

（續下頁）

構面	職務	人數	平均數	標準差	變異數分析				
					SV	SS	DF	MS	F
正向情緒	(1)	153	4.00	.62	組間	1.68	3	.56	1.31
	(2)	300	3.93	.65	組內	443.30	1043	.42	
	(3)	317	3.87	.66	總和	444.98	1046		
	(4)	277	3.92	.67					
	總和	1047	3.92	.65					
整體教師幸福感	(1)	153	4.05	.55	組間	1.45	3	.48	1.59
	(2)	300	3.98	.54	組內	318.28	1043	.30	
	(3)	317	3.93	.55	總和	319.73	1046		
	(4)	277	3.99	.56					
	總和	1047	3.98	.55					

註：組別：(1)代表「教師兼主任」組；(2)代表「教師兼組長」組；

（3)代表「教師兼導師」組；(4)代表「專任教師」組。

資料來源：本研究整理

（五）不同服務年資教師所知覺的教師幸福感之差異情形

　　不同服務年資之國民中學教師知覺教師幸福感之差異性檢定，如表4-
21。不同服務年資之國中教師在知覺教師幸福感之四構面的F值分別為「生
活滿意」為 1.65，「身心健康」為 2.20，「工作成就」為 1.20，「正向情緒」
為 .21，而「整體教師幸福感」為 1.31，如表 4-21，整體及四構面均未達
顯著差異水準，表示教師對於「整體教師幸福感」及各構面的知覺並未因
不同服務年資有所不同。

表 4-21 不同服務年資之國民中學教師知覺教師幸福感之變異數分析檢定

構面	服務年資	人數	平均數	標準差	變異數分析				
					SV	SS	DF	MS	F
生活滿意	(1)	217	4.03	.67	組間	1.33	2	.67	1.65
	(2)	494	4.0	.64	組內	421.57	1044	.40	
	(3)	336	4.09	.60	總和	422.91	1046		
	總和	1047	4.04	.63					
身心健康	(1)	217	4.05	.63	組間	1.54	2	.77	2.20
	(2)	494	4.02	.57	組內	364.05	1044	.35	
	(3)	336	4.10	.59	總和	365.59	1046		
	總和	1047	4.05	.59					
工作成就	(1)	217	3.93	.65	組間	.88	2	.44	1.20
	(2)	494	3.92	.60	組內	384.62	1044	.37	
	(3)	336	3.98	.59	總和	385.50	1046		
	總和	1047	3.94	.61					
正向情緒	(1)	217	3.91	.68	組間	.18	2	.09	0.21
	(2)	494	3.91	.66	組內	444.80	1044	.43	
	(3)	336	3.94	.62	總和	444.98	1046		
	總和	1047	3.92	.65					

（續下頁）

構面	服務年資	人數	平均數	標準差	變異數分析				
					SV	SS	DF	MS	F
整體教師幸福感	(1)	217	3.97	.58	組間	.80	2	.40	1.31
	(2)	494	3.96	.55	組內	318.93	1044	.30	
	(3)	336	4.02	.53	總和	319.73	1046		
	總和	1047	3.98	.55					

註：組別：(1)代表「10 年(含)以下」組；(2)代表「11-20 年」組；

(3)代表「21 年(含)以上」組。

資料來源：本研究整理

二、不同學校背景變項教師所知覺的教師幸福感之差異情形

（一）不同學校區域教師所知覺的教師幸福感之差異情形

　　不同學校區域國民中學教師知覺教師幸福感之差異性檢定，如表 4-22。不同學校區域之國中教師在知覺教師幸福感之四構面的 F 值分別為「生活滿意」為 4.60，「身心健康」為 5.51，「工作成就」為 4.58，「正向情緒」為 5.49，而「整體教師幸福感」為 6.19。如表 4-22 所示，整體與四構面均達顯著差異水準（$p < .01$），其中在「生活滿意」、「正向情緒」以及「整體教師幸福感」，「北部」和「東部」學校教師幸福感知覺均高於「中部」教師；「北部」學校教師在「身心健康」與「工作成就」高於「中部」學校教師，在「身心健康」方面亦高於「南部」學校教師。

表 4-22 不同學校區域之國民中學教師知覺教師幸福感之變異數分析摘要

| 構面 | 學校區域 | 人數 | 平均數 | 標準差 | 變異數分析 | | | | | Scheffé |
					SV	SS	DF	MS	F	事後比較
生活滿意	(1)	344	4.10	.60	組間	5.52	3	1.84	4.60**	1,4>2
	(2)	309	3.95	.68	組內	417.38	1043	.40		
	(3)	254	4.01	.63	總和	422.91	1046			
	(4)	140	4.14	.62						
	總和	1047	4.04	.63						
身心健康	(1)	344	4.14	.53	組間	5.71	3	1.90	5.51**	1>2,3
	(2)	309	3.98	.61	組內	359.88	1043	.34		
	(3)	254	3.98	.62	總和	365.59	1046			
	(4)	140	4.12	.61						
	總和	1047	4.05	.59						
工作成就	(1)	344	4.02	.57	組間	5.01	3	1.67	4.58**	1>2
	(2)	309	3.87	.60	組內	380.49	1043	.36		
	(3)	254	3.89	.62	總和	385.50	1046			
	(4)	140	4.00	.66						
	總和	1047	3.94	.61						

（續下頁）

構面	學校區域	人數	平均數	標準差	變異數分析					Scheffé 事後比較
					SV	SS	DF	MS	F	
正向情緒	(1)	344	3.99	.61	組間	6.92	3	2.31	5.49**	1,4>2
	(2)	309	3.83	.66	組內	438.05	1043	.42		
	(3)	254	3.87	.67	總和	444.98	1046			
	(4)	140	4.05	.68						
	總和	1047	3.921	.65						
整體教師幸福感	(1)	344	4.05	.51	組間	5.59	3	1.86	6.19***	1,4>2
	(2)	309	3.90	.57	組內	314.14	1043	.30		
	(3)	254	3.93	.56	總和	319.73	1046			
	(4)	140	4.07	.57						
	總和	1047	3.98	.55						

註：1.組別：(1)代表「北部（臺北市、新北市、基隆市、桃園市、新竹縣、新竹市）學校」；

　　　(2)代表「中部（苗栗縣、臺中市、南投縣、彰化縣、雲林縣）學校」；

　　　(3)代表「南部（嘉義縣、嘉義市、臺南市、高雄市、屏東縣）」學校；

　　　(4)代表「東部（宜蘭縣、花蓮縣、臺東縣）學校」。

　2.** $p<.01$, *** $p<.001$

資料來源：本研究整理

（二）不同學校規模教師所知覺的教師幸福感之差異情形

　　不同學校規模國民中學教師知覺教師幸福感之差異性檢定，如表4-23。

表 4-23 不同學校規模國民中學教師知覺教師幸福感之變異數分析摘要

構面	學校規模	人數	平均數	標準差	變異數分析					Scheffé 事後比較
					SV	SS	DF	MS	F	
生活滿意	(1)	227	3.91	.72	組間	5.00	2	2.50	6.24**	2>1
	(2)	593	4.09	.61	組內	417.90	1044	.40		
	(3)	227	4.03	.60	總和	422.91	1046			
	總和	1047	4.04	.63						
身心健康	(1)	227	3.92	.64	組間	6.34	2	3.17	9.22***	2>1
	(2)	593	4.11	.58	組內	359.25	1044	.34		
	(3)	227	4.02	.54	總和	365.59	1046			
	總和	1047	4.05	.59						
工作成就	(1)	227	3.79	.65	組間	8.78	2	4.39	12.17***	2>1
	(2)	593	4.01	.59	組內	376.72	1044	.36		
	(3)	227	3.91	.57	總和	385.50	1046			
	總和	1047	3.94	.61						
正向情緒	(1)	227	3.78	.69	組間	7.05	2	3.52	8.40***	2>1
	(2)	593	3.98	.63	組內	437.93	1044	.42		
	(3)	227	3.90	.64	總和	444.98	1046			
	總和	1047	3.92	.65						

構面	學校規模	人數	平均數	標準差	變異數分析					Scheffé 事後比較
					SV	SS	DF	MS	F	
整體教師幸福感	(1)	227	3.84	.60	組間	6.75	2	3.37	11.25***	2>1
	(2)	593	4.04	.54	組內	312.99	1044	.30		
	(3)	227	3.96	.51	總和	319.73	1046			
	總和	1047	3.98	.55						

註：1.組別：(1)代表「12 班(含)以下」；(2)代表「13-48 班」；

（3)代表「49 班(含)以上」。

2. **$p<.01$, ***$p<.001$

資料來源：本研究整理

　　不同學校規模之國民中學教師在教師幸福感各構面的 F 值分別「生活滿意」為 6.24，「身心健康」為 9.22，「工作成就」為 12.17，「正向情緒」為 8.40，而「整體教師幸福感」為 11.25。如表 4-23 所示，整體與四構面均達顯著差異水準（$p<.01$），經 Scheffé 事後比較，顯示「13-48 班」學校規模教師「整體教師幸福感」和各構面知覺均高於「12 班(含)以下」學校規模的教師，也就是 13-48 班中型學校，在知覺教師幸福感整體顯著高於小型學校，同時在生活滿意、身心健康、工作成就及正向情緒等分構面的顯著情形也是如此。

　　就「12 班(含)以下」學校規模的教師在知覺教師幸福感整體顯著較低，誠如受訪者 G 也指出如下列所述：

　　　　小校人力不充足，要做的事還蠻雜的，我覺得能把目前手上的事做完就不錯。G20221114：02

（三）不同學校校齡教師所知覺的教師幸福感之差異情形

不同學校校齡國民中學教師知覺教師幸福感之差異性檢定，如表 4-24。不同學校校齡之國民中學教師在教師幸福感各構面的 F 值分別「生活滿意」為 3.31，「身心健康」為 1.77，「工作成就」為 0.18，「正向情緒」為 0.49，而「整體教師幸福感」為 1.27。如表 4-24 所示，除「生活滿意」達顯著差異水準($p<.05$)外，其餘均未達顯著差異水準。經 Scheffé 事後比較顯示，「11-30 年」學校校齡的教師在「生活滿意」知覺高於「51 年以上」學校校齡的教師。

表 4-24 不同學校校齡國民中學教師知覺教師幸福感之變異數分析摘要

構面	學校校齡	人數	平均數	標準差	變異數分析					Scheffé 事後比較
					SV	SS	DF	MS	F	
生活滿意	(1)	9	4.11	.62	組間	3.99	3	1.33	3.31*	2>4
	(2)	197	4.16	.57	組內	418.92	1043	.40		
	(3)	246	4.04	.63	總和	422.91	1046			
	(4)	595	3.40	.65						
	總和	1047	4.04	.63						
身心健康	(1)	9	4.30	.61	組間	1.85	3	.62	1.77	
	(2)	197	4.12	.54	組內	363.73	1043	.35		
	(3)	246	4.03	.56	總和	365.59	1046			
	(4)	595	4.03	.62						
	總和	1047	4.05	.59						

（續下頁）

構面	學校校齡	人數	平均數	標準差	變異數分析					Scheffé事後比較
					SV	SS	DF	MS	F	
工作成就	(1)	9	4.00	.75	組間	.20	3	.07	0.18	
	(2)	197	3.97	.55	組內	385.30	1043	.37		
	(3)	246	3.94	.61	總和	385.50	1046			
	(4)	595	3.93	.62						
	總和	1047	3.94	.61						
正向情緒	(1)	9	3.95	.72	組間	.63	3	.21	0.49	
	(2)	197	3.97	.57	組內	444.35	1043	.43		
	(3)	246	3.90	.65	總和	444.98	1046			
	(4)	595	3.91	.67						
	總和	1047	3.92	.65						
整體教師幸福感	(1)	9	4.07	.63	組間	1.17	3	.39	1.27	
	(2)	197	4.04	.49	組內	318.56	1043	.30		
	(3)	246	3.97	.54	總和	319.73	1046			
	(4)	595	3.96	.57						
	總和	1047	3.98	.55						

註：1.組別：(1)代表「10 年(含)以下」；(2)代表「11-30 年」；

(3)代表「31-50 年」；(4)代表「51 年以上」。

2. $*p < .05$

資料來源：本研究整理

（四）不同校長在校服務年資教師所知覺的教師幸福感之差異情形

不同校長在該校服務年資於教師幸福感之差異性檢定，如表 4-25。不同校長在該校服務年資之國民中學教師在教師幸福感各構面的 F 值分別是「生活滿意」為 1.36，「身心健康」為 0.37，「工作成就」為 1.61，「正向情緒」為 0.50，而「整體教師幸福感」為 1.00，如表 4-25 所示，整體及四構面均未達顯著差異水準，表示教師對於「整體教師幸福感」及各構面的知覺並未因不同校長在該校服務年資有所不同。

表 4-25 不同校長在該校服務年資於教師幸福感之變異數分析摘要

構面	校長在該校服務年資	人數	平均數	標準差	變異數分析				
					SV	SS	DF	MS	F
生活滿意	(1)	137	4.08	.68	組間	1.10	2	.55	1.36
	(2)	507	4.06	.61	組內	421.81	1044	.40	
	(3)	403	4.00	.65	總和	422.91	1046		
	總和	1047	4.04	.63					
身心健康	(1)	137	4.09	.61	組間	.26	2	.13	0.37
	(2)	507	4.05	.58	組內	365.33	1044	.35	
	(3)	403	4.04	.60	總和	365.59	1046		
	總和	1047	4.05	.59					
工作成就	(1)	137	4.02	.61	組間	1.18	2	.59	1.61
	(2)	507	3.93	.58	組內	384.32	1044	.37	
	(3)	403	3.93	.64	總和	385.50	1046		
	總和	1047	3.94	.61					

（續下頁）

構面	校長在該校服務年資	人數	平均數	標準差	變異數分析				
					SV	SS	DF	MS	F
正向情緒	(1)	137	3.97	.67	組間	.43	2	.21	0.50
	(2)	507	3.92	.61	組內	444.55	1044	.43	
	(3)	403	3.90	.69	總和	444.98	1046		
	總和	1047	3.92	.65					
整體教師幸福感	(1)	137	4.04	.58	組間	.61	2	.31	1.00
	(2)	507	3.98	.52	組內	319.12	1044	.31	
	(3)	403	3.96	.58	總和	319.73	1046		
	總和	1047	3.98	.55					

註：組別：(1)代表「1 年(含)以下」；(2)代表「2-4 年」；

(3)代表「5 年(含)以上年」。

資料來源：本研究整理

三、綜合討論

不同背景變項的國中教師在教師幸福感整體及各構面的知覺差異情形，整理如表 4-26 所示。

表 4-26 不同背景變項之國民中學教師知覺教師幸福感之差異結果摘要

變項　　構面	性別	年齡	最高學歷	現在職務	服務年資	學校區域	學校規模	學校校齡	校長在該校服務年資
生活滿意	男>女	1,3,4>2	n.s	n.s	n.s	1,4>2	2>1	2>4	n.s
身心健康	n.s	1,4>2	n.s	n.s	n.s	1>2,3	2>1	n.s	n.s
工作成就	男>女	n.s	n.s	n.s	n.s	1>2	2>1	n.s	n.s
正向情緒	n.s	n.s	n.s	n.s	n.s	1,4>2	2>1	n.s	n.s
整體教師幸福感	男>女	4>2	n.s	n.s	n.s	1,4>2	2>1	n.s	n.s

註：

1. 年齡：(1)「21-30 歲」組；(2)「31-40 歲」組；(3)「41-50 歲」組；
   (4)「51 歲以上」組。

2. 最高學歷：(1)「師範大學或教育大學」組；(2)「一般大學」組；
   (3)「碩士(含)以上（含 40 學分班）」組。

3. 現在職務：(1)「教師兼主任」組；(2)「教師兼組長」組；
   (3)「教師兼導師」組；(4)「專任教師」組。

4. 服務年資：(1)「10 年(含)以下」組；(2)「11-20 年」組；
   (3)「21 年(含)以上」組。

5. 學校區域：(1)「北部（臺北市、新北市、基隆市、桃園市、新竹縣、新竹市）
   學校」；
   (2)「中部（苗栗縣、臺中市、南投縣、彰化縣、雲林縣）學校」；
   (3)「南部（嘉義縣、嘉 6. 義市、臺南市、高雄市、屏東縣）學

校」；

　　　　(4)「東部（宜蘭縣、花蓮縣、臺東縣）學校」。

6. 學校規模：(1)「12 班(含)以下」；(2)「13-48 班」；(3)「49 班(含)以上」。

7. 學校校齡：(1)「10 年(含)以下」；(2)「11-30 年」；(3)「31-50 年」；

　　　　(4)「51 年以上」。

8. 校長在該校服務年資：(1)「1 年(含)以下」；(2)「2-4 年」；

　　　　　　　　　　(3)「5 年(含)以上年」。

資料來源：本研究整理

　　由表 4-26 可知，國中教師幸福感程度會因 「性別」、「年齡」、「學校區域」、「學校規模」、「學校校齡」而有顯著差異，但不因「最高學歷」、「現在職務」、「服務年資」、「校長在校服務年資」而有所不同，茲綜合討論如下：

（一）不同性別教師對教師幸福感之知覺程度有顯著差異

　　本研究結果顯示，男性教師在知覺「整體教師幸福感」及「生活滿意」、「工作成就」此兩分構面顯著高於女性教師。此結果與洪英雄（2018）、黃明裕（2017）、楊雅婷（2020）及蔡安繕（2017）等人的研究結果相似，男性教師對於幸福感的知覺高於女性教師。

　　本研究發現女性教師在「生活滿意」、「工作成就」構面，以及「整體教師幸福感」顯著低於男性教師，究其原因，可能是女性教師大部分較少參與學校行政業務，多專於教學與班級經營，因此在工作成就上較難獲得肯定、讚賞與滿足；而學校場域職務的工作壓力，加上下班回家需照顧家人和料理家務，生活中又處於家庭中多種身分轉換，常有蠟燭兩頭燒、分身乏術的情況，遂教師幸福感受程度顯著低於男性教師。

（二）不同年齡教師對教師幸福感之知覺程度有顯著差異

　　本研究結果顯示，不同年齡教師對教師幸福感之知覺在「整體教師幸福感」以及「生活滿意」、「身心健康」兩個分構面達顯著差異，「工作成就」和「正向情緒」兩構面未達顯著差異，此結果與楊雅婷（2020）的研究相似。

　　本研究發現「31-40 歲」的教師在「生活滿意」方面顯著低於其他各年齡層教師，而在「身心健康」則顯著低於「21-30 歲」、「51 歲以上」，推測其原因，可能 31-40 歲階段教師正處於結婚、生子、養兒育女階段，時間多被經營家庭生活及照顧年幼子女所填滿，難以正常規律起居生活，也難有自主規劃時間完成自己想做的事，遂在生活滿意和身心健康層面幸福感受度較低。而在「整體教師幸福感」方面，「51 歲以上」的教師顯著高於「31-40 歲」者，推測其原因，可能是 51 歲以上年齡較長的教師，一方面家中子女已成長，一方面隨年齡增長不僅教學經驗豐富，人情世故閱歷也多，使其在身分間轉換與調整較為熟稔，解決事務也有其一套方法，是以，在整體教師幸福感有比較高程度的感受。

（三）不同最高學歷教師對教師幸福感之知覺程度無顯著差異

　　本研究結果顯示，不同最高學歷教師對教師幸福感之知覺程度在「整體教師幸福感」與分構面均未達顯著差異水準，顯示不同最高學歷的教師在知覺教師幸福感並無顯著差異。研究結果和洪怡靜與陳紫玲（2015）、張家銘等人（2018）、黃明裕（2017）以及楊雅婷（2020）等人研究發現結果相似。

（四）不同現在職務教師對教師幸福感之知覺程度無顯著差異

　　本研究結果顯示，不同現在職務教師對教師幸福感之知覺程度在「整體教師幸福感」與分構面均未達顯著差異水準，顯示不同現在職務的教師

在知覺教師幸福感並無顯著差異。此結果與黃明裕（2017）和劉惠嬋與胡益進（2014）研究結果相似。

（五）不同服務年資教師對教師幸福感之知覺程度無顯著差異

本研究結果顯示，不同服務年資教師對教師幸福感之知覺程度在「整體教師幸福感」與分構面均未達顯著差異水準，顯示不同服務年資的教師在知覺教師幸福感並無顯著差異。此結果與楊雅婷（2020）和劉惠嬋與胡益進（2014）研究結果相似。

（六）不同學校區域教師對教師幸福感之知覺程度有顯著差異

本研究結果顯示，不同學校區域教師對教師幸福感之知覺在「整體教師幸福感」以及四個分構面均達顯著差異。

本研究發現，在「整體教師幸福感」以及「生活滿意」、「正向情緒」兩個構面，「北部」和「東部」學校教師幸福感知覺均高於「中部」教師。推究其原因，可能是北部教育資源比較豐富、教師研習社群較多，物質與精神層面品質較高，使北部地區教師感覺生活充實，對整體生活較為滿意；而東部地理環境優美、民風淳樸熱情、生活較為閒適舒緩，使東部地區教師對環境的友善、生活的自在與世界的美好等正向情緒的感受較深。「北部」學校教師在「身心健康」與「工作成就」高於「中部」學校教師，在「身心健康」方面亦高於「南部」學校教師，推測其原因，可能是北部醫療設備較佳、健康相關講座較多、運動或健身場域較多，使得運動風氣興盛，讓北部地區教師對身心健康知覺較為敏銳；又北部學校處於高度競爭，學校多會設定年度發展工作目標，教師達到工作目標容易獲得工作成就感。

（七）不同學校規模教師對教師幸福感之知覺程度有顯著差異

本研究結果顯示，不同學校規模教師對教師幸福感之知覺在「整體教師幸福感」以及四個分構面均達顯著差異，與之前研究顯示教師所處的學

校不論規模大小，對於教師幸福感的知覺上並無顯著性差異並不同。

本研究發現顯示「12 班(含)以下」小型學校規模教師在「整體教師幸福感」和生活滿意、身心健康、工作成就及正向情緒等各構面知覺均顯著低於「13-48 班」中型學校規模的教師。探究其原因，可能是小型學校教師人數少，無法像中型學校工作職務可以輪換，往往一人要身兼數職，例如競賽指導老師、級導師、領域召集人等，身兼數職工作壓力較大；另外，小型學校面對少子化的衝擊，可能會面臨裁校、併校的壓力，教師對工作未來發展感到憂心，遂在教師幸福感感受顯著低於中型學校教師。

（八）不同學校校齡教師對教師幸福感之知覺程度有部分顯著差異

本研究結果顯示，不同學校校齡教師對教師幸福感之知覺只有在「生活滿意」構面達顯著差異。

本研究發現「11-30 年」校齡學校的教師在「生活滿意」知覺高於「51 年以上」學校校齡的教師。探究其原因，可能是「11-30 年」校齡學校校舍尚新穎，學校人事逐漸穩定，教師社群也穩定發展成熟，使得教師感覺生活穩定有安全感、生活充實自在，生活品質滿意度較高。

（九）不同校長在校服務年資教師對教師幸福感之知覺程度無顯著差異

本研究結果顯示，不同校長在校服務年資教師對教師幸福感之知覺程度在「整體教師幸福感」與分構面均未達顯著差異水準，顯示不同校長在校服務年資的教師在知覺教師幸福感並無顯著差異。

參、學生學習成效之差異分析

本研究以受試者在「學生學習成效量表」中的得分為依據，分別進行 t 考驗或單因子變異數分析，以瞭解其差異情形。統計結果分項說明如下：

一、不同個人背景變項教師所知覺的學生學習成效之差異情形

（一）不同性別教師所知覺的學生學習成效之差異情形

　　不同性別之國民中學教師知覺國中學生學習成效之 t 檢定摘要，如表 4-27。不同性別國中教師在知覺學生學習成效之四構面的 t 值分別為「學習態度」為 1.49，「學習滿意度」為 1.80，「作業表現」為 0.72，「學習績效」為 1.58，而「整體學生學習成效」為 1.58。「整體學生學習成效」與分構面均未達顯著差異水準，顯示男教師與女教師在知覺學生學習成效並無顯著差異。

表 4-27 不同性別之國民中學教師知覺國中學生學習成效之 t 檢定摘要

構面	性別	人數	平均數	標準差	t 值
學 習 態 度	男	352	3.64	.58	1.49
	女	695	3.58	.59	
學習滿意度	男	352	3.73	.62	1.80
	女	695	3.66	.64	
作 業 表 現	男	352	3.66	.63	0.72
	女	695	3.63	.64	
學 習 績 效	男	352	3.68	.69	1.58
	女	695	3.61	.65	
整 體 學 生	男	352	3.67	.57	1.58
學 習 成 效	女	695	3.61	.56	

註：N=1047

資料來源：本研究整理

（二）不同年齡教師所知覺的學生學習成效之差異情形

不同年齡之國民中學教師知覺學生學習成效之差異性檢定，如表 4-28。

表 4-28 不同年齡之國民中學教師知覺學生學習成效之變異數分析摘要

構面	年齡	人數	平均數	標準差	變異數分析					Scheffé 事後比較
					SV	SS	DF	MS	F	
學習態度	(1)	84	3.78	.63	組間	3.47	3	1.16	3.38*	1>2
	(2)	256	3.55	.59	組內	356.08	1043	.34		
	(3)	539	3.59	.57	總和	359.55	1046			
	(4)	168	3.62	.59						
	總和	1047	3.60	.59						
學習滿意度	(1)	84	3.92	.64	組間	5.80	3	1.93	4.87**	1>2,3,4
	(2)	256	3.63	.67	組內	413.97	1043	.40		
	(3)	539	3.67	.61	總和	419.77	1046			
	(4)	168	3.66	.63						
	總和	1047	3.68	.63						
作業表現	(1)	84	3.95	.66	組間	8.35	3	2.78	7.03***	1>2,3,4
	(2)	256	3.61	.67	組內	412.87	1043	.40		
	(3)	539	3.62	.59	總和	421.22	1046			
	(4)	168	3.62	.65						
	總和	1047	3.64	.63						

（續下頁）

| 構面 | 年齡 | 人數 | 平均數 | 標準差 | 變異數分析 | | | | | Scheffé |
					SV	SS	DF	MS	F	事後比較
學習績效	(1)	84	3.87	.64	組間	5.36	3	1.79	4.10**	1>2,3,4
	(2)	256	3.62	.68	組內	454.17	1043	.43		
	(3)	539	3.62	.65	總和	459.54	1046			
	(4)	168	3.59	.65						
	總和	1047	3.63	.66						
整體學生學習成效	(1)	84	3.87	.57	組間	5.12	3	1.71	5.50**	1>2,3,4
	(2)	256	3.60	.59	組內	323.80	1043	.31		
	(3)	539	3.62	.54	總和	328.92	1046			
	(4)	168	3.62	.56						
	總和	1047	3.63	.56						

註：1.組別：(1)代表「21-30 歲」組；(2)代表「31-40 歲」組；

　　　　(3)代表「41-50 歲」組；(4)代表「51 歲以上」組。

　2. **$p<.05$,** $p<.01$,*** $p<.001$

資料來源：本研究整理

　　　不同年齡之國民中學教師知覺學生學習成效之差異性檢定，如表4-28。不同年齡之國中教師在知覺學生學習成效之四構面的 F 值分別為「學習態度」為 3.38，「學習滿意度」為 4.87，「作業表現」為 7.03，「學習績效」為 4.10，而「整體學生學習成效」為 5.50，如表 4-12，整體及四構面均達顯著差異水準（$p<.05$），表示教師對於「整體學生學習成效」及各構面的知覺因不同年齡有所不同。經 Scheffé 事後檢定比較結果得知，發現在「學習

態度」方面,「21-30 歲」的教師均比「31-40 歲」的教師知覺高;而在「學習滿意度」、「作業表現」、「學習績效」以及「整體學生學習成效」方面,「21-30 歲」的教師比「31-40 歲」、「41-50 歲」、「51 歲以上」各年齡層的教師知覺高。

就「21-30 歲」年輕教師知覺學生學習成效顯著高於其他各年齡層的教師,誠如受訪者 F 也指出如下列敘述:

> 學校老師算蠻年輕的,有些男老師會在下課或放學時間跟學生打籃球,老師在學校感覺到是很舒適的,跟學生互動良好,相對學生學習績效也會提升。F20221109:03

(三)不同最高學歷教師所知覺的學生學習成效之差異情形

不同最高學歷之國民中學教師知覺學生學習成效之差異性檢定,如表 4-29。不同最高學歷之國中教師在知覺學生學習成效之四構面的 F 值分別為「學習態度」為 0.27,「學習滿意度」為 0.13,「作業表現」為 0.36,「學習績效」為 0.10,而「整體學生學習成效」為 0.22,如表 4-29,整體及四構面均未達顯著差異水準,表示教師對於「整體學生學習成效」及各構面的知覺並未因不同最高學歷有所不同。

表 4-29 不同最高學歷之國民中學教師知覺學生學習成效之變異數分析摘要

構面	最高學歷	人數	平均數	標準差	變異數分析				
					SV	SS	DF	MS	F
學習態度	(1)	175	3.63	.592	組間	.19	2	.09	0.27
	(2)	174	3.58	.603	組內	359.36	1044	.34	
	(3)	698	3.60	.581	總和	359.55	1046		
	總和	1047	3.60	.586					
學習滿意度	(1)	175	3.68	.66	組間	.11	2	.05	0.13
	(2)	174	3.66	.63	組內	419.66	1044	.40	
	(3)	698	3.69	.63	總和	419.77	1046		
	總和	1047	3.68	.63					
作業表現	(1)	175	3.67	.62	組間	.29	2	.15	0.36
	(2)	174	3.61	.68	組內	420.93	1044	.40	
	(3)	698	3.65	.63	總和	421.22	1046		
	總和	1047	3.64	.63					
學習績效	(1)	175	3.64	.69	組間	.09	2	.04	0.10
	(2)	174	3.61	.68	組內	459.45	1044	.44	
	(3)	698	3.64	.65	總和	459.54	1046		
	總和	1047	3.63	.66					
整體學生學習成效	(1)	175	3.65	.58	組間	.14	2	.07	0.22
	(2)	174	3.61	.57	組內	328.78	1044	.31	
	(3)	698	3.64	.55	總和	328.92	1046		
	總和	1047	3.63	.56					

註：組別：(1)代表「師範大學或教育大學」組；(2)代表「一般大學」組；

(3)代表「碩士(含)以上（含 40 學分班）」組。

資料來源：本研究整理

（四）不同現在職務教師所知覺的學生學習成效之差異情形

不同現在職務之國民中學教師知覺學生學習成效之差異性檢定，如表 4-30。不同現在職務之國中教師在知覺學生學習成效之四構面的 F 值，分別是「學習態度」為 2.87，「學習滿意度」為 2.17，「作業表現」為 2.22，「學習績效」為 1.80，而「整體學生學習成效」為 2.63，如表 4-30，整體及分構面均未達顯著差異水準，顯示教師對於「整體學生學習成效」及各構面的知覺並未因不同職務有所不同。

表 4-30 不同職務國民中學教師知覺學生學習成效之變異數分析摘要

構面	職務	人數	平均數	標準差	變異數分析				
					SV	SS	DF	MS	F
學習態度	(1)	153	3.66	.59	組間	2.94	3	.98	2.87
	(2)	300	3.65	.55	組內	356.61	1043	.34	
	(3)	317	3.53	.60	總和	359.55	1046		
	(4)	277	3.60	.60					
	總和	1047	3.60	.59					

（續下頁）

構面	職務	人數	平均數	標準差	變異數分析				
					SV	SS	DF	MS	F
學習滿意度	(1)	153	3.72	.64	組間	2.60	3	.87	2.17
	(2)	300	3.72	.61	組內	417.17	1043	.40	
	(3)	317	3.61	.64	總和	419.77	1046		
	(4)	277	3.70	.63					
	總和	1047	3.68	.63					
作業表現	(1)	153	3.65	.63	組間	2.67	3	.89	2.22
	(2)	300	3.68	.59	組內	418.55	1043	.40	
	(3)	317	3.57	.65	總和	421.22	1046		
	(4)	277	3.68	.65					
	總和	1047	3.64	.63					
學習績效	(1)	153	3.70	.65	組間	2.36	3	.79	1.80
	(2)	300	3.67	.66	組內	457.17	1043	.44	
	(3)	317	3.57	.66	總和	459.54	1046		
	(4)	277	3.63	.66					
	總和	1047	3.63	.66					
整體學生學習成效	(1)	153	3.68	.56	組間	2.47	3	.82	2.63
	(2)	300	3.67	.54	組內	326.44	1043	.31	
	(3)	317	3.56	.57	總和	328.92	1046		
	(4)	277	3.64	.56					
	總和	1047	3.63	.56					

註：組別：(1)代表「教師兼主任」組；(2)代表「教師兼組長」組；

(3)代表「教師兼導師」組；(4)代表「專任教師」組。

資料來源：本研究整理

（五）不同服務年資教師所知覺的學生學習成效之差異情形

　　不同服務年資之國民中學教師知覺學生學習成效之差異性檢定，如表 4-31。

表 4-31 不同服務年資之國民中學教師知覺學生學習成效之變異數分析摘要

構面	服務年資	人數	平均數	標準差	變異數分析					Scheffé 事後比較
					SV	SS	DF	MS	F	
學習態度	(1)	217	3.66	.60	組間	1.02	2	.51	1.48	
	(2)	494	3.59	.60	組內	358.52	1044	.34		
	(3)	336	3.57	.55	總和	359.55	1046			
	總和	1047	3.60	.59						
學習滿意度	(1)	217	3.74	.66	組間	1.23	2	.62	1.54	
	(2)	494	3.68	.62	組內	418.53	1044	.40		
	(3)	336	3.64	.64	總和	419.77	1046			
	總和	1047	3.68	.63						
作業表現	(1)	217	3.75	.65	組間	5.98	2	2.99	7.52***	1>3
	(2)	494	3.66	.62	組內	415.24	1044	.40		
	(3)	336	3.54	.63	總和	421.22	1046			
	總和	1047	3.64	.63						
學習績效	(1)	217	3.71	.67	組間	2.44	2	1.22	2.79	
	(2)	494	3.64	.67	組內	457.09	1044	.44		
	(3)	336	3.58	.64	總和	459.54	1046			
	總和	1047	3.63	.66						

（續下頁）

構面	服務年資	人數	平均數	標準差	變異數分析					Scheffé 事後比較
					SV	SS	DF	MS	F	
整體學生學習成效	(1)	217	3.71	.58	組間	2.11	2	1.06	3.38*	1>3
	(2)	494	3.64	.56	組內	326.80	1044	.31		
	(3)	336	3.58	.54	總和	328.92	1046			
	總和	1047	3.63	.56						

註：1.組別：(1)代表「10 年(含)以下」組；(2)代表「11-20 年」組；

(3)代表「21 年(含)以上」組。

2. $*p<.05, ***p<.001$

資料來源：本研究整理

　　不同服務年資之國中教師在知覺學生學習成效之四構面的 F 值分別為「學習態度」為 1.48，「學習滿意度」為 1.54，「作業表現」為 7.52，「學習績效」為 2.79，而「整體學生學習成效」為 3.38。如表 4-31，整體和「作業表現」構面達顯著差異水準($p<.05$)，服務年資「10 年(含)以下」組的教師比「21 年(含)以上」教師知覺高。

二、不同學校背景變項教師所知覺的學生學習成效之差異情形

（一）不同學校區域教師所知覺的學生學習成效之差異情形

　　不同學校區域國民中學教師知覺學生學習成效之差異性檢定，如表 4-32。

表 4-32 不同學校區域國民中學教師知覺學生學習成效之變異數分析摘要

構面	學校區域	人數	平均數	標準差	變異數分析					Scheffé 事後比較
					SV	SS	DF	MS	F	
學習態度	(1)	344	3.62	.54	組間	1.86	3	.62	1.81	
	(2)	309	3.59	.61	組內	357.68	1043	.34		
	(3)	254	3.55	.56	總和	359.55	1046			
	(4)	140	3.68	.66						
	總和	1047	3.60	.59						
學習滿意度	(1)	344	3.72	.57	組間	4.64	3	1.55	3.89**	4>3
	(2)	309	3.63	.65	組內	415.13	1043	.40		
	(3)	254	3.62	.66	總和	419.77	1046			
	(4)	140	3.81	.67						
作業表現	(1)	344	3.70	.55	組間	6.34	3	2.11	5.32**	1,4>2
	(2)	309	3.55	.70	組內	414.88	1043	.40		
	(3)	254	3.60	.63	總和	421.22	1046			
	(4)	140	3.77	.64						
	總和	1047	3.64	.63						
學習績效	(1)	344	3.6	.59	組間	2.35	3	.78	1.79	
	(2)	309	3.62	.72	組內	457.18	1043	.44		
	(3)	254	3.57	.65	總和	459.54	1046			
	(4)	140	3.72	.72						
	總和	1047	3.63	.66						

（續下頁）

構面	學校區域	人數	平均數	標準差	變異數分析					Scheffé 事後比較
					SV	SS	DF	MS	F	
整體學生學習成效	(1)	344	3.67	.50	組間	3.05	3	1.02	3.25*	4>3
	(2)	309	3.60	.60	組內	325.87	1043	.31		
	(3)	254	3.58	.54	總和	328.92	1046			
	(4)	140	3.74	.62						
	總和	1047	3.63	.56						

註：1.組別：(1)代表「北部（臺北市、新北市、基隆市、桃園市、新竹縣、新竹市）學校」；

(2)代表「中部（苗栗縣、臺中市、南投縣、彰化縣、雲林縣）學校」；

(3)代表「南部（嘉義縣、嘉義市、臺南市、高雄市、屏東縣）學校」；

(4)代表「東部（宜蘭縣、花蓮縣、臺東縣）學校」。

2. *$p<.05$, ** $p<.01$

資料來源：本研究整理

　　不同學校區域之國中教師在知覺學生學習成效之四構面的 F 值分別為「學習態度」為 1.81，「學習滿意度」為 3.89，「作業表現」為 5.32，「學習績效」為 1.79，而「整體學生學習成效」為 3.25。如表 4-32 所示，「學習態度」和「學習績效」未達顯著差異水準；然而在「學習滿意度」、「作業表現」以及「整體學生學習成效」則達顯著差異水準($p<.05$)，經 Scheffé 事後比較顯示出「東部」學校教師在「學習滿意度」和「整體學生學習成效」知覺高於「南部」學校教師；在「作業表現」部分則是「北部」和「東部」學校教師知覺高於「中部」學校教師。

（二）不同學校規模教師所知覺的學生學習成效之差異情形

不同學校規模國民中學教師知覺學生學習成效之差異性檢定，如表 4-33。不同學校規模之國中教師在知覺學生學習成效之四構面的 F 值分別為「學習態度」為 7.12，「學習滿意度」為 8.62，「作業表現」為 1.85，「學習績效」為 5.36，而「整體學生學習成效」為 4.86。如表 4-33 所示，除「作業表現」未達顯著差異水準，其餘在「學習態度」、「學習滿意度」、「學習績效」以及「整體學生學習成效」均達顯著差異水準($p < .05$)。經 Scheffé 事後比較顯示，在「學習態度」和「學習滿意度」方面，「13-48 班」和「49 班(含)以上」學校規模教師知覺高於「12 班(含)以下」規模的教師；在「學習績效」方面，「13-48 班」學校規模教師知覺高於「49 班(含)以上」規模的教師；在「整體學生學習成效」方面，「13-48 班」學校規模教師知覺高於「12 班(含)以下」規模的教師。

表 4-33 不同學校規模國民中學教師知覺學生學習成效之變異數分析摘要

構面	學校規模	人數	平均數	標準差	變異數分析					Scheffé 事後比較
					SV	SS	DF	MS	F	
學習態度	(1)	227	3.47	.63	組間	4.84	2	2.42	7.12**	2,3>1
	(2)	593	3.64	.58	組內	354.71	1044	.34		
	(3)	227	3.63	.53	總和	359.55	1046			
	總和	1047	3.60	.59						

（續下頁）

構面	學校規模	人數	平均數	標準差	變異數分析					Scheffé 事後比較
					SV	SS	DF	MS	F	
學習滿意度	(1)	227	3.53	.70	組間	6.82	2	3.41	8.62***	2,3>1
	(2)	593	3.73	.63	組內	412.95	1044	.40		
	(3)	227	3.71	.55	總和	419.77	1046			
	總和	1047	3.68	.63						
作業表現	(1)	227	3.58	.68	組間	1.48	2	.74	1.85	
	(2)	593	3.65	.64	組內	419.74	1044	.40		
	(3)	227	3.68	.56	總和	421.22	1046			
	總和	1047	3.64	.63						
學習績效	(1)	227	3.59	.71	組間	4.67	2	2.34	5.36*	2>3
	(2)	593	3.69	.65	組內	454.86	1044	.44		
	(3)	227	3.53	.63	總和	459.54	1046			
	總和	1047	3.63	.66						
整體學生學習成效	(1)	227	3.54	.62	組間	3.03	2	1.52	4.86**	2>1
	(2)	593	3.67	.56	組內	325.88	1044	.31		
	(3)	227	3.63	.49	總和	328.92	1046			
	總和	1047	3.63	.56						

註：1.組別：(1)代表「12 班(含)以下」；(2)代表「13-48 班」；

　　　　(3)代表「49 班(含)以上」。

　2. *p＜.05, **p＜.01, ***p＜.001

資料來源：本研究整理

（三）不同學校校齡教師所知覺的學生學習成效之差異情形

　　不同學校校齡之國民中學教師知覺學生學習成效之差異性檢定，如表4-34。不同學校校齡之國中教師在知覺學生學習成效之分構面的 F 值，分別是「學習態度」為 1.43，「學習滿意度」為 2.67，「作業表現」為 2.07，「學習績效」為 0.52，而「整體學生學習成效」為 1.72。如表 4-34，整體及四構面均未達顯著差異水準，顯示不同學校校齡的教師對於「整體學生學習成效」及各構面的知覺並未不同。

表 4-34 不同學校校齡國民中學教師知覺學生學習成效之變異數分析摘要

構面	學校校齡	人數	平均數	標準差	變異數分析				
					SV	SS	DF	MS	F
學習態度	(1)	9	3.76	.72	組間	1.47	3	.49	1.43
	(2)	197	3.67	.51	組內	358.08	1043	.34	
	(3)	246	3.58	.54	總和	359.54	1046		
	(4)	595	3.59	.62					
	總和	1047	3.60	.59					
學習滿意度	(1)	9	3.86	.73	組間	3.19	3	1.06	2.67
	(2)	197	3.78	.50	組內	416.58	1043	.40	
	(3)	246	3.69	.57	總和	419.77	1046		
	(4)	595	3.64	.69					
	總和	1047	3.68	.63					

（續下頁）

構面	學校校齡	人數	平均數	標準差	變異數分析				
					SV	SS	DF	MS	F
作業表現	(1)	9	3.83	.71	組間	2.49	3	.83	2.07
	(2)	197	3.72	.50	組內	418.73	1043	.40	
	(3)	246	3.67	.59	總和	421.22	1046		
	(4)	595	3.60	.68					
	總和	1047	3.64	.63					
學習績效	(1)	9	3.69	.85	組間	.69	3	.23	0.52
	(2)	197	3.68	.55	組內	458.85	1043	.44	
	(3)	246	3.62	.61	總和	459.54	1046		
	(4)	595	3.61	.71					
	總和	1047	3.63	.66					
整體學生學習成效	(1)	9	3.78	.69	組間	1.62	3	.54	1.72
	(2)	197	3.70	.44	組內	327.30	1043	.31	
	(3)	246	3.63	.51	總和	328.92	1046		
	(4)	595	3.61	.61					
	總和	1047	3.63	.56					

註：組別：(1)代表「10 年(含)以下」；(2)代表「11-30 年」；

(3)代表「31-50 年」；(4)代表「51 年以上」。

資料來源：本研究整理

（四）不同校長在校服務年資教師所知覺的學生學習成效之差異情形

不同校長在該校服務年資之國民中學教師知覺學生學習成效之差異性

檢定，如表 4-35。

表 4-35 不同校長在該校服務年資於學生學習成效之變異數分析摘要

構面	校長在該校服務年資	人數	平均數	標準差	變異數分析				
					SV	SS	DF	MS	F
學習態度	(1)	137	3.52	.58	組間	2.03	2	1.01	2.96
	(2)	507	3.64	.56	組內	357.52	1044	.34	
	(3)	403	3.57	.62	總和	359.55	1046		
	總和	1047	3.60	.59					
學習滿意度	(1)	137	3.69	.64	組間	.33	2	.16	0.41
	(2)	507	3.70	.60	組內	419.44	1044	.40	
	(3)	403	3.66	.67	總和	419.77	1046		
	總和	1047	3.68	.63					
作業表現	(1)	137	3.60	.60	組間	.82	2	.41	1.01
	(2)	507	3.67	.60	組內	420.41	1044	.40	
	(3)	403	3.62	.68	總和	421.22	1046		
	總和	1047	3.64	.63					
學習績效	(1)	137	3.60	.62	組間	.80	2	.40	0.91
	(2)	507	3.66	.63	組內	458.74	1044	.44	
	(3)	403	3.61	.71	總和	459.54	1046		
	總和	1047	3.63	.66					
整體學生學習成效	(1)	137	3.59	.54	組間	.92	2	.46	1.47
	(2)	507	3.67	.53	組內	327.99	1044	.31	
	(3)	403	3.61	.60	總和	328.92	1046		
	總和	1047	3.63	.56					

註：組別：(1)代表「1 年(含)以下」；(2)代表「2-4 年」；

(3)代表「5 年(含)以上年」

資料來源：本研究整理

不同校長在該校服務年資之國中教師在知覺學生學習成效之分構面的 F 值，分別是「學習態度」為 2.96，「學習滿意度」為 0.41，「作業表現」為 1.01，「學習績效」為 0.91，而「整體學生學習成效」為 1.47，如表 4-35，整體及四構面均未達顯著差異水準，顯示教師對於「整體學生學習成效」及各構面的知覺並未因不同校長在該校服務年資而有所不同。

三、綜合討論

不同背景變項的國中教師在學生學習成效整體及各構面的知覺差異情形，整理如表 4-36 所示。

表 4-36 不同背景變項之國民中學教師知覺學生學習成效之差異結果摘要

變 項 構 面	性別	年齡	最高 學歷	現在 職務	服務 年資	學校 區域	學校 規模	學校 校齡	校長在該校 服務年資
學習態度	n.s	1>2	n.s	n.s	n.s	n.s	2,3>1	n.s	n.s
學習滿意度	n.s	1>2,3,4	n.s	n.s	n.s	4>3	2,3>1	n.s	n.s
作業表現	n.s	1>2,3,4	n.s	n.s	1>3	1,4>2	n.s	n.s	n.s
學習績效	n.s	1>2,3,4	n.s	n.s	n.s	n.s	2>3	n.s	n.s
整體學生 學習成效	n.s	1>2,3,4	n.s	n.s	1>3	4>3	2>1	n.s	n.s

備註：

1. 年齡：(1)「21-30 歲」組；(2)「31-40 歲」組；(3)「41-50 歲」組；
   (4)「51 歲以上」組。

2. 最高學歷：(1)「師範大學或教育大學」組；(2)「一般大學」組；
   (3)「碩士(含)以上（含 40 學分班）」組。

3. 現在職務：(1)「教師兼主任」組；(2)「教師兼組長」組；
   (3)「教師兼導師」組；(4)「專任教師」組。

4. 服務年資：(1)「10 年(含)以下」組；(2)「11-20 年」組；
   (3)「21 年(含)以上」組。

5. 學校區域：(1)「北部（臺北市、新北市、基隆市、桃園市、新竹縣、新竹市）
   學校」；
   (2)「中部（苗栗縣、臺中市、南投縣、彰化縣、雲林縣）學校」；
   (3)「南部（嘉義縣、嘉義市、臺南市、高雄市、屏東縣）學校」；
   (4)「東部（宜蘭縣、花蓮縣、臺東縣）學校」。

6. 學校規模：(1)「12 班(含)以下」；(2)「13-48 班」；(3)「49 班(含)以上」。

7. 學校校齡：(1)「10 年(含)以下」；(2)「11-30 年」；(3)「31-50 年」；(4)「51
   年以上」。

8. 校長在該校服務年資：(1)「1 年(含)以下」；(2)「2-4 年」；
   (3)「5 年(含)以上」。

資料來源：本研究整理

由表 4-36 可知，國中教師教師對學生學習成效的知覺程度會因 「年齡」、「服務年資」、「學校區域」、「學校規模」而有顯著差異，但不因「性

別」、「最高學歷」、「現在職務」、「學校校齡」、「校長在校服務年資」而有
所不同，茲綜合討論如下：

（一）不同性別教師對學生學習成效之知覺程度無顯著差異

　　本研究結果顯示，男性教師與女性教師在知覺「整體學生學習成效」
與各分構面並無顯著差異。此結果與林宏泰（2018）和陳建志（2019）的
研究結果相同。

（二）不同年齡教師對學生學習成效之知覺程度有顯著差異

　　本研究結果顯示，不同年齡教師對學生學習成效之知覺程度在「整體
學生學習成效」及四個分構面均達顯著差異，此結果與林宏泰（2018）研
究結果相似。

　　本研究發現「21-30 歲」的教師「整體學生學習成效」以及「學習滿意
度」、「作業表現」、「學習績效」構面知覺程度均顯著高於其他年齡層教師。
推究其原因，可能是「21-30 歲」組年輕教師剛從學校畢業，富有教學熱誠，
能踴躍參加教學知能研習，教學較活潑，相對學生學習成效也較高；而「21-
30 歲」組教師在「學習態度」構面比「31-40 歲」組教師知覺顯著高，推
究其原因，可能是年輕教師尚未有家庭負擔，有較多空餘時間在放學或假
日跟學生一起運動或從事課餘活動，與學生打成一片、互動良好，較能激
發學生學習熱忱與參與學校活動，學生在學習態度表現較佳。

（三）不同最高學歷教師對學生學習成效之知覺程度無顯著差異

　　本研究結果顯示，不同最高學歷教師對學生學習成效之知覺程度在「整
體學生學習成效」與分構面均未達顯著差異水準，顯示不同最高學歷的教
師在知覺學生學習成效並無顯著差異。本研究結果與過去研究不同，林宏
泰（2018）、陳建志（2019）以及鐘巧如（2016）的研究均顯示教師的最高

學歷對學生學習成效知覺有顯著性差異，然而，本研究結果發現學生學習成效並不會因為不同最高學歷教師而產生顯著差異性。

（四）不同現在職務教師對學生學習成效之知覺程度無顯著差異

本研究結果顯示，不同現在職務教師對學生學習成效之知覺程度在「整體學生學習成效」與分構面均未達顯著差異水準，顯示不同現在職務的教師在知覺學生學習成效並無顯著差異。此結果與黃庭鈺（2020）研究結果相似。

（五）不同服務年資教師對學生學習成效之知覺程度有顯著差異

本研究結果顯示，不同服務年資教師對學生學習成效之知覺程度在「整體學生學習成效」及「作業表現」構面達顯著差異。此結果與林宏泰（2018）研究結果相似。

本研究發現，服務年資「10 年(含)以下」組的教師在整體學習成效和「作業表現」構面知覺顯著高於「21 年(含)以上」教師。推究其原因，可能是「10 年(含)以下」年資較淺的教師，充滿教學熱誠，對學生學習成效要求較高，遂在整體學生學習成效知覺感受度較高；另外，年資較淺教師較會運用資訊媒體或創新教法與學生互動，鼓勵學生用口語表達自己的觀點、在學習過程中表現創造力、運用科技、資訊媒體展現學習成效，是以，在「作業表現」構面知覺顯著高於「21 年(含)以上」年資較深的教師。

（六）不同學校區域教師對學生學習成效之知覺程度有顯著差異

本研究結果顯示，不同學校區域教師對學生學習成效之知覺程度在「整體學生學習成效」及「學習滿意度」、「作業表現」構面達顯著差異。

本研究發現「東部」學校教師在「學習滿意度」和「整體學生學習成效」知覺高於「南部」學校教師，推究其原因，可能是東部地區學校比較沒有高度競爭，教師較能讓學生盡情發揮，班級學生人數較少，教師能適

性照顧到學生，學生在學習活動較能感受到愉悅，遂教師知覺學生學習滿意度較高，相對知覺整體學生學習成效也較高。另外，在「作業表現」部分則是「北部」和「東部」學校教師知覺高於「中部」學校教師，推究其原因，可能是北部資訊、科技刺激較多，各種學生比賽賽事或活動較多，使得北部地區學生在運用資訊媒體、口語表達、創造力，以及解決生活問題等作業表現相對較佳；而東部地區較無學業高度競爭壓力，教師較能鼓勵學生參與各項活動，盡情展現自我想法與創造力，所以知覺學生作業表現也較高。

（七）不同學校規模教師對學生學習成效之知覺程度有顯著差異

　　本研究結果顯示，不同學校規模教師對學生學習成效之知覺程度在「整體學生學習成效」及「學習態度」、「學習滿意度」、「學習績效」構面達顯著差異，而在「作業表現」構面並未因學校規模大小而有顯著差異。張凌凌（2022）調查臺北市與新北市公立國小發現在「學生學習成效」整體，25 班至 48 班學校規模教師知覺比 12 班以下學校規模教師顯著高；蔡金田（2014）研究全國國小發現學校班級數 13-24 班、25 班以上之學校教師，學生學習成效顯著高於 7-12 班之學校教師，以上實證研究均是中、大型學校學生學習成效顯著高於小型學校，與本研究結果相似。

　　本研究發現在「整體學生學習成效」方面，「13-48 班」學校規模教師知覺高於「12 班(含)以下」規模的教師；在「學習態度」和「學習滿意度」方面，「13-48 班」和「49 班(含)以上」學校規模教師知覺高於「12 班(含)以下」規模的教師；在「學習績效」方面，「13-48 班」學校規模教師知覺高於「49 班(含)以上」規模的教師。換言之，「12 班(含)以下」規模學校學生在「學習態度」和「學習滿意度」，以及「整體學生學習成效」顯著較低。推究其原因，可能是小規模學校大多位處偏鄉，教師流動性較高，而教師

人數少需身兼擔負行政工作，較無空暇參加專業研習，此外，偏鄉小校學生蠻多都是經濟弱勢的家庭，家長多忙著顧生活，較少時間注意學生，對學生學習較無高期許的要求與期待。

（八）不同學校校齡教師對學生學習成效之知覺程度無顯著差異

本研究結果顯示，不同學校校齡教師對學生學習成效之知覺程度在「整體學生學習成效」與分構面均未達顯著差異水準，顯示不同學校校齡的教師在知覺學生學習成效並無顯著差異，此結果與蔡金田（2014）、鐘巧如（2016）之研究結果不同。

（九）不同校長在校服務年資學校教師對學生學習成效之知覺程度無顯著
　　差異

本研究結果顯示，不同校長在校服務年資學校教師對學生學習成效之知覺程度在「整體學生學習成效」與分構面均未達顯著差異水準，顯示不同校長在校服務年資學校的教師在知覺學生學習成效並無顯著差異，本研究結果與陳建志（2019）研究結果不同。

第三節　國民中學教師知覺校長空間領導、教師幸福感與學生學習成效之相關分析

本節旨在探討國民中學教師知覺校長空間領導、教師幸福感與教師幸福感之關係。校長空間領導包括四個構面，分別是營造教育空間環境、融入課程教學、提升行政績效、厚植教育夥伴關係；教師幸福感包括四個構面，分別是生活滿意、身心健康、工作成就、正向情緒；學生學習成效包

括四個構面，分別是學習態度、學習滿意度、作業表現、學習績效。本研究採用皮爾遜積差相關統計法探討國中校長空間領導、教師幸福感與學生學習成效相關情形，相關係數絕對值小於 .40 為低度相關，介於 .40 至 .80間為中度相關，大於 .80 為高度相關（吳明隆、涂金堂，2016），以下分別探討三個變項之間相關的情形。

壹、國中教師知覺國中校長空間領導與教師幸福感相關分析與討論

一、國中校長空間領導與教師幸福感相關分析

本研究整理國民中學教師知覺校長空間領導與教師幸福感之相關係數摘要，如表 4-37。由表 4-37 顯示，營造教育空間環境與整體教師幸福感相關為 .41，達 .01 顯著水準；其與各子構面相關係數由高而低依序為生活滿意 .42、工作成就 .36、正向情緒 .33、身心健康 .31，均達顯著水準，為低度至中度相關。營造教育空間環境對整體教師幸福感和生活滿意中度正向相關；營造教育空間環境對身心健康、工作成就、正向情緒有低度正向相關。亦即國民中學校長空間領導的子構面營造教育空間環境會低度至中度正向影響整體教師幸福感及其子構面（生活滿意、身心健康、工作成就、正向情緒）的表現。

融入課程教學與整體教師幸福感相關為 .39，達 .01 顯著水準；其與各子構面相關係數由高而低依序為生活滿意 .41、工作成就 .34、正向情緒 .33、身心健康 .28，均達顯著水準，為低度至中度相關。融入課程教學

對生活滿意有中度正向相關;融入課程教學對整體教師幸福感以及身心健康、工作成就、正向情緒有低度正向相關。亦即國民中學校長空間領導的子構面融入課程教學會低度至中度正向影響整體教師幸福感及其子構面（生活滿意、身心健康、工作成就、正向情緒）的表現。

提升行政績效與整體教師幸福感相關為 .44，達 .01 顯著水準;其與各子構面相關係數由高而低依序為生活滿意 .44、工作成就 .38、正向情緒 .37、身心健康 .32，均達顯著水準，為低度至中度相關。提升行政績效對整體教師幸福感和生活滿意中度正向相關;提升行政績效對身心健康、工作成就、正向情緒有低度正向相關。亦即國民中學校長空間領導的子構面提升行政績效會低度至中度正向影響整體教師幸福感及其子構面（生活滿意、身心健康、工作成就、正向情緒）的表現。

厚植教育夥伴關係與整體教師幸福感相關為 .42，達 .01 顯著水準;其與各子構面相關係數由高而低依序為生活滿意 .42、工作成就 .37、正向情緒 .36、身心健康 .31，均達顯著水準，為低度至中度相關。厚植教育夥伴關係對整體教師幸福感和生活滿意中度正向相關;厚植教育夥伴關係對身心健康、工作成就、正向情緒有低度正向相關。亦即國民中學校長空間領導的子構面厚植教育夥伴關係會低度至中度正向影響整體教師幸福感及其子構面（生活滿意、身心健康、工作成就、正向情緒）的表現。

整體校長空間領導與整體教師幸福感相關為 .45，達 .01 顯著水準;其與教師幸福感各子構面相關係數由高而低依序為生活滿意 .46、工作成就 .39、正向情緒 .37、身心健康 .33，均達顯著水準，為低度至中度相關。可見，校長空間領導對整體教師幸福感及各子構面均有正向影響。

表 4-37 國民中學教師知覺校長空間領導與教師幸福感之相關係數摘要

構面	生活 滿意	身心 健康	工作 成就	正向 情緒	整體教師 幸福感
營造教育空間環境	.42**	.31**	.36**	.33**	.41**
融入課程教學	.41**	.28**	.34**	.33**	.39**
提升行政績效	.44**	.32**	.38**	.37**	.44**
厚植教育夥伴關係	.42**	.31**	.37**	.36**	.42**
整體校長空間領導	.46**	.33**	.39**	.37**	.45**

註：** p <.01

資料來源：本研究整理

就國中校長空間領導與教師幸福感為有顯著正相關，誠如受訪者 A、B、C、D、E、F、H 也指出如下列所述：

相較於之前中午學生沒冷氣午休品質不好，第 5 節課就繼續睡或精神很不好，學校班級冷氣裝設後，在教學第一線的老師回饋在第 5 節上課比較不辛苦，相對對於老師的幸福感也有影響。A20221029：02

學校是當初的建校就是依閩式風格去規劃，圍繞著很漂亮的女兒牆，校園景致拍起來格外漂亮，除了幸福感，其實還是會有一些榮耀感。B20221029：02

空間規劃對老師跟學生的幸福感都會產生影響，學校廁所翻新了，去使用時那個幸福感就會提升了。B20221029：02； C20221105：03

；D20221106：03；H20221117：04

　　學校所有辦公室都有影印機，滿足教師做教學教材、測驗卷，另外包括在辦公室內設置飲水機，這些改善都是讓學校教師覺得學校蠻在意他們的需求，當然也會提升教師的幸福感。C20221105：03

　　空間規劃或者設備改善，老師的幸福感會提升，當9年級教室有冷氣設備，每個老師都很開心，因為9年級要升學，教室比較舒適，學生比較不會心浮氣躁，教師上課舒服，學生上課也聽話。E20221107：03

　　校長在校園規劃方面對教師幸福感提升是會有的。運動空間都有空調，也加裝溫馨的電燈，休息桌也準備一些茶具等，讓教師可在那邊聊天抒發自己的情緒，同仁之間也會彼此給予正向的鼓勵，這些我是覺得蠻有幸福感的。F20221109：02

　　學校最近才剛完成兩間樂活教室，就像健身房有飛輪，舉重等器材，有些老師放學後會去踩飛輪、跳跳瘦身操再回家，這樣的空間規劃對教師身心健康是有幫助。H20221117：03

二、校長空間領導與教師幸福感的相關討論

　　首先，根據本研究結果分析，發現整體校長空間領導與整體教師幸福感呈現顯著的中度正相關（r=.45，p<.01），整體校長空間領導得分愈高的國民中學教師，其在整體教師幸福感也會愈高。由訪談資料也指出，學校

班級冷氣裝設，教師不用揮汗如雨教學，學生比較不會心浮氣躁；學校廁所翻新，整齊清潔且有設計感的廁所空間，整個幸福感提升；而學校重視教師的感受與需求，滿足教師教學設備的需要、設置樂活教室運動空間、辦公室內設置飲水機、布置休息放鬆的空間角落等空間規劃或者設備之改善，以及優美建築規劃特色所帶來的榮耀感，都會使教師幸福感提升。

再探討校長空間領導與教師幸福感各子構面相關係數，均達顯著水準，且均為低度至中度正相關；而在校長空間領導各子構面與整體教師幸福感及子構面的關係係數，亦均達顯著正相關，其中子構面間以「提升行政績效」與「生活滿意」的相關係數最高（.44）；而校長空間領導「提升行政績效」構面與整體教師幸福感的相關係數最高（.44）。推究其原因，可能是學校教師在實施教學或班級經營，極需學校行政在政策、資源的支持與支援，校長能透過空間領導，運用行政管理系統數位化，以最少的人力資源，產生最大的行政效能，提升行政績效，教師在實施專業教學或班級經營自然能順暢、有效率，在生活物質與精神的滿意程度自然能提升，伴隨著教師幸福感也提升。

本研究結果與馮佳怡（2020）之研究結果「國中教師知覺校長空間領導得分越高，則教師工作滿意度就越高」相似，也與吳鐵屏（2021）探究「桃園市國民中學校長空間領導、學校組織健康與教師幸福感關係之研究」結果相似，國中校長空間領導與教師幸福感具有正相關，整體校長空間領導及各構面得分程度愈高之國民中學教師，其整體教師幸福感及各構面效能亦愈高。

貳、國中教師知覺國中校長空間領導與學生學習成效相關分析與討論

一、國中校長空間領導與學生學習成效相關分析

　　本研究整理國民中學教師知覺校長空間領導與學生學習成效之相關係數摘要，如表 4-38。由表 4-38 顯示，營造教育空間環境與整體學生學習成效相關為 .43，達.01 顯著水準；其與各子構面相關係數由高而低依序為學習績效 .43、學習態度 .38、作業表現 .38、學習滿意度 .35，均達顯著水準，為低度至中度相關。營造教育空間環境對整體學生學習成效和學習績效中度正向相關；營造教育空間環境對學習態度、作業表現、學習滿意度有低度正向相關。亦即國民中學校長空間領導的子構面營造教育空間環境會低度至中度正向影響整體學生學習成效及其子構面（學習態度、學習滿意度、作業表現、學習績效）的表現。

　　融入課程教學與整體學生學習成效相關為 .44，達 .01 顯著水準；其與各子構面相關係數由高而低依序為學習績效 .45、學習態度 .39、作業表現 .37、學習滿意度 .35，均達顯著水準，為低度至中度相關。融入課程教學對整體學生學習成效和學習績效有中度正向相關；融入課程教學對學習態度、作業表現、學習滿意度有低度正向相關。亦即國民中學校長空間領導的子構面融入課程教學會低度至中度正向影響整體學生學習成效及其子構面（學習態度、學習滿意度、作業表現、學習績效）的表現。

　　提升行政績效與整體學生學習成效相關為 .45，達 .01 顯著水準；其與各子構面相關係數由高而低依序為學習績效 .46、學習態度 .40、作業表

現 .37、學習滿意度 .36，均達顯著水準，為低度至中度相關。提升行政績效對整體學生學習成效以及學習績效、學習態度有中度正向相關；提升行政績效對學習滿意度、作業表現有低度正向相關。亦即國民中學校長空間領導的子構面提升行政績效會低度至中度正向影響整體學生學習成效及其子構面（學習態度、學習滿意度、作業表現、學習績效）的表現。

厚植教育夥伴關係與整體學生學習成效相關為 .44，達 .01 顯著水準；其與各子構面相關係數由高而低依序為學習績效 .47、學習態度 .38、作業表現 .37、學習滿意度 .34，均達顯著水準，為低度至中度相關。厚植教育夥伴關係對整體學生學習成效和學習績效有中度正向相關；厚植教育夥伴關係對學習態度、作業表現、學習滿意度有低度正向相關。亦即國民中學校長空間領導的子構面厚植教育夥伴關係會低度至中度正向影響整體學生學習成效及其子構面（學習態度、學習滿意度、作業表現、學習績效）的表現。

整體校長空間領導與整體學生學習成效相關為 .48，達 .01 顯著水準；其與學生學習成效各子構面相關係數由高而低依序為學習績效 .49、學習態度 .42、作業表現 .40、學習滿意度 .38，均達顯著水準，為低度至中度相關。整體校長空間領導對整體學生學習成效及學習績效、學習態度、作業表現等各子構面均有中度正相關，對學習滿意度為低度相關。

表 4-38 國民中學教師知覺校長空間領導與學生學習成效之相關係數摘要

構面	學習態度	學習滿意度	作業表現	學習績效	整體學生學習成效
營造教育空間環境	.38**	.35**	.38**	.43**	.43**
融入課程教學	.39**	.35**	.37**	.45**	.44**
提升行政績效	.40**	.36**	.37**	.46**	.45**
厚植教育夥伴關係	.38**	.34**	.37**	.47**	.44**
整體校長空間領導	.42**	.38**	.40**	.49**	.48**

註：** $p < .01$

資料來源：本研究整理

　　就國中校長空間領導與學生學習成效為有顯著正相關,誠如受訪者 A、C、D、E、F、G 也指出如下列所述：

　　　　學校教室裝設冷氣,確實對學生學習成效有影響,就我現場觀察,在整個的環境改善之後,學生學習成效是有提升。A20221029：02

　　　　因應英語老師需求規劃了英語情境教室,教室內有一面很大的鏡子,學生在鏡前講話,老師可糾正其發音,桌椅也可以做併桌分組變化,還有一些新的英語刊物、美國國小的影片等,這樣空間的規劃設置,學生換個空間學習,學習心情也會轉換,對於學生學習成效是有幫忙。C20221105：04

　　空間一定是對學生學習成效有幫助的，所以我就很在意學校的圖書館，學生可以在安靜的空間選擇有興趣的書，校園各角落會有書車，還有行動書車，班級也有書櫃，除了圖書館以外的書，都很推薦也鼓勵孩子帶回家念。我覺得閱讀能力是有所提升。D20221106：04；E20221107：03　；F20221109：03

　　建置智慧型教室，增加很多師生互動，螢幕效果比之前清楚，這樣的設備對學生學習蠻不錯的，增加很多師生互動，螢幕效果比之前清楚，設備好會讓學生比較專注。E20221107：04

　　這幾年巡視班級上課情形，發現以前學生上課打瞌睡，現在比較沒有，我覺得應該跟教學設備的裝設有關。F20221109：02

　　教師運用資訊設備，丟任務給學生，學生在課堂上會比較有事情做，就會比較融入在學習上，所以我覺得平板或資訊設備確實有提升孩子的學習態度跟績效，但是否會直接反映到會考成績就不一定。G20221114：03

　　就國中校長空間領導「厚植教育夥伴關係」與「學習績效」之相關性，誠如受訪者 D、H 也指出如下列所述：

　　校長在規劃走廊空間時，會去問藝術領域的老師要如何規劃與設計，然後那些畫作是學生做的，我相信當學生被賦予重責大任，他就會有所轉變。我覺得參與會增加歸屬感，學生應該會以這所學校的學

生為榮。D20221106：04

　　學校一直以來規劃結合每一年社區營造做大偶，原定要做 12 尊大偶對應 12 個月，以希臘 12 眾神為依歸，每個月孩子都可藉由大偶去做融入學習，每一科都配合節慶做一系列的課程融入教學。H20221117：01

二、校長空間領導與學生學習成效的相關討論

　　首先，根據本研究結果分析，發現整體校長空間領導與整體學生學習成效呈現顯著的中度正相關（r=.48，p<.01），整體校長空間領導得分愈高的國民中學教師，其在整體學生學習成效也會愈高。由訪談資料也指出，依教師教學的需求規劃英語情境教室對學生學習心情轉換與學習成效很有幫助；規劃優雅安靜的圖書館環境、閱讀角落、行動書櫃，加上豐富的藏書，學生閱讀能力一定有所提升；教室安裝冷氣設備，學生比較不會浮躁，也有助於提升學生學習成效；而新穎的智慧教室、資訊設備等，都使學生較能專注融入學習，學習態度與學習績效有所提升；營造校園教育的環境，不僅提升學生使用的滿意度，也發揮其境教的潛移默化的效果。

　　再探討校長空間領導與學生學習成效各子構面相關係數，均達顯著水準，且均為低度至中度正相關；而在校長空間領導各子構面與整體學生學習成效及子構面的關係係數，亦均達顯著正相關，其中子構面間以「厚植教育夥伴關係」與「學習績效」的相關係數最高（.47）。推究其原因，校長能透過空間領導，讓學生參與校園規劃，增進學校認同與歸屬感；與社區文化結合，引進社區相關產業文化、地方仕紳等資源；規劃學校社區的互

動空間，鼓勵學生參與社區活動，以上作為皆有助於學生在學習活動各方面學習績效的成果表現；而校長空間領導子構面「提升行政績效」與整體學生學習成效的相關係數最高（.45），推究其原因，校長能妥善規劃將行政、教學、活動區域區隔，建置學校行政數位化系統，提供即時資訊，使行政績效提升，將對整體學生學習成效表現之提升大有助益。

分析討論上述之研究，可以得知整體校長空間領導及各構面得分程度愈高之國民中學教師，其整體學生學習成效及各構面效能亦愈高，本研究結果與鐘巧如（2016）研究結果相似，校長空間領導與學生學習成效兩者間具有正向關聯，然而，前述研究對象為國民小學教師，至於國中階段校長空間領導與學生學習成效之相關實證研究尚未有研究涉及，更顯得本研究主題的重要性。

參、國中教師知覺教師幸福感與學生學習成效相關分析與討論

一、教師幸福感與學生學習成效相關分析

本研究整理國民中學教師知覺整體教師幸福感與學生學習成效之相關係數摘要，如表 4-39。生活滿意與整體學生學習成效相關為 .51，達 .01 顯著水準；其與各子構面相關係數由高而低依序為學習態度 .49、學習滿意度 .46、學習績效 .44、作業表現 .40，均達顯著水準，皆為中度相關。亦即國民中學教師幸福感的子構面生活滿意會中度正向影響整體學生學習成效及其子構面（學習態度、學習滿意度、作業表現、學習績效）的表現。

身心健康與整體學生學習成效相關為 .46，達 .01 顯著水準；其與各子構面相關係數由高而低依序為學習態度 .44、學習滿意度 .43、學習績

效 .40、作業表現 .37，均達顯著水準，為低度至中度相關。身心健康對整體教師幸福感與學習態度、學習滿意度，以及學習績效三個子構面有中度正相關；身心健康對作業表現則是低度正相關。亦即國民中學教師幸福感的子構面身心健康會低度至中度正向影響整體學生學習成效及其子構面（學習態度、學習滿意度、作業表現、學習績效）的表現。

工作成就與整體學生學習成效相關為 .57，達 .01 顯著水準；其與各子構面相關係數由高而低依序為學習滿意度 .55、學習態度 .53、學習績效 .51、作業表現 .46，均達顯著水準，皆為中度相關。亦即國民中學教師幸福感的子構面工作成就會中度正向影響整體學生學習成效及其子構面（學習態度、學習滿意度、作業表現、學習績效）的表現。

正向情緒與整體學生學習成效相關為 .56，達 .01 顯著水準；其與各子構面相關係數由高而低依序為學習態度 .54、學習滿意度 .52、學習績效 .50、作業表現 .45，均達顯著水準，皆為中度相關。亦即國民中學教師幸福感的子構面正向情緒會中度正向影響整體學生學習成效及其子構面（學習態度、學習滿意度、作業表現、學習績效）的表現。

整體教師幸福感與整體學生學習成效相關為 .60，達 .01 顯著水準；其與學生學習成效各子構面相關係數由高而低依序為學習態度 .57、學習滿意度 .56、學習績效 .53、作業表現 .48，均達顯著水準，均呈現中度相關。

表 4-39 國民中學教師知覺教師幸福感與學生學習成效之相關係數摘要

構面	學習態度	學習滿意度	作業表現	學習績效	整體學生學習成效
生活滿意	.49**	.46**	.40**	.44**	.51**
身心健康	.44**	.43**	.37**	.40**	.46**
工作成就	.53**	.55**	.46**	.51**	.57**
正向情緒	.54**	.52**	.45**	.50**	.56**
整體教師幸福感	.57**	.56**	.48**	.53**	.60**

註：** p <.01

資料來源：本研究整理

　　就國中教師幸福感與學生學習成效為有顯著正相關，誠如受訪者 B、D、F、H 也指出如下列所述：

　　　　教師幸福就會比較有動能去做一些事情，願意去投入，學生學習上一定是會產生比較正向的效果。B20221029：03

　　　　如果老師有幸福感，相對情緒穩定，相信學生也比較願意學習，正向情緒對孩子比較多，孩子的心就帶的動。D20221106：04

　　　　我覺得老師的幸福感是會影響學生學習成效，因為老師如果每天來上班、上課是非常低落的心態，那學生連帶會被老師感染，會影響到學生的學習狀況。F20221109：03

　　老師對於空間的滿意幸福感，然後影響學生的成效，其實一定會有相關的，因為老師如果愛這個學校，就會願意為學校多付出，雖然學生學習成效不見得反映在分數上，但我覺得老師對於學校的認同會影響學生對學校的認同，這些可以從學生的品性或行為觀察得到。H20221117：03

　　我覺得幸福感是讓老師獲得重視，老師一旦獲得重視，當然會在教學上更努力，教師有一個慰藉，工作方面獲得肯定跟滿足，反映在學生學習成效上這是一定的。H20221117：05

二、教師幸福感與學生學習成效相關討論

　　首先，根據本研究結果分析，發現整體教師幸福感與整體學生學習成效呈現顯著的中度正相關（r= .60，p<.01），即整體教師幸福感得分愈高的國民中學教師，其在整體學生學習成效也會愈高。由訪談資料也指出，當學校注重教師的需求與感受，教師有幸福感就有動能，願意投入教學工作，更努力付出，勢必會反映在生學習成效上；教師幸福感對師生人際關係和課堂氣氛產生直接與重要的作用（Kansu, 2018），而教師幸福感使教師情緒穩定，相對師生互動關係穩定良好，有助於班級經營和學生學習；教師對校園空間的滿意，會影響到教師對學校的認同與歸屬感，自然也會影響到學生對學校的認同與榮譽感；而教師幸福感的心情會感染到學生，影響學生學習狀況。是以，教師幸福感與學生學習成效是息息相關。

　　再探討整體教師幸福感與學生學習成效各子構面相關係數，均達顯著水準，且為中度正相關；而在教師幸福感各子構面與整體學生學習成效及

子構面的關係係數，亦均達顯著正相關，其中子構面間以「工作成就」與「學習滿意度」的相關係數最高（.55）。推究其原因，教師有良好的工作成效能達到預定的工作目標，能在自己的專業工作表現與成果獲得肯定與讚賞，所展現出來的工作成就幸福感越能帶領學生在學習活動上產生愉悅的感受，引領學生在學習活動中獲得自我成就與自我實現的感受；而教師幸福感子構面「工作成就」與整體學生學習成效的相關係數最高（.57），推究其原因，教師幸福感多源自「被信任和重視」所得到的支持感，有機會追求有價值的存在狀態（Manning、Brock, &Towers, 2020），當教師從學生學習需求出發而設定的教學目標，所付出的努力成果能符應學生需求，獲得學生重視與信任，教師工作成就的幸福感將有助於提升學生學習整體之成效。

分析討論上述之研究結果，可以得知整體教師幸福感及各構面得分程度愈高之國民中學教師，其整體學生學習成效及各構面效能亦愈高，楊雅婷（2020）研究發現高中教師知覺幸福感越高時，學生學習成效也越高，其研究對象是高中教師，至於有關國中教師幸福感與學生學習成效之相關實證研究目前尚未有研究涉及，更顯出本研究主題的價值意義。

第四節　國民中學教師知覺校長空間領導、教師幸福感與學生學習成效之結構方程模式影響效果分析

本節旨以結構方程式進行分析，以驗證本研究架構國中校長空間領導、教師幸福感與學生學習成效之適配度與影響力，以 R 撰寫程式語言進行潛在變項路徑分析，使用的套件為 lavaan。分析模型包括校長空間領導、教師幸福感與學生學習成效三者的測量模式（measurement model），以及校長空間領導與教師幸福感對學生學習成效影響的結構模式（structural model）。依據文獻探討，校長空間領導和教師幸福感對學生學習成效具有影響力，而且校長空間領導也會對教師幸福感產生影響力，即校長空間領導、教師幸福感與學生學習成效三者之間具有因果關係。

以下分三部分加以說明，首先分析校長空間領導、教師幸福感與學生學習成效之徑路關係模式，接著為整體模型參數估計檢驗，最後則為影響效果分析。

壹、校長空間領導、教師幸福感與學生學習成效之徑路關係模式

本研究之國中校長空間領導、教師幸福感與學生學習成效徑路關係模式分為二部分，第一部分為基本適配度指標分析，第二部分為整體適配度分析，說明如下。

一、基本適配度指標分析

　　黃芳銘（2007）和 Bagozzi 與 Yi（1988）指出基本適配度的標準，標準化係數值要小於 0.95，誤差變異數必須為正值，本研究之校長空間領導、教師幸福感與學生學習成效潛在變項對觀察變項的標準化參數估計值如表4-40，皆符合基本適配度。

表 4-40 校長空間領導、教師幸福感與學生學習成效潛在變項對觀察變項的標準化參數估計值

參數	標準化參數估計值	誤差變異數
營造教育環境空間 ← 校長空間領導	0.89	0.21
融入課程教學 ← 校長空間領導	0.93	0.13
提升行政績效 ← 校長空間領導	0.90	0.19
厚植教育夥伴關係 ← 校長空間領導	0.87	0.24
生活滿意 ← 教師幸福感	0.84	0.29
身心健康 ← 教師幸福感	0.82	0.33
工作成就 ← 教師幸福感	0.85	0.28
正向情緒 ← 教師幸福感	0.85	0.28
學習態度 ← 學生學習成效	0.87	0.25
學習滿意度 ← 學生學習成效	0.88	0.22
作業表現 ← 學生學習成效	0.84	0.30
學習績效 ← 學生學習成效	0.84	0.29

資料來源：本研究整理

二、整體適配度分析

本研究之整體適配度指標採吳明隆與涂金堂（2016）之參考標準做為判斷要求，進行國中校長空間領導、教師幸福感與學生學習成效關係模式驗證，統計結果如表 4-41。

表 4-41 校長空間領導、教師幸福感與學生學習成效之徑路關係整體適配分析

統計檢定量		標準值 (判斷規準及詮釋)	檢定結果	模型適配判斷
	χ^2 (chi-square)	愈小愈好，p > .05	320.93 (p=0.0)	否
	χ^2/df	2-5	6.29	否
	GFI(goodness-of-fit index)	>.90，表示有良好的適配度	.95	是
絕對適配指標	RMR(root mean square residual)	< .05，值愈小表示模式的適配度愈佳	.02	是
	SRMR (standardized RMR)	<0.05，表示殘差較小，具良好的適配程度	.04	是
	RMSEA(root-mean-square error of approximation)	< .10 介於.08 與.10 之間，表示模式尚可；介於 .05 與 .08 之間，表示模式良好；小於 .05 表示優良適配	.07	是
	AGFI (adjusted GFI)	>.90，表示有良好的適配度	.93	是
增值適配指標	NFI (normal fit index)	>.90，愈接近 1 表示模式適配度愈佳	.97	是
	CFI (comparative fit index)	>0.90，愈接近 1 表示模式適配度愈佳	.97	是

（續下頁）

統計檢定量		標準值 (判斷規準及詮釋)	檢定結果	模型適配判斷
簡約適配指標	PGFI (parsimony goodness-of-fit index)	> .05	.62	是
	CN(Critical N)	>200	252.74	是

資料來源：本研究整理

　　由上表資料顯示，本研究在校長空間領導、教師幸福感與學生學習成效之徑路關係整體適配度說明如下：

（一）絕對適配度指標(absolute fit indexes)

　　本研究之卡方值為 320.93 (p= .00< .05)，自由度 51，未符合適配標準，通常卡方值檢定最適用在樣本數為 100~200 之間，本研究樣本數為 1,047 份問卷，而造成因果徑路與實證資料之間有差異存在，應再檢視其他指標，以利判斷模式的適配度。其他絕對適配統計指標發現適配度指標 GFI 值 .95 (> .90)達適配標準；殘差均方和平方根 RMR 值 .02(< .05)；標準化殘差均方根 SRMR 值 .04(< .05)表示殘差較小，具良好的適配程度；漸進殘差均方和平方根 RMSEA 值 .07(< .10) 介於 .05 與 .08 之間，表示模式良好。以上顯示本研究模式在絕對適配度指標具有良好的適配契合度。

（二）增值適配度指標(incremental fit indexes)

　　調整後適配度指標 AGFI 值 .93(>.90)達標；規準適配指標 NFI 值 .97(>.90)，以及比較適配指標 CFI 值 0.97(>.90) ，此兩個指標均是愈接近 1 表示模式適配度愈佳，顯示本研究模式在增值適配度指標是屬於理想模式。

（三）簡約適配度指標(parsimony fit indexes)

本研究之臨界樣本指標 CN 值 252.74 (>200)，達適配度指標；簡約調整後之規準適配度指數 PNFI 值 .62(> .05)達適配指數。以上指標值均達適配指數。

綜上，研究者所提出的校長空間領導、教師幸福感與整體學生學習成效模式與實證資料的適配情形是屬於良好模型。

貳、整體模型參數估計檢驗

本研究提出的模式中共有三個潛在變項，包括做為自變項的校長空間領導，中介變項的教師幸福感，以及依變項的學生學習成效。整體模型參數估計乃在檢驗校長空間領導、教師幸福感與學生學習成效三個潛在變項與分構面（觀察變項）之間的關係，校長空間領導、教師幸福感與學生學習成效之結構方程模式，如圖 4-1。茲分述說明如下：

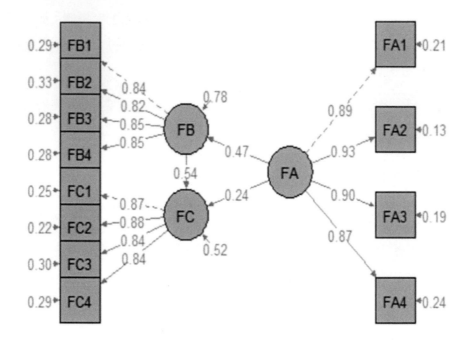

圖 4-1 校長空間領導、教師幸福感與學生學習成效之結構方程模式。

註：1. FA：校長空間領導；FA1：營造教育空間環境；FA2：融入課程教學；

　　　FA3：提升行政績效；FA4：厚植教育夥伴關係。

　　2. FB：教師幸福感；FB1：生活滿意；FB2：身心健康；

　　　FB3：工作成就；FB4：正向情緒。

　　3. FC：學生學習成效；FC1：學習態度；FC2；學習滿意度；

　　　FC3：作業表現；FC4：學習績效。

　　資料來源：本研究整理

一、校長空間領導構面

　　以校長空間領導為潛在變項的測量模式方面，營造教育環境空間、融

入課程教學、提升行政績效、厚植教育夥伴關係等四個觀察變項估計值均達顯著水準，即厚植教育夥伴關係、融入課程教學、提升行政績效，以及厚植教育夥伴關係均能夠反映潛在變項校長空間領導。四個觀察變項的標準化係數分別為 .89、.93、.90 和 .87，其 $R2$ 值分別為 .79、.87、.81 和 .76，$R2$ 值均大於 .5 表示具解釋力（陳寬裕、王正華，2016），數值越高，則代表有較高的解釋力。此外，由四個觀察變項之標準化係數比較得知，對校長空間領導而言，融入課程教學（ .93）最具有反映效果，其次是提升行政績效（ .90）、營造教育環境空間（ .89），厚植教育夥伴關係（ .87）相對比較低。因此，校長空間領導之重要因素排序為融入課程教學、提升行政績效、營造教育環境空間以及厚植教育夥伴關係，是以，影響校長空間領導最重要的因素為融入課程教學。

就國中校長空間領導重要的關鍵因素為「融入課程教學」，誠如受訪者 A、C、E 也指出如下列所述：

班級教室冷氣裝設的硬體部分，一定要配合後面的軟體管理，像課程的研發、學習成效的管理，本校自然領域老師就針對電這個部分設計校訂的綠能的融入課程。A20221029：01

學校閒置空間都充分運用在校長想推動的課程上，例如：職業試探的課程、童軍教育、流行樂專班等，這些空間規劃與設備增置對於學生學習成效是有幫助的。C20221105：01

規劃校園要融入課程教學才有意義，譬如這一條走廊、戶外空間，要融入什麼課程，哪些教學內容。E20221107：01

二、教師幸福感構面

　　以教師幸福感為潛在變項的測量模式方面，生活滿意、身心健康、工作成就以及正向情緒等四個觀察變項估計值均達顯著水準，即生活滿意、身心健康、工作成就，以及正向情緒均能夠反映潛在變項教師幸福感。四個觀察變項的標準化係數分別為 .84、.82、.846 和 .850，其 R2 值分別為 .70、.67、.71 和 .72，R2 值均大於 .5 表示具高解釋力。此外，由四個觀察變項之標準化係數比較得知，對教師幸福感而言，以正向情緒（ .85）為最具有反映效果，接續是工作成就（ .846）、生活滿意（ .84），身心健康（.82）相對為最低。因此，教師幸福感之重要因素排序為正向情緒、工作成就、生活滿意以及身心健康，由上得知，影響教師幸福感最重要的因素為正向情緒。

　　就影響教師幸福感重要關鍵因素為「正向情緒」、「工作成就」，誠如受訪者 A、C、E、F、G、H 也指出如下列所述：

　　　　我覺得正向情緒會比較影響到我的幸福感受，因為我覺得學校的氛圍、行政的氛圍不錯，給予正向的回饋，我就會覺得願意再為學校多付出。 F20221109：01

　　　　以我來講，「正向情緒」是比較影響幸福感的關鍵，正向情緒就是比較開心，如果情緒很負面的話，當然幸福感就不好。G20221114：02

　　　　「工作成就」會回饋到我自己，自己總是希望把工作做好，工作再忙也不會覺得很累，那因為在處理過程當中看到，因為我們的努力

後全校裝設冷氣，有一些成果的回饋就會得到一些支持。A20221029：01

當行政作為得到一些老師的正向回饋，也會讓自己很有成就感而做更多的事情。而這些工作上的成就感是我幸福感的主要來源。C20221105：02

教師幸福感較大的成份來自工作成就，身為總務主任是來自於工程獲得肯定，所謂別人的肯定，老師的回饋，或者是學生在使用設備上的回饋，是我幸福感最主要的來源。 E20221107：02

我覺得當你的東西獲得認同，然後有延續這才是開心的事，幸福的來源。H20221117：02

三、學生學習成效構面

以學生學習成效為潛在變項的測量模式方面，學習態度、學習滿意度、作業表現、學習績效等四個觀察變項估計值均達顯著水準，即學習態度、學習滿意度、作業表現，以及學習績效均能夠反映潛在變項學生學習成效。四個觀察變項的標準化係數分別為 .87、.88、.84 和 .841，其 R2 值分別為 .75、.78、.70 和 .71，R2 值均大於 .5 表示具高解釋力。此外，由四個觀察變項之標準化係數比較得知，對學生學習成效而言，學習滿意度（ .88）最具有反映效果，其次是學習態度（ .87）、學習績效（ .841）、作業表現（ .84）。所以，學生學習成效之重要因素排序為學習滿意度、學習態度、

學習績效、作業表現，因此，影響學生學習成效最重要的因素為學習滿意度。

就學生學習成效重要的關鍵因素為「學習滿意度」，誠如受訪者 E、F 也指出如下列所述：

有冷氣設備，學生上課覺得舒服，上課也聽話，學生的成績也逐年提升。E20221107：03

的確學校最近這幾年學生的表現真的是越來越好，我不敢講環境是不是直接或正相關，學生的表現絕對不是單方面的因素，但我相信環境絕對有潛移默化的效果，學生在使用環境空間是很開心的感覺。E20221107：04

我覺得規劃校園讓學生有很舒服的空間是必要的，全縣學校全部都裝冷氣，學生學習覺得很舒服，不管是上課或午休，學生的心比較可以靜下來。F20221109：02

新校舍很有設計感，不僅外觀亮麗，學生學習也很舒服，學校整個氛圍不一樣，加上教師本來就教學很認真，所以吸引更多的家長願意把孩子送過來就讀。F20221109：03

參、影響效果分析

　　各潛在變數之影響效果，詳如表 4-42 所示，針對校長空間領導、教師幸福感與學生學習成效三者關係的結構模式分析結果發現，校長空間領導對教師幸福感與學生學習成效有直接影響，直接效果分別為 .47 與 .24，教師幸福感對學生學習成效亦有直接影響，直接效果為 .54，由以上的影響效果分析中發現，對於學生的學習成效而言，影響最大的因素是教師幸福感。

　　此外，校長空間領導可透過教師幸福感間接影響學生學習成效，其間接效應的偏差校正 bootstrap 之 p 值為 .00，由於 p 值 < .05，顯示教師幸福感的間接效果顯著存在。研究結果發現，校長空間領導透過教師幸福感間接影響學生學習成效，其間接效果為 .25（ .47× .54= .25），顯示「校長空間領導對學生學習成效」有直接及間接的影響效果，亦即校長空間領導對學生學習成效產生影響力，其整體影響力達 .49（ .24+ .25= .49），換言之，要提升校長空間領導對學生學習成效之影響力，除了校長空間領導對學生學習成效之直接影響力外，透過教師幸福感對學生學習成效之間接影響力，將大為提升校長空間領導對生學習成效之整體影響效果。總之，研究結果顯示，校長空間領導分數愈高，教師幸福感與學生學習成效的表現愈好，而教師幸福感亦有助於提升學生學習成效，並且教師幸福感具有部分中介效果。

表 4-42 校長空間領導、教師幸福感與學生學習成效潛在變數之影響效果

潛在自變數	潛在依變數	直接效果	間接效果	整體效果
校長空間領導	教師幸福感	.47	----	.47
	學生學習成效	.24	$.47 \times .24 =$ .25	.49
教師幸福感	學生學習成效	.54	----	.54

資料來源：本研究整理

　　就學生學習成效而言，影響最大的因素是教師幸福感，誠如受訪者 D、F 也指出如下列所述：

　　　　校長在空間規劃上的影響最直接的應該是校園環境，校園環境好就算少子化，不會因此造成減班，至於學生學習成效跟各科教師比較有關。D20221106：03

　　　　老師影響學生很大，行政對老師的影響比校長大。F20221109：04

　　就校長空間領導可透過教師幸福感提升對學生學習成效之影響，教師幸福感具有中介效果，誠如受訪者 A、C、D、E、G、H 也指出如下列所述：

　　　　校長空間領導來講，是不能缺少「老師幸福感」營造，規劃運用小的資源，讓老師的幸福感提升，老師的幸福感提升之後，反而是直接影響到學生，老師在課堂教學來講，學生學習成效更高，效果是相

加乘的。A20221029：03

本校提供的環境相當不錯，而且都讓老師充分使用。老師的需求被滿足，那當然也會影響到學生的學習上。C20221105：04

教師有沒有覺得很幸福，其實學生也會被連動，當然環境也會影響到幸福感受。D20221106：04

任何規劃都需與使用的老師討論，當教師的需求被滿足，教師幸福感提升了，很認真教學，當然學生的學習成效一定會提升。E20221107：04

我認為，學生成效是一個目標，校長空間規劃是一種手段，但是要從手段到目標之間，教師扮演很重要的角色，教師幸福感就是中介的媒介，就好像是搭起鷹架，透過它來達成目標。G20221114：04

學校有完善的設施設備、空間規劃，老師覺得很滿意，就會去操作、運用，當然就會影響到學生學習各方面，對學生學習成效當然會有正面的影響，如果學校建置相關設施，老師的幸福感提升，會回饋到學生的學習成效。G20221114：04

學生的學習成效可能來自於老師的幸福感，教師的幸福感可能來自於校長的支持。所以，如果校長願意去支持老師所要的，通常老師要的是學生學習的需求，當獲得了滿足，當然學生的學習成效相對的

就會提升。H20221117：05

肆、綜合討論

　　本節以結構方程模式進行模式配適度檢測，驗證國民中學教師知覺校長空間領導、教師幸福感與學生學習成效之間的模式關係，經檢驗結果教師知覺校長空間領導、教師幸福感與學生學習成效建構的整體模式適配度良好。

　　本研究結果顯示，對校長空間領導而言，四個觀察變項以「融入課程教學」之標準化係數 .93 最具有反映效果，由訪談資料也顯示，校長實施空間領導，在空間規劃與設備增置都要融入課程教學才有意義，例如規劃走廊、戶外空間、班級設置冷氣等，都應思考到教學的內容與課程的設計，才能發揮空間領導的極大效益，是以，影響校長空間領導最重要的關鍵因素為「融入課程教學」。另外，對教師幸福感而言，四個觀察變項以「正向情緒」之標準化係數為 .85 最具有反映效果，由訪談資料也顯示，教師覺得幸福感的關鍵是來自正向情緒，感受到周遭的人物與環境是友善，學校的氛圍正向積極，是故，影響教師幸福感重要的關鍵因素為「正向情緒」。而針對學生學習成效而言，四個觀察變項以「學習滿意度」之標準化係數 .88 最具有反映效果，由訪談資料也顯示，規劃讓學生舒適的空間環境，讓學生學習舒服、開心，就像教室裝冷氣設備，學生上課覺得舒服，心較能靜下來，開心學習，學習成效自然提升，據此，影響學生學習成效最重要的關鍵因素為「學習滿意度」。

　　本研究結果顯示，教師幸福感對學生學習成效的直接效果為 .54，校長空間領導對學生學習成效的直接效果 .24，如果加上間接效果為 .25，其

整體效果 .49，是以，教師幸福感對學生學習成效的直接效果大於校長空間領導對學生學習成效的直接效果和整體效果，由訪談資料也指出，校長的空間規劃最直接影響的是校園環境，環境會產生潛移默化的影響力，然而，學生學習成效跟教師較直接相關，教師幸福感會連動影響到學生。

　　本研究結果顯示，校長空間領導對教師幸福感是直接效果是 .47，對學生學習成效直接效果是 .24，校長空間領導對教師幸福感的直接效果高於對學生學習成效之直接效果；如欲提高校長空間領導對學生學習成效之影響，可透過教師幸福感間接影響學生學習成效，其間接效果為 .25，再加上直接影響力 .24，校長空間領導對整體學生學習成效影響力可達 .49，由訪談資料也指出，校長空間領導絕對不能缺少對教師幸福感的營造，完善的設施設備、空間規劃，注重與滿足教師的需求、支持教師，使教師幸福感提升就會直接影響到學生學習成效，而教師幸福感就像是鷹架，校長空間領導會透過教師幸福感的媒介，達到學生學習成效提升的教育目標。據此，校長空間領導可透過教師幸福感提升對學生學習成效之影響，教師幸福感具有部分中介效果。本研究結果與鍾巧如（2016）之研究結果「國小校長空間領導對學生學習成效產生直接的影響，並可透過教師社群運作的中介機制，對學生學習成效產生正向的影響」相似，然上述研究對象是國小校長空間領導對學生學習成效之影響，以教師社群運作為中介變項，至於針對國中校長空間領導對學生學習成效影響，以教師幸福感為中介變項之研究目前尚未有研究涉及，更顯出本研究主題的重要價值意義。

　　綜上，當國民中學校長展現空間領導時，就會促進教師幸福感進而影響學生學習成效，且教師幸福感對學生學習成效有直接的高影響力，教師幸福感對學生學習成效的直接效果比校長空間領導對學生學習成效的直接效果大；校長空間領導對於教師幸福感亦有直接影響效果。是以，國民中

學校長展現良好的空間領導作為，就能提升教師幸福感，同時增進學生學習成效。

　　而從本研究結果證實，國民中學校長空間領導和教師幸福感兩者具相關和影響力，而教師幸福感和學生學習成效兩者更具相關和影響力，校長空間領導對於教師幸福感會產生影響力，而教師幸福感對於學生學習成效亦會產生影響力，三者之間具有遞移效應。因此，本研究國民中學校長空間領導、教師幸福感與學生學習成效是具有良好的適配度，教師幸福感具有部分中介效果。是以，校長在進行空間領導時，應該注意校長空間領導對教師之幸福感之直接影響遠高於對學生學習成效之直接效果，遂校長在空間領導時，應多著重於教師的幸福感感受；而就學生學習成效而言，教師幸福感的直接影響力是高過於校長空間領導之直接影響力，所以校長實施空間領導時，應善用教師幸福感對學生學習成效之中介效果，來提升校長空間領導對學生學習成效之影響力。因此，校長在實施空間領導時，要多著眼於教師幸福感的提升，才能更有效達到提升學生學習成效的教育終極目標。

第三部分　發展趨勢

第五章 結論與建議

　　本研究旨在探討國民中學教師知覺校長空間領導、教師幸福感與學生學習成效之關係，分別瞭解校長空間領導、教師幸福感與學生學習成效的現況；不同背景變項的國民中學教師知覺校長空間領導、教師幸福感與學生學習成效的差異；探究國民中學教師知覺校長空間領導、教師幸福感與學生學習成效的相關情形，以及校長空間領導、教師幸福感與學生學習成效的適配情形與影響效果。本研究採問卷調查法與半結構式訪談，研究對象為臺灣本島公立國民中學正式教師，研究過程先蒐集相關文獻並建立研究架構，接著進行研究工具的預試及修訂，隨後進行正式問卷施測與訪談，經資料統計分析與訪談資料彙整，進而呈現研究結果。

　　本章分為兩節，第一節依據分析討論的結果，歸納出本研究的結論；第二節則依據結果提出具體建議，以供教育行政機關、教育相關人員、家長團體，以及未來研究之參考。

第一節 結論

　　本研究根據文獻探討、問卷統計與訪談資料分析討論，歸納出以下結論：

壹、校長空間領導、教師幸福感與學生學習成效現況結論

一、國民中學教師知覺校長空間領導達中高程度，以營造教育空間環境為最高，提升行政績效較低

本研究結果顯示，臺灣本島國民中學校長空間領導之整體現況平均數為 3.88，屬於中高程度，在校長空間領導各構面，分析結果顯示：「營造教育空間環境」構面平均數最高，其次依序為「厚植教育夥伴關係」、「融入課程教學」、「提升行政績效」，皆為中高程度。依校長空間領導量表題項來看，以「營造教育空間環境—2.校長能重視安全維護設備（裝設電力、消防、保全系統等），建置無障礙和性別平等的設施（電梯、導盲磚、女廁比例高等）形塑安全友善校園」的知覺程度最高，「提升行政績效—15.校長規劃舒適的辦公環境空間(辦公空間寬敞、備有沙發、美化布置等)，激發行政工作創意和效率」較低。

二、國民中學教師知覺教師幸福感達中高程度，以身心健康為最高，正向情緒較低

本研究結果顯示，臺灣本島國民中學教師幸福感之整體現況平均數為 3.98，屬於中高程度，在教師幸福感各構面，分析結果顯示：「身心健康」構面平均數最高，其次依序為「生活滿意」、「工作成就」、「正向情緒」，皆為中高程度。依教師幸福感量表題項來看，以「生活滿意—5.身為教師我很享受並珍惜現在擁有的一切」的知覺程度最高，「正向情緒—18.我對工作未來發展感到樂觀」較低。

三、國民中學教師知覺學生學習成效達中高程度,以學習滿意度為最高,學習態度較低

本研究結果顯示,臺灣本島國民中學學生學習成效之整體現況平均數為 3.64,屬於中高程度,在學生學習成效各構面,分析結果顯示:「學習滿意度」構面平均數最高,其次依序為「作業表現」、「學習績效」、「學習態度」,皆為中高程度。依學生學習成效量表題項來看,以「學習態度—6.課堂上,學生能和諧相處,彼此互相合作」的知覺程度最高,「學習態度—3.學生能關懷生命倫理,並主動參加公益團體活動」較低。

貳、校長空間領導、教師幸福感與學生學習成效的差異結論

本研究根據問卷調查結果分析顯示,不同背景變項之國中教師知覺校長空間領導、教師幸福感與學生學習成效之差異,結論如下:

一、國中教師對校長空間領導的知覺程度會因 「性別」、「年齡」、「現在職務」、「學校區域」、「學校規模」、「學校校齡」、「校長在校服務年資」而有顯著差異

(一)「男性教師」對整體校長空間領導及各構面的知覺程度均顯著高於「女性教師」。

本研究發現,不同性別之教師對校長空間領導的知覺程度有所差異。整體而言,男性教師對校長空間領導的知覺程度高於女性教師;男性教師在校長空間領導所有構面(營造教育空間環境、融入課程教學、提升行政績效、厚植教育夥伴關係)的知覺程度均顯著高於女性教師。

(二)「21-30 歲」教師在「整體校長空間領導」和「提升行政績效」構面

的知覺程度顯著高於「31-40 歲」教師；「51 歲以上」教師在「營造教育空間環境」構面的知覺程度也顯著高於「31-40 歲」教師。

本研究發現，不同年齡教師對校長空間領導之知覺程度在整體校長空間領導及「營造教育空間環境」、「提升行政績效」兩個分構面達顯著差異。「21-30 歲」組的教師較「31-40 歲」組的教師在「提升行政績效」和「整體校長空間領導」有較高知覺；「51 歲以上」的教師在「營造教育空間環境」也較「31-40 歲」的教師高知覺。

（三）「主任」與「組長」在整體校長空間領導及所有構面知覺均顯著高於「導師」；「主任」在整體校長空間領導和「營造教育空間環境」、「厚植教育夥伴關係」構面顯著高於「專任教師」；「組長」在「厚植教育夥伴關係」構面也顯著高於「專任教師」。

本研究發現，不同現在職務教師對校長空間領導之知覺程度在整體校長空間領導以及所有分構面均達顯著差異。在「整體校長空間領導」與「營造教育空間環境」構面，主任知覺顯著高於導師與專任教師，組長知覺顯著高於導師；在「融入課程教學」、「提升行政績效」兩個構面，兼職行政的主任與組長知覺顯著高於導師；而在「厚植教育夥伴關係」構面，兼任行政的主任與組長知覺顯著高於未兼行政工作之導師與專任教師。

（四）「北部」學校教師在「整體校長空間領導」和「融入課程教學」構面知覺顯著高於「中部」與「南部」學校教師。

本研究發現，不同學校區域教師在「整體校長空間領導」和「融入課程教學」構面有顯著差異。「北部」學校教師在「整體校長空間領導」和「融入課程教學」構面知覺顯著高於「中部」與「南部」學校的教師。

（五）「13-48 班」中型學校規模教師在「整體校長空間領導」和「厚植教育夥伴關係」構面知覺顯著高於「49 班(含)以上」大型學校規模的教

師;「12 班(含)以下」小型學校規模教師在「厚植教育夥伴關係」構面知覺顯著高於「49 班(含)以上」大型學校規模的教師。

本研究發現,不同學校規模教師對校長空間領導之知覺程度在「整體校長空間領導」和「厚植教育夥伴關係」構面有顯著差異。在「整體校長空間領導」整體而言,「13-48 班」學校規模教師知覺顯著高於「49 班(含)以上」學校規模的教師;在「厚植教育夥伴關係」構面部分,則是「12 班(含)以下」與「13-48 班」學校規模教師知覺顯著高於「49 班(含)以上」學校規模的教師。

(六)「11-30 年」校齡學校的教師在「融入課程教學」知覺顯著高於「31-50 年」和「51 年以上」校齡學校的教師。

本研究發現,不同學校校齡教師對校長空間領導之知覺程度在「融入課程教學」構面有顯著差異。「11-30 年」學校的教師在「融入課程教學」知覺顯著高於「31-50 年」和「51 年以上」學校校齡的教師。

(七)校長在該校服務年資「2-4 年」學校教師在「整體校長空間領導」和各分構面知覺均顯著高於校長在該校服務年資「5 年(含)以上年」者;校長在該校服務年資「1 年(含)以下」學校教師在「厚植教育夥伴關係」構面知覺顯著高於校長在該校服務年資「5 年(含)以上年」者。

本研究發現,不同校長在校服務年資教師對校長空間領導之知覺程度在「整體校長空間領導」以及所有構面均達顯著差異。校長在該校服務年資「2-4 年」在「整體校長空間領導」和四個分構面得分均高於校長在該校服務年資「5 年(含)以上年」;在「厚植教育夥伴關係」構面,校長在該校服務年資「1 年(含)以下」與服務年資「2-4 年」學校教師得分顯著高於校長在該校服務年資「5 年(含)以上年」。

(八)不同「最高學歷」、「服務年資」之教師對校長空間領導的知覺程度

並無顯著差異。

本研究發現，最高學歷、服務年資之教師對整體校長空間領導及各構面（營造教育空間環境、融入課程教學、提升行政績效、厚植教育夥伴關係）的知覺程度均無顯著性差異。

二、國中教師對教師幸福感的知覺程度會因「性別」、「年齡」、「學校區域」、「學校規模」、「學校校齡」而有顯著差異

（一）「男性教師」在「整體教師幸福感」及「生活滿意」、「工作成就」構面知覺顯著高於「女性教師」。

本研究發現，不同性別教師對教師幸福感之知覺程度在「整體教師幸福感」及「生活滿意」、「工作成就」構面有顯著差異。男教師在知覺「整體教師幸福感」及「生活滿意」、「工作成就」此兩分構面顯著高於女教師。

（二）「31-40 歲」教師在「整體教師幸福感」顯著低於「51 歲以上」者，在「生活滿意」構面顯著低於其他各年齡層教師，在「身心健康」構面則顯著低於「21-30 歲」和「51 歲以上」教師。

本研究發現，不同年齡教師對教師幸福感之知覺在「整體教師幸福感」以及「生活滿意」、「身心健康」兩個分構面達顯著差異。「31-40 歲」的教師在「生活滿意」方面顯著低於其他各年齡層教師，而在「身心健康」則顯著低於「21-30 歲」、「51 歲以上」；「整體教師幸福感」方面則顯著低於「51 歲以上」的教師。

（三）「北部」和「東部」學校教師在「整體教師幸福感」，以及「生活滿意」、「正向情緒」構面知覺顯著高於「中部」教師；「北部」學校教師在「身心健康」構面知覺顯著高於「中部」與「南部」教師，在「工

作成就」構面則顯著高於「中部」學校教師。

　　本研究發現，不同學校區域教師對教師幸福感之知覺在「整體教師幸福感」以及各構面均有顯著差異。在「生活滿意」、「正向情緒」以及「整體教師幸福感」，「北部」和「東部」學校教師福感知覺均高於「中部」教師；「北部」學校教師在「身心健康」與「工作成就」高於「中部」學校教師，在「身心健康」方面亦高於「南部」學校教師。

（四）「13-48 班」中型學校規模教師在「整體教師幸福感」和各構面知覺
　　　均顯著高於「12 班(含)以下」小型學校規模者。

　　本研究發現，不同學校規模教師對教師幸福感之知覺在「整體教師幸福感」以及各構面均有顯著差異。「13-48 班」中型學校規模教師在「整體教師幸福感」和生活滿意、身心健康、工作成就及正向情緒等各構面知覺均顯著高於「12 班(含)以下」小型學校規模的教師。

（五）「11-30 年」校齡學校教師在「生活滿意」知覺顯著高於「51 年以上」
　　　學校校齡教師。

　　本研究發現，不同學校校齡教師對教師幸福感之知覺程度部分有顯著差異。「11-30 年」學校的教師在「生活滿意」知覺高於「51 年以上」學校校齡的教師。

（六）不同「最高學歷」、「現在職務」、「服務年資」、「校長在校服務年資」
　　　之教師對教師幸福感的知覺程度並無顯著差異。

　　本研究發現，最高學歷、現在職務、服務年資、學校校齡、校長在校服務年資之教師對整體教師幸福感及各構面（生活滿意、身心健康、工作成就、正向情緒）的知覺程度均無顯著性差異。

三、國中教師教師對學生學習成效的知覺程度會因 「年齡」、「服務年資」、「學校區域」、「學校規模」而有顯著差異

（一）「21-30 歲」教師在「整體學生學習成效」以及「學習滿意度」、「作業表現」、「學習績效」構面知覺程度均顯著高於其他年齡層教師，在「學習態度」構面則顯著高於「31-40 歲」者。

本研究發現，不同年齡教師對學生學習成效之知覺程度在整體學生學習成效及各構面均有顯著差異。「21-30 歲」的教師「整體學生學習成效」以及「學習滿意度」、「作業表現」、「學習績效」構面知覺程度均顯著高於其他年齡層教師，而在「學習態度」方面，則比「31-40 歲」的教師知覺程度高。

（二）「10 年(含)以下」服務年資的教師在「整體學生學習成效」和「作業表現」構面知覺顯著高於服務年資「21 年(含)以上」者。

本研究發現，不同服務年資教師對學生學習成效之知覺程度在整體學生學習成效及「作業表現」構面達顯著差異。服務年資「10 年(含)以下」組的教師在整體學習成效和「作業表現」構面知覺顯著高於「21 年(含)以上」教師。

（三）「東部」學校教師在「整體學生學習成效」和「學習滿意度」構面知覺顯著高於「南部」學校教師；「北部」和「東部」學校教師在「作業表現」構面知覺顯著高於「中部」學校教師。

本研究發現，不同學校區域教師對學生學習成效之知覺程度在整體學生學習成效及「學習滿意度」、「作業表現」構面達顯著差異。「東部」學校教師在「學習滿意度」和「整體學生學習成效」知覺高於「南部」學校教

師;在「作業表現」構面則是「北部」和「東部」學校教師知覺高於「中部」學校教師。

（四）「13-48 班」中型學校規模的教師在「整體學生學習成效」知覺顯著高於「12 班(含)以下」小校規模者;「13-48 班」和「49 班(含)以上」學校規模的教師在「學習態度」和「學習滿意度」知覺顯著高於「12 班(含)以下」小校規模者;「13-48 班」學校規模教師在「學習績效」知覺顯著高於「49 班(含)以上」大型學校規模者。

本研究發現,不同學校規模教師對學生學習成效之知覺程度在整體學生學習成效及「學習態度」、「學習滿意度」、「學習績效」構面有顯著差異。在「整體學生學習成效」方面,「13-48 班」學校規模教師知覺高於「12 班(含)以下」規模的教師;在「學習態度」和「學習滿意度」方面,「13-48 班」和「49 班(含)以上」學校規模教師知覺高於「12 班(含)以下」規模的教師;在「學習績效」方面,「13-48 班」學校規模教師知覺高於「49 班(含)以上」規模的教師。

（五）不同「性別」、「最高學歷」、「現在職務」、「學校校齡」、「校長在校服務年資」之教師對學生學習成效的知覺程度並無顯著差異。

本研究發現,「性別」、「最高學歷」、「現在職務」、「學校校齡」、「校長在校服務年資」之教師對整體學生學習成效及各構面（學習態度、學習滿意度、作業表現、學習績效）的知覺程度均無顯著差異。

參、校長空間領導、教師幸福感及學生學習成效之相關結論

一、校長空間領導「提升行政績效」構面與整體教師幸福感的相關係數最高，與「生活滿意」構面相關較高

　　本研究發現國中校長空間領導與教師幸福感為有顯著正相關，校長空間領導會中度正向影響教師幸福感，顯示強化校長空間領導將可提升教師幸福感，「提升行政績效」構面與整體教師幸福感的相關係數最高。國中校長空間領導與教師幸福感各分構面呈現低度至中度正相關，其中以「提升行政績效」與「生活滿意」相關較高。

二、校長空間領導「提升行政績效」構面與整體學生學習成效的相關係數最高；「厚植教育夥伴關係」構面與「學習績效」構面相關較高

　　本研究發現國中校長空間領導與學生學習成效為有顯著正相關，校長空間領導會中度正向影響學生學習成效，顯示強化校長空間領導將可提升學生學習成效，「提升行政績效」構面與整體學生學習成效的相關係數最高。國中校長空間領導與學生學習成效各分構面呈現低度至中度正相關，以「厚植教育夥伴關係」與「學習績效」相關較高。

三、教師幸福感「工作成就」構面與整體學生學習成效的相關係數最高，與「學習滿意度」相關較高

　　本研究發現國中教師幸福感與學生學習成效為有顯著正相關，教師幸福感會中度正向影響學生學習成效，顯示增加教師幸福感將可提升學生學

習成效,「工作成就」與整體學生學習成效的相關係數最高。國中教師幸福感與學生學習成效各分構面呈現低度至中度正相關,以「工作成就」與「學習滿意度」相關較高。

肆、校長空間領導、教師幸福感及學生學習成效之影響效果結論

一、校長空間領導、教師幸福感與學生學習成效之路徑關係模式具有良好適配度

以結構方程模式進行模式配適度檢驗,經基本適配度指標和整體適配度分析結果,本研究所提出校長空間領導、教師幸福感與學生學習成效的整體模式適配度良好。

二、影響校長空間領導最重要的關鍵因素為「融入課程教學」;影響教師幸福感最重要的關鍵因素為「正向情緒」;影響學生學習成效最重要的關鍵因素為「學習滿意度」

本研究發現「校長空間領導」的四個構面對校長空間領導均具解釋力,其中以「融入課程教學」為校長空間領導的最重要因素;「教師幸福感」的四個構面對教師幸福感均具解釋力,其中以「正向情緒」為教師幸福感的最重要因素;「學生學習成效」的四個構面對學生學習成效均具解釋力,其中以「學習滿意度」為學生學習成效的最重要因素。

三、校長空間領導對教師幸福感與學生學習成效有顯著正向影響效果；教師幸福感對學生學習成效亦有顯著正向影響效果

本研究發現校長空間領導對教師幸福感直接效果為 .47，對學生學習成效的直接效果為 .24，校長空間領導對教師幸福感與學生學習成效均具有顯著正向影響效果；教師幸福感對學生學習成效的直接效果為 .54，亦具有顯著正向影響效果。而校長空間領導再加上透過教師幸福感對學生學習成效的間接效果 .25，校長空間領導對學生學習成效的整體效果為 .49，以總效果而言，在本研究的兩個潛在自變項中，對「學生學習成效」影響較大的是「教師幸福感」，其次是「校長空間領導」。

四、校長空間領導可透過教師幸福感間接影響學生學習成效，教師幸福感具有部分中介效果

本研究發現校長空間領導對教師幸福感有正向的直接影響效果，教師幸福感對學生學習成效亦有正向的直接影響效果，而校長空間領導對學生學習成效具直接影響力，也可以透過教師幸福感對學生學習成效產生間接影響，顯示「教師幸福感」在「校長空間領導」與「學生學習成效」之間扮演部分中介角色。

第二節　建議

本節依據研究結果與結論，提出幾項建議，做為教育行政機關、教育相關人員、家長團體，及未來研究工作之參酌，對於校長空間領導、教師

幸福感及學生學習成效相關議題上，提供省思及後續研究的參考，茲說明如下。

壹、對教育行政機關之建議

一、規劃國中校長空間領導增能研習，強化校長空間領導能力

本研究結果顯示，校長空間領導與教師幸福感及學生學習成效皆為中度顯著正相關，同時校長空間領導對於學生學習成效有正向影響力，顯現校長空間領導在目前辦學上的重要性。

本研究結果顯示，國民中學教師知覺校長空間領導達中高程度，以營造教育空間環境為最高，進一步深入探究可知在安全維護設備、建置無障礙和性別平等的設施以形塑安全友善校園；建置各類節能環保設施，以形塑永續發展校園；規劃多樣化休憩活動設施和環境，提供多樣的校園生活空間等營造教育空間環境措施與作為皆有顯著成效。建議在候用校長儲訓階段可再加強深化相關課程，以普遍整體提升校長空間領導的理念與策略；針對現任校長辦理空間領導社群的實務研習，並安排與空間領導卓越學校的分享與專業對話；另外，也可結合校長團體辦理工作坊，如焦點座談、世界咖啡館等方式，讓校長們能深度匯談、激盪想法；此外，主管機關可以鼓勵學校積極爭取各項專案計畫補助，如美感校園計畫、校園美感角落、跨領域美感教育卓越領航計畫等，藉由計畫補助讓校長有經費規劃校園空間，營造教育環境，藉由實際參與和執行計畫，提升校長空間領導的實務經驗與能力。

二、依據學校規模調整推行策略與合理經費比例分配，以有效提升大型
學校推動空間領導之效能

本研究結果顯示，「13-48 班」中型學校規模教師在「整體校長空間領
導」知覺顯著高於「49 班(含)以上」大型學校規模的教師；「12 班(含)以下」
小型與學「13-48 班」中型學校教師在「厚植教育夥伴關係」構面知覺顯著
高於「49 班(含)以上」大型學校規模的教師，顯見中、小型學校校長在推
展空間領導理念，結合在地特色、整合資源與校內、外成員溝通上，相較
大型規模學校在推動時間更加彈性與快速，大型學校往往需投入更多人力、
空間與資源。是以，教育行政機關除引導大型規模學校符應學校特色需求
與空間活絡策略外，可依不同學校規模訂定補助經費的比例，以利學校依
據短、中、長期之發展目標需求，選擇適切的申請時機，並在申請經費統
籌撥付、評核機制和激勵措施等，依學校規模進行彈性調整，以更有效提
升大型學校推動學校空間特色定位，打造學校優質校園空間環境之效能與
誘因。

三、持續落實對教師身心健康之關注，並提供正向情緒支持以提升教師
幸福感

本研究結果顯示，臺灣本島公立國中教師對教師幸福感「身心健康」
構面知覺程度最高，身心健康是教師最為在意的幸福感知覺，據此，建議
教育行政機關籌擬相關計畫，鼓勵學校規劃教師課後運動休閒的空間，讓
教師持續保持身體健康，並編列經費提供學校邀請專家學者講座，協助教
師理解情緒的本質紓解工作壓力。

此外，本研究結果顯示，影響教師幸福感重要關鍵因素為「正向情緒」，

然而本研究結果卻發現，目前國中教師對「正向情緒」知覺程度較低，其中以本研究教師幸福感量表「我對工作未來發展感到樂觀」題項平均得分最低，由訪談資料顯示，教師對少子化可能產生減班，導致可能超額至離家較遠的學校感到憂慮；亦有表示，由於課綱及教育政策的推陳出新，有時使學校既已想要發展的計畫改變或中斷；以及對課程和政策變化的支持不足（Wylie & MacDonald, 2020）使教師對工作未來發展有所憂慮，教育單位推動大方針政策，學校配合推動的行政人員及第一線執行的教師感到茫然。據此，教育行政機關在推動教育新政策方針時，應多關切教師的需求和立場，多提供教育政策相關訊息與支援系統，並協助學校延續原有學校特色計畫，藉此舒緩學校成員對未來發展不確定性之憂慮。

四、本研究所建構校長空間領導、教師幸福感與學生學習成效之模式可作為日後政策分析之檢證

本研究結果顯示，校長空間領導直接影響學生學習成效，亦可透過教師幸福感中介效果增加對學生學習成效之影響力。近年來中央或各縣市政府對於校園建築安全維護、校舍更新活化、圖書館整建、空間藝術情境改造、廁所改善，以及各類體驗教室與中心（例如教育部推行之自造實驗室方案、縣市政府各類體驗與職涯試探中心等）皆有相關經費或競爭型計畫之補助，惟經費補助後，在教師使用效益之幸福感受，以及學生學習成效等評估，仍待驗證，以供經費統籌規劃與政策之考量，據此，建議本研究所建構之模式，可針對獲得相關設備補助學校進行檢證評核，以利驗證教育執行推動績效之追蹤與改進。

貳、對教育相關人員之建議

一、國中校長方面

（一）善用融入課程教學措施來促進空間領導之成效，並加強提升行政績
　　　效之作為。

　　本研究結果顯示，影響校長空間領導最重要關鍵因素為「融入課程教
學」，在學校實務時間與經費之限制與考量下，建議可以先以「融入課程教
學」做為校長空間領導的主軸，將「帶動課程發展」與「引領教學創新」
做為首要推展之重點，能具有立即性效益。就「帶動課程發展」方面，活
化學校空間，規劃學生學習共享區域，形塑處處可學習的環境；近年因疫
情因素，使學校課程教學產生前所未有的變化，線上教學儼然已成為教學
現場常態，在目前臺灣地區智慧教室已布建完善，隨之生生有平板的政策
也逐步在推動，在既有的智慧教室奠基下，規劃校園環境將實境與虛擬融
合，以因應 5G 廣泛應用的新世代，設置數位資訊網路與教學平臺，建構
無所不在的學習情境，已是當務之急。在「引領教學創新」方面，規劃各
種輔助教學區、活化多樣的教學空間與設備、規劃各類特色課程需求的空
間、依據學習者不同的學習特性差異，規劃設計各種新式學習空間，如多
元實驗空間、班群與群組分享空間、沉浸式學習環境等校園環境規劃之措
施，都能引領教師教學創新，也是校長實施空間領導發揮成效之關鍵作為。

　　除此，本研究結果亦顯示，臺灣本島公立國中教師對校長空間領導的
「提升行政績效」表現知覺程度較低，其中以「校長規劃舒適的辦公環境
空間(辦公空間寬敞、備有沙發、美化布置等)，激發工作創意和效率」題項
得分最低，訪談資料也指出，校長在實施空間領導時多會以學生教室空間

為優先考量，接著才考慮教師需求，行政大多擺最後，然而，本研究結果顯示「提升行政績效」與整體教師幸福感相關最高，亦與整體學生學習成效相關最高，據此，校長在實施空間領導時，宜多加強「提升行政績效」層面，包含「形塑學校文化」與「促進行政革新」等作為，尤其需多重視辦公環境空間舒適之規劃，例如採用 OA 辦公桌、擺設會客桌椅或沙發、美化布置等，除了讓教師同仁感受到學校的重視外，新穎、溫馨、有私人隱蔽空間的辦公室，將使教師能更專心備課和接續處理班務，也能激發行政同仁工作創意和效率，以提升整體教師幸福感，對整體學生學習成效之提升亦有相當的助益。

（二）提升教師工作成就感，並持續關注學生學習滿意度以提升學生學習成效。

本研究結果顯示，教師幸福感「工作成就」構面與整體學生學習成效的相關係數最高。是以，建議在設定學校工作項目外，宜建立更靈活的工作時間表，讓教師有較大的工作自主權，並予以參與決策的機會（Naghieh et al., 2015），以利協助教師達成預定的工作目標，並應多給予積極的肯定與讚賞，以提高教師工作成就感，促進教師幸福感之提升，對提升整體學生學習成效必也有所助益。

除此，本研究結果發現，臺灣本島公立國中教師對學生「學習滿意度」的知覺程度最高，而本研究結果亦發現，影響學生學習成效的最重要關鍵因素為「學習滿意度」，顯示學生學習滿意度愈佳學生學習成效益為顯著。學校環境在改善學生的心態，完整的學習設施和基礎設施良好的環境條件是在支持創建一個愉快的學習環境（Azzahra & Usman, 2019），建議可透過班聯會或學生自治會議，瞭解學生學習的需求，做為學校校園空間劃與設備添置之參考依據，使學生學習需求獲得滿足，學生在「學習滿意度」層

面的提升，將更有效提升學生學習成效。

（三）多關照女性與「31-40 歲」年齡層教師，營造教師同儕彼此關懷與支
　　　持之氛圍。

　　本研究結果發現，女性教師在「整體教師幸福感」及「生活滿意」、「工作成就」構面知覺顯著低於男性教師。教師如果未感覺到學校內外的支持，在高工作量又缺乏支持下，將帶來情緒的沮喪（Bonne & MacDonald, 2019），是以，校長宜多關照女性教師在家庭與工作之間調適，必要時給予其相關協助，並多給予工作專業表現和成果的肯定與鼓舞。

　　此外，本研究結果發現，「31-40 歲」教師在「整體校長空間領導」和「提升行政績效」構面的知覺程度顯著低於「21-30 歲」教師，在「營造教育空間環境」顯著低於「51 歲以上」教師；在「整體教師幸福感」顯著低於「51 歲以上」者，在「生活滿意」構面顯著低於其他各年齡層教師，在「身心健康」構面則顯著低於「21-30 歲」和「51 歲以上」教師；而在「整體學生學習成效」以及各構面知覺程度均顯著低於「21-30 歲」年齡層教師。顯見，「31-40 歲」年齡層教師在校長空間領導、教師幸福感、學生學習成效知覺相較於其他年齡層教師顯著較低，是以，校長宜多關注本年齡層教師，同理其多重角色的立場與壓力，表達適度關切，多鼓勵、肯定同仁，並考量教師特殊需求，給予個別尊重與關懷，另外，提供溫馨、舒適的場地空間、經費，讓老、中、青年齡層教師在輕鬆的環境下，透過教師成長社群，交流學習教材教法、教學心得、班級經營，以及生活經驗傳承分享，營造教師同儕彼此關懷與提供支持力量的組織氛圍。

（四）鼓勵教師參與行政工作，多提供女性教師和導師有關空間領導相關
　　　資訊。

　　本研究結果顯示，男性教師在「整體校長空間領導」及所有構面的知

覺程度均顯著高於女性教師；不同職務教師對「校長空間領導」知覺程度
有顯著差別，「兼任行政職」教師知覺程度顯著高於「導師」，可見兼行政
職務會影響教師對校長空間領導現況的知覺程度。是以，校長除可善加借
助男性教師、兼任行政職教師的力量，協助推動空間領導的理念外，宜多
鼓勵女性教師參與學校行政工作，例如，擔任領域召集人、專業社群召集
人、專案計畫負責人或行政兼職組長、主任等，發揮更大的影響力，以提
升工作成就感與自我價值，並建立獎勵措施和職務輪動機制，增加參與行
政工作的機會，將有助於教師對學校事務之理解；另外，利用導師會報或
導師群組多提供校長空間領導實施情形、空間領導運作和決策過程等訊息，
促進導師對校長空間領導的理解與認同，以利於校長空間領導之推展。

（五）善用校長空間領導促進教師幸福感，以有效提升學生學習成效。

　　本研究結果顯示，「校長空間領導」與「教師幸福感」具有中度正相關，
亦即校長空間領導行為愈佳，教師幸福感情形便愈佳，或校長愈能展現空
間領導特質，則教師知覺幸福感的程度越高，本研究結果亦顯示，「教師幸
福感」與「學生學習成效」具有中度正相關，教師幸福感越高，教師則愈
積極投入教學，學生學習成效自然提升。意即校長空間領導愈強、教師幸
福感愈高，學生學習成效就愈會提升，三者之間具有正向關聯。

　　此外，本研究結果顯示，對學生學習成效影響較大的是教師幸福感，
其次才是校長空間領導，由此可知，教師幸福感越高，對學生學習成效越
有助益。對教師幸福感的投資有助於增強教師動力能量、自我效能感，從
而為學生提供更好的學習成果（McCallum et al., 2017），教師幸福感的提升
將對學生的學習產生積極影響，本研究亦發現校長空間領導對教師幸福感
直接效果高於對學生學習成效之直接效果。據此，校長在實施空間領導應
多注重對教師幸福感的直接影響力，把學校當成家、教師當成家人，一起

共同思考規劃與經營校園，是以，校園環境空間的規劃，從班級教室、專科教室、教師領域教室等安排，無論桌椅擺放、情境布置、設備添置，都要符應教師課程設計與教學之需求；另外，提供教師放鬆身心的環境空間，以利教師同儕夥伴溝通分享、彼此關懷，增加情感凝聚機會，以增進教師幸福感受，進而可提高學生學習品質與學生學習成效。

二、國中教師方面

（一）規劃採團隊合作方式的主題式關懷生命課程與活動，提升「道德實踐與公民意識」核心素養能力。

本研究結果顯示，臺灣本島公立國中教師對學生「學習態度」的知覺程度則較低，尤其在學生學習成效量表中「學生能關懷生命倫理，並主動參加公益團體活動」題項得分較低，訪談資料指出，學校雖有生命教育等課程活動，但多為點狀分散課程或以服務性社團方式，較難以呈現出全體學生素養能力提升之成效，而目前雖有服務學習時數以鼓勵學生參加公益團體活動，然多數學校為滿足學生升學之需求，多採服務校內打掃或處室小義工等方式辦理，學生如無人引導難以再主動參加校外公益團體活動。

另外，本研究結果發現，在學生學習成效量表中「課堂上，學生能和諧相處，彼此互相合作」題項得分最高，顯見 12 年課綱實行至今，教師常以分組學習帶領課程活動，學生能和諧相處、彼此相互合作，在人際關係與團隊合作素養能力是較強的。據此，教師可以採主題式設計生命關懷課程與活動，多運用團隊合作方式進行，以有效引領學生主動參加公益團體活動，提升學生「道德實踐與公民意識」核心素養能力。

（二）持續關注學生學習滿意度，有效提升學生學習成效。

本研究結果顯示，臺灣本島公立國中教師對學生「學習滿意度」的知

覺程度最高,而本研究結果亦發現,影響學生學習成效的最重要關鍵因素為「學習滿意度」,顯示學生學習滿意度愈佳學生學習成效益為顯著。據此,教師宜持續關注學生「學習滿意度」層面,滿足學生學習歷程的需求,依學生個別差異訂定適切的學習標準,協助學生能逐步達到學習目標,享受自我實現與自我成就的愉悅感受,以有效提升學生學習成效。

(三)參與跨區域教師專業成長社群,進行標竿學習分享。

本研究結果顯示,不同學校區域教師在知覺校長空間領導、教師幸福感、學生學習成效均有顯著性差異。建議教師可透過參加跨區域教師專業成長社群,進行教育經驗分享交流與標竿學習,從不同地區地理人文環境、教育政策發展、學校組織文化等脈絡中互相激盪出反省批判思維,亦可藉由行動研究或工作坊探討校長空間領導、教師幸福感、學生學習成效差異產生的原因與改進方案。

參、對家長團體之建議

一、協助校方形塑學校社區化、社區學校化的校園環境,利於提升學生學習績效

本研究結果顯示,校長空間領導「厚植教育夥伴關係」構面與學生學習成效「學習績效」構面相關係數最高,可見校長實施空間領導,透過與社區文化結合,營造學校社區化、社區學校化的環境,規劃學校社區的互動空間,鼓勵學生參與社區活動等作為,有助於學生在多元評量、生活常規、品格表現與人際關係、體適能與健康習慣、藝術知能與展演表現等學習績效的成果表現。據此,建議家長團體協助校方引進社區相關產業文化、地方仕紳等社區資源,支持學校發展與社區文化結合之課程與活動,形塑

學校社區化、社區學校化的校園環境與氛圍，將有助於學生學習績效之提升，達成學生學習成效之教育目標。

二、正視教師幸福感對學生學習成效之影響力，投資教師幸福感之提升

本研究結果顯示，對學生學習成效而言，教師幸福感的直接效果大於校長空間領導對學生學習成效的直接效果與整體效果，而校長空間領導可以透過教師幸福感的中介效果，提升學生學習成效，足以說明教師幸福感所扮演的重要角色。是以，若要以空間領導達到提升學生學習成效的教育目標，則應善用「教師幸福感」之影響力，關切教師的幸福感受。

然而，家長團體對學校的支持，多願意投資於學生身上，添購學生學習設備、設置鼓勵學生學業或比賽活動表現優異的獎勵金，對教師所需設備和獎勵措施則有所保留。但勿庸置疑，有幸福的教師才有幸福的學生，教師是學校校園很重要的角色，照顧到教師的需求，表面看似與學生沒直接連結，但當教師幸福感提升，最有直接感受與影響的是學生。因此，投資在經營教師幸福感之提升，教師教學效益提升，學生學習成效更高，效果是相加乘的。據此，家長團體應正視教師幸福感對學生學習成效的積極影響力，支持校長空間領導注重營造教師之幸福感，不吝投資改善教師所處的空間環境，提供獎勵措施鼓勵與肯定教師優秀的表現。投資教師幸福感之提升，將會回饋到學生的學習成效。

肆、後續研究之建議

一、研究方法方面

本研究所採取的研究方法為問卷調查和半結構訪談法。雖然能瞭解臺灣本島國民中學教師知覺校長空間領導、教師幸福感、學生學習成效之現

況、相關與影響，但因研究時間有限，採半結構式訪談北、中、南、東區共 8 位教師，建議未來研究者可採用深度訪談、個案研究、田野觀察等方法進行資料的蒐集，使研究更加縝密。此外，本研究採橫斷式研究，然而，校長空間領導、教師幸福感與學生學習成效的發展是屬於連續不斷的歷程，建議後續相關研究可考量針對同一群樣本進行縱貫性的研究，從動態觀點、長期性瞭解，釐清校長空間領導、教師幸福感與學生學習成效狀況的演變，對於未來研究與政策推動將有所助益。

二、研究對象方面

本研究主要是以國民中學教師為研究對象，所獲得的研究結論也僅限推論於臺灣本島公立國民中學之正式教師。建議未來研究範圍可擴展至臺灣離島、完全中學、私立國中或不同學制的教育階段，以獲致更詳盡的結果。

另外，本研究以調查與訪談教師知覺校長空間領導、教師幸福感、學生學習成效等發展情形與實際作為，容易落入單方面看法，建議未來研究可將對象擴大，加入教育機構人員、校長、學生、家長等對象，比較不同對象知覺的多元觀點，將資料相互參照驗證，將使研究結果更臻客觀，更加整全。

三、研究內容方面

本研究探討校長空間領導與學生學習成效之相關，以教師幸福感為中介變項，將學生學習成效的影響研究重點放在空間領導與教師幸福感兩個變項，然影響學生學習成效的因素甚多，如教師組織承諾、教師教學效能、教師專業發展、學校組織文化、學校組織氣氛、學校效能、學校組織變革等，都可能造成影響，建議未來研究者可納入探討，都是值得深入研究的主題。

參考文獻

一、中文部分

王如哲（2010）。解析學生學習成效。**財團法人高等教育評鑑中心基金會評鑑雙月刊，27**，10-15。

王宗年（1992）。**建築空間藝術及技術**。斯坦公司。

王保進（2016）。建立確保學生學習成效品質文化之校務研究機制。**評鑑雙月刊，60**，13-17。

王智弘、廖昌珺（2014）。創意經營的校園美學思考。**教育研究月刊，237**，74-84。

何英奇、毛國楠、張景媛、周文欽（2015）。**學習輔導**（第二版）。心理。

何淑禎（2018）。**學習共同體與講述教學對國小高年級學童社會學習領域學習成效之比較研究** [未出版之博士論文]。國立嘉義大學。

余民寧（2006）。影響學習成就因素之探討。**教育資料與研究雙月刊，73**，11-24。

余民寧、許嘉家、陳柏霖（2010）。中小學教師工作時數與憂鬱間的關係－主觀幸福感的觀點。**教育心理學報，42**(2)，229-252。

余民寧、陳柏霖（2016）。解開幸福的秘密：正向比值是一個關鍵。**學校行政雙月刊，105**，133-151。

余民寧、陳柏霖、許嘉家（2010）。教師憂鬱傾向之影響因素之研究。**輔導與諮商學報，32**(2)，73-97。

余民寧、陳柏霖、陳玉樺（2018）。巔峰型教師的樣貌：圓滿幸福、知覺工作壓力、靈性幸福感及心理健康之關係。**國立臺灣師範大學教育心理與輔導學系教育心理學報，50**(1)，1-30。

吳明隆、涂金堂（2016）。**SPSS 與統計應用分析**。五南。

吳明隆、張毓仁（2018）。**SPSS 問卷統計分析快速上手秘笈**。五南。

吳堂鐘（2016）。**國民中學學習領導、學習環境與學習成效關係之研究** [未出版之博士論文]。國立臺北教育大學。

吳清山（2008）。空間領導的展望-兼談臺北市教育政策發展。**教育研究月刊，174**，5-9。

吳清山（2013）。空間領導。**教育研究月刊，231**，125-126。

吳清山（2016）。未來教育發展動向之探究。**教育研究月刊，270**，13-27。

吳清山、王令宜（2018）。教育 4.0 世代的人才培育探析。載於中國教育學會（主編），**邁向教育 4.0：智慧學校的想像與建構**（頁 3-29）。學富。

吳清基（2018）。迎接未來教育 4.0 的挑戰與因應。載於中國教育學會（主編），**邁向教育 4.0：智慧學校的想像與建構**（頁 III-V）。學富。

吳煒增（2015）。**臺北市國民小學校園空間美學營造、教師領導與學校特色關係之研究** [未出版之碩士論文]。國立臺北教育大學。

吳靖國（2010）。質性研究：從理解「人」開始。**銘傳教育電子期刊，2**，20-34。

吳鐵屏（2021）。**桃園市國民中學校長空間領導、學校組織健康與教師幸福感關係之研究** [未出版之碩士論文]。國立政治大學。

呂政達（1995）。還幸福一個本來面目。載於王桂花（主編），**中國人的幸福觀-命運與幸福**（頁 158-167）。張老師文化。

李怡樺（2018）。**臺北市國民小學校長空間領導、學校組織文化與學校創新經營效能關係之研究** [未出版之博士論文]。國立臺北教育大學。

李勇輝（2017）。學習動機、學習策略與學習成效關係之研究－以數位學習為例。**經營管理學刊，14**，68-86。

李琬琬（1989）。**室內環境設計**。東大圖書館。

杜岐旺（2015）。**國民小學校長領導行為影響學生學習成效模式之研究** [未出版之博士論文]。國立臺中教育大學。

汪瑞芝、廖玲珠（2008）。會計習作課程之學習行為與學習成效。**當代會計，9** (1)，105-130。

邢占軍（2005）。對主觀幸福感測量的反思。**本土心理學研究，24**，301-323。

周郡旂、陳嘉成（2016）。你累了嗎？影響國中兼任不同職務教師之角色壓力、社會支持與幸福感之實證分析。**臺中教育大學學報：數理科技類，30**(2)，21-43。

周菡苹、宋靜怡、吳玫瑩、謝齊莊（2020）。國小學童教師支持、學習態度及學習成效之相關性－以新北市某國小高年級生為例。**管理實務與理論研究，14** (1)，33-49。

尚玉慧（2011）。當代教育中教師幸福的失落與尋思。**傳承，2**，46-47。

林天祐（1996）。認識研究倫理。**教育資料與研究，12**，57-63。

林宏泰（2018）。**國民中學校長正向領導、教師教學效能與學生學習成效關係之研究** [未出版之博士論文]。國立暨南國際大學。

林志成、盧文平（2017）。Foucault 規訓理念在校園空間治理上之應用析論。**學校行政雙月刊，111**，1-22。

林淑芳（2018）。**高級中等學校學生學習成效之校務研究** [未出版之博士論文]。國立暨南國際大學。

林進山（2019）。校長空間領導對空間規劃與美學情境之實務探究。**中等教育，70** (2)，66-75。

林葆青（2017）。**資訊科技融入管理領域教學與翻轉教學對學習成效的影響－以學習滿意度為雙重中介變項** [未出版之博士論文]。淡江大學。

林錦華（2015）。「刺蝟老師」我拒當、親師關係不緊張。**臺灣教育評論月刊，4**(1)，153-156。

林騰蛟（2012）。新北市高中特色發展。**中等教育，63**(3)，186-187。

邱惠娟、童心怡（2010）。教師幸福感內涵之探究。**學校行政雙月刊，67，**68-180。

洪怡靜、陳紫玲（2015）。高中職餐旅群教師教學效能與幸福感之研究。**師資培育與教師專業發展期刊，8** (2)，99-132。

洪英雄（2018）。**臺灣原住民地區國民小學校長真誠領導、教師幸福感、組織健康與學校效能關係之研究** [未出版之博士論文]。國立高雄師範大學。

范熾文（2007）。教育績效責任：市場模式及其啟示。**中等教育，58**(3)，1-17。

秦夢群（2010）。**教育領導：理論與應用**。五南。

秦夢群（2017）。**教育行政理論與模式** (第三版)。五南。

張春興（2006）。**張氏心理學辭典**。東華。

張春興（2007）。**教育心理學：三化取向的理論與實踐**（第二版）。東華。

張春興（2013）。**教育心理學：三化取向的理論與實踐**。東華。

張凌凌（2022）。**國民小學校長正向領導、教師專業素養與學生學習成效關係之研究** [未出版之博士論文]。國立臺北教育大學。

張家銘、孫美蓮、林素婷、邱瀞瑩（2018）。國高中體育教師之教師專業能力、自我效能感對幸福感之影響。**運動休閒管理學報，15**(4)，36-53。

莊明達（2012）。**國民小學校長空間領導、品牌管理與創新經營關係之研究** [未出版之博士論文]。國立臺北教育大學。

陳木金（2006）。**活化校園建築‧連結生活與學習：以政大校園十景賞為例。** 論文發表於中華民國學校建築研究學會舉辦之「友善校園規劃與經營研討會」，臺北市，臺灣。

陳木金、溫子欣（2008）。活化校園建築創造空間領導。**教育研究月刊，174，** 63-73。

陳向明（2009）。**社會科學質的研究**。五南。

陳年興、謝盛文、陳怡如（2006）。**探討新一代混成學習模式之學習成效。** TANET2006 臺灣網際網路研討會，花蓮縣，臺灣。

陳志強（2014）。**教師間社會網絡對教師幸福感之影響－以校長美學領導為脈絡調節變項** [未出版之博士論文]。國立臺南大學。

陳李綢（1991）。**個案研究**。心理。

陳秀梅（2018）。**影響學生學習成效之因素與探討-以專業課程英語授課為例** [未出版之博士論文]。私立淡江大學。

陳忠明（2022）。**新北市國民中學校長教學領導、教師教學效能與學生學習成效關係之研究** [未出版之博士論文]。國立臺北教育大學。

陳建志（2010）。從空間領導觀點探究永續校園議題。**慈濟大學教育研究學刊，6，** 231-245。

陳建志（2019）。**國民小學校長學習領導與學生學習成效關係之研究－以個性化學習為中介變項** [未出版之博士論文]。臺北市立大學。

陳淑玲（2014）。**國民小學校長工作壓力、幸福感與組織承諾關係之研究** [未出版之博士論文]。國立臺北教育大學。

陳瑋婷（2011）。教師工作壓力及因應策略相關性之後設分析。**教育心理學報，43**(2)，439-456。

陳寬裕、王正華（2016）。**結構方程模型分析實務**。五南。

陳錦朝、高國銓、劉才儀、張慧瑛、方巨台（2010）。我國政府機關政策執行成功案例探討－以新校園運動為例。**T&D 飛訊，97**，1-28。

陳韻如（2019）。特殊教育學校之空間領導學－從南投特教學校建築規劃談起。**中等教育，70**(2)，115-126。

陸洛（1996）。**中國人幸福感相關因素之探討**。行政院國家科學委員會專題研究計畫成果報告（NSC85-2413-H037-002）[補助]。科技部。

陸洛（1998）。中國人幸福感之內涵、測量及相關因素探討。**國家科學委員會研究彙刊：人文及社會科學，8**(1)，115-137。

陸洛、林惠彥、吳婉瑜、吳珮瑀（2012）。快樂的員工更有生產力嗎？組織支持與工作態度之雙重影響。**中華心理學刊，54**(4)，451-469。

曾文志（2006）。開創美好的生活－正向心理學的基本課題。**師友月刊，466**，54-61。

湯志民（2006）。**學校建築與學校規畫**。五南。

湯志民（2008）。空間領導：理念與策略。**教育研究月刊，174**，18-38。

湯志民（2009）。教育領導與學校環境。**教育研究，181**，16-28。

湯志民（2010）。學校建築與規畫：臺灣未來十年的新方向。載於中華民國學校建築研究學會（主編），**2010 學校建築研究：學校校園建築生態工法**（頁 9-48）。中華民國學校建築研究學會。

湯志民（2011）。學校建築與規劃：未來十年的新脈絡與新策略。**教育行政研究，1**(1)，155-186。

湯志民（2012）。臺北市和新北市國民中小學空間領導方式之研究。**教育與心理研究，35**(1)，1-28。

湯志民（2014）。**校園規劃新論**。五南。

湯志民（2015）。教育設施 4.0：智慧校園。載於中華民國學校建築研究學會、臺 北市政府教育局（主編），**2015 學校建築研究：學校建築的創新與精進**（頁 97-134）。中華民國學校建築研究學會。

湯志民（2017）。教育空間新思維。**學校行政雙月刊 ，112，**175-186。

湯志民（2018）。臺灣國民中學學校建築發展與革新。**教育研究集刊，64**(4)，37-76。

湯志民（2019a）。臺灣校園空間與美感教育的現況與展望。**中等教育，70**(2)，8-10。

湯志民（2019b）。智慧校園（Smart Campus）的理念與推展。**學校行政雙月刊，121，**125-140。

湯志民、施佩吟、魏琦（2013）。**國民小學校長空間領導、教師組織承諾與學校效能關係之研究**。行政院國家科學委員會專題研究計畫成果報告（編號：NSC 101-2410-H-004-131）[補助]。科技部。

湯志民、陳詩媛、簡宜珍（2016）。國民小學校長空間領導、組織學習與教學效能關係之研究。**教育與心理研究，39**(1)，1-28。

湯志民、簡宜珍、陳詩媛（2014）。**國民小學校長空間領導、組織學習與教學效能關係之研究**。行政院國家科學委員會專題研究計畫成果報告(編號 MOST102-2410-H-004-180-SSS) [補助]。科技部。

馮佳怡（2020）。**國中校長空間領導、教師工作滿意度與學校效能關係之研究** [未出版之博士論文]。國立政治大學。

馮朝霖（2008）。空間領導、氣氛營造與美學領導。**教育研究月刊，174**，49-60。

黃世孟（1997）。從教育改革談教育空間的教育。載於黃世孟（主編），**臺灣的學校建築：中小學幼稚園篇 1984-1996**（頁 8-13）。中華民國建築師公會全國聯合會。

黃旭鈞（2012）。永續領導促進教育幸福的理念與策略。**教育研究月刊，220**，55-67。

黃宗顯（2014）。校園空間美學營造的理念與實踐。**教育研究月刊，237**，5-18。

黃明裕（2017）。**國小教師知覺校長分布式領導、教師幸福感與學校效能關係之研究** [未出版之博士論文]。國立高雄師範大學。

黃芳銘（2007）。**社會科學統計方法學－結構方程式模型**。五南。

黃庭鈺（2020）。**高級中等學校校長空間領導、學校組織健康與學生學習成就關係之研究** [未出版之博士論文]。國立政治大學。

黃國庭（2014）。**國民小學校長空間領導、學校創新經營與學校效能關係之研究** [未出版之博士論文]。國立政治大學。

黃淑玲、池俊吉（2010）。如何評估學生學習成效：以加州州立大學長灘分校系所訪視與測量中心之經驗為例。**評鑑雙月刊，28**，9-12。

楊清芬（2011）。**學校建築生命歷程－教育與建築的持續對話** [未出版之博士論文]。國立臺灣大學。

楊雅婷 （2020）。**高級中學校長正向領導、教師幸福感與學校效能關係之研究** [未出版之博士論文]。國立政治大學。

詹秀雯、張芳全（2014）。影響國中生學習成就因素之研究。**臺中教育大學學報，28**(1)，49-76。

廖文靜（2011）。**學校設施品質與教育成果關係之研究** [未出版之博士論文]。國立政治大學。

廖世傑、呂珮珊、周琬琳、王智弘、王文科（2012）。從研究倫理的發展探討教育研究中受試者權益之保護。**東海教育評論，7**，81-110。

劉廷揚、陳世通、杜怡潔（2017）。員工組織承諾對主管領導風格和工作績效之中介作用兼論員工幸福感之調節效果。**經營管理學刊，12**(13)，1-20。

劉桂春（2009）。教師幸福感的構成要素及其現實遭遇。**赤鋒學苑學報，30**(5)，173-175。

劉惠嬋、胡益進（2014）。國中教師內外控信念、社會支持及工作壓力與幸福感相關因素之研究：以新北市某國中為例。**康促進與衛生教育學報，41**，83-111。

蔡安繕（2017）。**國民中學校長轉型領導、學校組織健康與教師幸福感之關係研究**[未出版之博士論文]。國立政治大學。

蔡金田（2014）。國民小學校長效能與教師效能對學生學習成就之影響。**南台人文社會學報，11**，69-107。

蔡進雄（2013）。國民中學校長幸福感之建構與發展。**教育理論與實踐學刊。28**，191-216。

鄭文淵（2014）。**國民中學校長空間領導、學校組織文化與學校創新經營效能關係之研究** [未出版之博士論文]。國立政治大學。

鄭文淵（2015）。淺談空間領導。**師友月刊，575**，54-58。

蕭佳純、董旭英、饒夢霞（2009）。以結構方程式探討家庭教育資源、 學習態度、班級互動在學習成效的作用。**教育科學研究期刊，54**(2)，135-162。

賴志峰（2016）。國民小學校長幸福感之探究。**清華教育學報，34**(1)，1-32。

鮑瑤鋒（2019）。**國民小學校長空間領導及其影響之研究** [未出版之博士論文]。國立暨南國際大學。

簡紅珠（2006）。以學習成效為主的教師效能研究與教師評鑑。**教育資料與研究雙月刊，73**，75-90。

魏美惠（2011）。幼兒教師幸福感研究。**教育科學期刊，10**(2)，173-194。

羅潔伶、曾建勳（2014）。領導者－部屬交換關係對員工幸福感之影響。**經營管理論叢第六屆管理與決策學術研討會特刊**。31-44 。

蘇錦麗（2009）。大學校院學生學習成果評估相關內涵分析。**評鑑雙月刊，21**，58-62。

鐘巧如（2016）。**國民小學校長空間領導、教師社群運作與學生學習成效關係之研究** [未出版之博士論文]。國立政治大學。

二、英文部分

Adamu, M., Bello, A. S., ＆Badamasi, A.B. (2019). Principals' management of school facilities as correlate of students' academic achievement in Senior Secondary Schools in Adamawa State, Nigeria .*International Journal of Philosophy and Social-Psychological Sciences*, 5 (3), 59-62.

Albuquerque, I., de Lima, M. P., Figueiredo, C., & Matos, M. (2012). Subjective well-being structure: Confirmatory factor analysis in a teachers' Portuguese sample. *Social Indicators Research, 105*(3), 569-580.

Andrews, F. M., & Withey, S. B. (1976). Social indicators of well-being: America's perception of life quality. Plenum.

Arens, A. K., & Morin, A. J. (2016). Relations between teachers' emotional exhaustion and students' educational outcomes. *Journal of Educational Psychology, 108*, 800–813.

Azzahra, R., ＆ Usman, O. (2019). The Impact of Self- Efficacy, Teacher Competence, School Facilities and School Environment on Student's Motivation to Study. http://dx.doi.org/10.2139/ssrn.3511898

Bagozzi, R. P., & Yi, Y. (1988). On the evaluation of structural equation models. *Journal of the Academy of Marketing Science, 16*(1), 74-94.

Bauscher, R., & Poe, E. M. (2018). *Educational facilities: Planning, modernization, and management* (5th ed.). Rowman & Littlefield.

Blazar, D., & Kraft, M. A. (2016). Teacher and teaching effects on students' attitudes and behaviors. *Educational Evaluation and Policy Analysis, 39*(1), 146–170. https://doi.org/10.3102/ 0162373716670260

Berrocoso, J. V., Sanchez, M. R. F., & Dominguez, F. I. R. (2013). Best educational practices with ICT and subjective well-being in innovative teachers. *Educación XX1, 16(1*),255-279.

Branch, G., Hanushek, E., & Rivkin, S. (2012). *Estimating the effect of leasers on public sector productivity*: *The case of school principals* (NBER Working Paper No. 17803). National Bureau of Economic Research. Retrieved from http://www.nber.org/papers/w17803.pdf

Brockmeier, L. L., Starr, G., Green, R., Pate, J. L., & Leech D. W. (2013). Principal and school-level effects on elementary school student achievement. *International Journal of Educational Leadership Preparation, 8*(1), 49-61.

Brouwers, A., & Tomic, W. (2000). A longitudinal study of teacher burnout and perceived self-efficacy in classroom management. *Teaching & Teacher Education, 16* (2), 239-253.

Bryk, A., Sebring, P., Allensworth, E., Luppescu, S., & Easton, J. (2010). *Organizing Schools for Improvement: Lessons from Chicago*, University of Chicago Press, Chicago, IL.

Caffey, A. D. (2020). *An Examination of Relationships Between Conditions of School Facilities and Teacher Satisfaction and Attributes in High Poverty Rural Schools*. http://hdl.handle.net/10415/7456

Cann, R. F., Riedel-Prabhakar, R., ＆Powell, D. (2020). A Model of Positive School Leadership to Improve Teacher Wellbeing. *International Journal of Applied Positive Psycholog.* https://doi.org/10.1007/s41042-020-00045-5

Carr, A. (2011). Positive psychology: The science of happiness and human strengths (2nd ed.). Routledge

Cenkseven-Onder, F., & Sari, M. (2009). The quality of school life and burnout as predictors of subjective well-being among teachers. *Kuram Ve Uygulamada Egitim Bilimleri, 9*(3), 1223-1235. WOS: 000270239900006

Chan, H. Y., & Chan, L. (2018). Smart library and smart campus. *Journal of Service Science and Management, 11*, 543–564.
doi: 10.4236/jssm.2018.116037

Cherkowski, S., & Walker, K. (2016). Purpose, passion and play. *Journal of Educational Administration, 54*(4), 378–392.

Collie, R. J., & Martin, A. J. (2017). Teachers' sense of adaptability: Examining links with perceived autonomy support, teachers' psychological functioning, and students' numeracy achievement. *Learning and Individual Differences, 55*, 29–39.

Crosnoe, R. (2002). The well-being of children and families: Research and data needs. *Contemporary Sociology, 31*, 539-540.

Day, C., & Leithwood, K. (2007). Successful principal leadership in times of change: An international perspective. Springer.

Design, C., Furniture, V.S., ＆Design, B. M. (2010). The Third Teacher: 79 Ways You Can Use Design to Transform Teaching & Learning. NY: Harry N Abrams Inc.

Dicke, T., Marsh, H.W., Parker, P. D., Guo, J., Riley, P., & Waldeyer, J. (2020). Job Satisfaction of Teachers and their Principals in Relation to Climate and Student Achievement. *Journal of Educational Psychology, 112*(5), 1061-1073.

Diener, E. (2000). Subjective Well-Being: The Science of Happiness and a Proposal for a National Index. January 2000. *American Psychologist, 55*(1), 34-43.

Diener, E., & Suh, E. M. (2000). *Culture and subjective well-being.* MIT press. Diener, E., Suh, E. M., Lucas, R. & Smith, H. L. (1999). Subjective well-being: Three decades of progress. *Psychological Bulletin, 125*(2), 276-302.

Dimmock, C. (2012). Leadership, capacity building and school improvement: Concepts, themes and impact. Routledge.

Doest, L., & Jonge, J. (2006). Testing causal models of job characteristics and employee well-being: A replication study using cross-lagged structural equation modelling. *Journal of Occupational and Organizational Psychology, 79*(3), 499-507.

Guay, F., Ratelle, C. F., & Chanal, J. (2008). Optimal learning in optimal contexts: The role of selfdetermination in education. *Canadian Psychology/Psychologie Canadienne, 49*(3), 233.

Habibzadeh, S., & Allahvirdiyani, K. (2011). Effects of economic and non economic factors on happiness on primary school teachers and Urmia University professors. *ProcediaSocial and Behavioral Sciences, 30*, 2050-2051. https://doi.org/10.1016/j.sbspro.2011.10.397

Hallinger, P. (2011). Leadership for learning: lessons from 40 years of empirical research. *Journal of Educational Administration, 49* (2), 125-142.

Harding, S., Morris, R., Gunnell, D., Ford, T, Hollingworth, W., Tilling, K., Evans, R., Bell, S., Grey, J., Brockman, R., Campbell, R., Araya, R., Murphy, S., & Kidger, J. (2018). Is teachers' mental health and wellbeing associated with students' mental health and wellbeing? *Journal of Affective Disorders* 10.1016/j.jad.2018.08.080 file. https://doi.org/10.1016/j.jad.2018.08.080

Hilliard, A., & Jackson, B. T. (2011). Current trends in educational leadership for student success plus facilities planning and design. *Contemporary Issues in Education Research, 4*(1), 1-8.

Hitt, D. H. & Tucker, P. D. (2016). Systematic Review of Key Leader Practices Found to Influence Student Achievement: A Unified Framework. *Review of Educational Research, 86* (2), 531-569.

Hoffman, B., & Schraw, G. (2010). Conceptions of efficiency: Applications in learning and problem solving. *Educational Psychologist, 45*(1), 1-14.

Holmes, E. (2005). Teacher well-being: Looking for yourself and your career in the classroom. Routledge Falmer.

Hopland, A. O. (2013). School facilities and student achievement in industrial countries: Evidence from the TIMSS. *International Education Studies, 6*(3), 162-171. http://dx.doi.org/10.5539/ies.v6n3p162

Horng, E. L. (2009). Teacher tradeoffs: Disentangling teachers' preferences for working conditions and student demographics. *American Educational Research Journal, 46*(3), 690-717.

Hung, C. H., Lin, C. W., & Yu, M. N. (2016). Reduction of the depression caused by work stress for teachers: Subjective well-being as a mediator. *International Journal of Research Studies in Psychology, 5*(3), 25-35.

Huxhold, O., Fiori, K. L., & Windsor, T. D. (2012). The dynamic interplay of social network characteristics, subjective well-being, and health: The costs and benefits of socio-emotional selectivity. *Psychology and Aging, 28*(1), 3-16. https://doi.apa.org/doiLanding?doi=10.1037%2Fa0030170

Jamieson, P., Fisher, K., Gilding, T., Taylor, P.G., & Trevitt, A. C. F. (2000). Place and space in the design of new learning environments. *Higher Education Research & Development*, 19(2), 221-236.

Jennings, P. A., Doyle, S., Oh, Y., Rasheed, D., Frank, J. L., & Brown, J. L. (2019). Long-term impacts of the CARE program on teachers' self-reported social and emotional competence and well-being. *Journal of School Psychology, 76*, 186–202.

Kalshoven, K., & Boon, C. T. (2012). Ethical leadership, employee well-being, and helping the moderating role of human resource management. *Journal of Personnel Psychology, 11*(1), 60-68. DOI: 10.1027/1866-5888/a000056

Kansu, G. (2018). Teacher Wellbeing as the Predictor of Teacher-Student Interpersonal Relationships in EFL Classrooms. http://repository.bilken t.edu.tr/bitstream/handle/11693/47586/10191633.pdf?sequence=1

Katz, J. (2015). Implementing the three block model of universal design for learning: Effects on teachers' self-efficacy, stress, and job satisfaction in inclusive classrooms K-12. *International Journal of Inclusive Education, 19*(1), 1-20. DOI: 10.1080/13603116.2014.881569

Kern, M. L., Adler, A., Waters, L.E., & White, M. A. (2015). Measuring whole-school well-being in students and staff. In White & A. S. Murray (Eds.), *Evidence-based approaches in positive education: Implementing a strategic framework for well-being in schools* (pp. 65–91). https://link.springer.com/chapter/10.1007/978-94-017-9667-5_4

Keyes, C. L. M., & Magyar-Moe, J. L. (2003). The measurement and utility of adult subjective well-being. In S. J. Lopez & C. R. Snyder (Eds.), *Positive psychological* assessment: *A handbook of models and measures* (pp. 411-425). American Psychological Association.

Khalil, N., Husin, H.N., Wahab, L. A., Kamal, K.S., & Mahat, N. (2011). Performance Evaluation of Indoor Environment towards Sustainability for Higher Educational Buildings .*US-China Education Review A 2*, 188-195.

Kirkpatrick, D. L., & Kirkpatrick, J. D. (2006). *Evaluating training programs: The four levels (3rd ed.).* Berrett-Koehler.

Kleebbuaa, C., & Siriparpa, T. (2016). Effects of Education and Attitude on Essential Learning Outcomes. *Chaiyut Kleebbua and Thomrat Siriparp / Procedia - Social and Behavioral Sciences 217,* 941 -949.

Klusmann, U., Richter, D., & Lüdtke, O. (2016). Teachers' emotional exhaustion is negatively related to students' achievement: Evidence from a large-scale assessment study. *Journal of Educational Psychology, 108*, 1193–1203.

Kutsyuruba, B., Klinger, D. A., & Hussain, A. (2015). *Review of Education, (3) 2*, 103–135.

Laine, S., Saaranen, T., Ryhänen, E., & Tossavainen, K. (2017). Occupational well-being and leadership in a school community. *Health Education, 117(1)*, 24–38. https://doi.org/10.1108/HE-02-2014-0021.

Lee, C.K., & Xie, M. (2020). Teachers' Perceptions of Teaching Happiness in Hong Kong: A Comparative Study of Pre-Service and In-Service Teachers. *Journal of Life Education June, (12)*1, 71-109.

Lee, Y. J. (2011). A study on the effect of teaching innovation on learning effectiveness with learning satisfaction as a mediator. *World Transactions on Engineering and Technology Education, 19*(2), 92-101.

Li, H., Ji, Y., & Chen, T. (2014) The Roles of Different Sources of Social Support on Emotional Well-Being among Chinese Elderly. *PLoS ONE 9*(3): e90051.

Litwin, H., & Shiovitz-Ezra, S. (2011). Social network type and subjective well-being in a national sample of older Americans. *Gerontologist. 51*(3), 379-388. DOI:10.1093/geront/gnq094 162London: Elsevier

Lopes, D., Moreira, I.X., Costa-Ribeiro, M. da, Dos-Santos, A.G., & Costa, A. da (2019). Impacts of environment and school facilities on student learning achievement in secondary school. *Journal of Innovative Studies on Character and Education, 3* (2), 1-14. http://iscjournal.com/index.php/isce

Lu, L., Gilmour, R., & Kao, S. F. (2001). Cultural values and happiness: An East-West dialogue. *The Journal of Social Psychology, 141*(4), 477-493.

Manning, A., Brock, R., & Towers, E. (2020). Responding to research: An interview study of the teacher wellbeing support being offered in Ten English schools. *Journal of Social Science Education 19*(2), 75-94.

Marchisen, K., Williams, T., & Eberly, D. (2017). Architectural innovations for immersive learning environments in K-12 schools. *School Planning & Management*.

Maxwell, L. E.(2016). School building condition, social climate, student attendance and academic achievement: A mediation model. *Journal of Environmental Psychology, 46*, 206-216.

Retrieved from https://doi.org/10.1016/j.jenvp.2016.04.009

McCallum, F., Price, D., Graham, A., & Morrison, A. (2017). *Teacher wellbeing: A review of the literature*. Australia: The Association of Independent Schools of New South Wales Limited.

Mølstad ,C.E., & Karseth, B. (2016) National curricula in Norway and Finland: The role of learning outcomes. *European Educational Research Journal, 15* (3), 329–344.

Motiwalla, L., & Tello, S. (2000). Distance learning on the internet: An exploratory study. *The Internet and Higher Education, 2*(4), 253-264.

Mulford, B. (2007). Successful school principal in Tasmania. In Day, C., & Leithwood, K. (Eds.), *Successful principal leadership in times of change: An International perspective* (pp.17-38). Springer.

Murphy, J., & Louis, K.S. (2018). Positive school leadership: Building capacity and strengthening relationships. Teachers College Press.

Naghieh, A., Montgomery, P., Bonell, C. P., Thompson, M., & Aber, J. L. (2015). *Organisational interventions for improving wellbeing and reducing workrelated stress in teachers*. Ontario: Cochrane Database of Systematic Reviews. doi:10.1002/14651858.CD010306

Orphanos, S., & Orr, M. T. (2014). Learning Leadership Matters: The Influence of Innovative School Leadership Preparation on Teachers' Experiences and Outcomes, *Educational Management Administration & Relationship, 42*(5), 680-700.

Paolini, A. (2015) Enhancing Teaching Effectiveness and Student Learning Outcomes. *The Journal of Effective Teaching, 15*(1), 20-33.

Parker, P. D., & Martin, A. J. (2009). Coping and buoyancy in the workplace: Understanding their effects on teachers' work-related well-being and engagement. *Teaching and TeacherEducation, 25*(1), 68-75.

Pearsall, J. (2001). *New Oxford dictionary of English.* Oxford University Press.

Piccoli, G., Ahmad, R., & Ives, B. (2001). Web-based Virtual Learning Environments: A Research Framework and a Preliminary Assessment of Effectiveness in Basic IT Skills Training. *MIS Quarterly, 25*(4), 401-426.

Pike, G. R., Kuh, G. D., McCormick, A. C., Ethington, C. A., & Smart, J. C. (2011). If and when money matters: The relationships among educational expenditures, student engagement and students' learning outcomes. *Research in Higher Education, 52*(1), 81-106.

Pike, G. R., Smart, J. C., & Ethington, C. A. (2012). The mediating effects of student engagement on the relationships between academic disciplines and learning outcomes: An extension of Holland's theory. *Research in Higher Education, 53*(5), 550-575.

Post, S. G. (2005). Altruism, happiness, and health: It's good to be good. International *Journal of Behavioral Medicine, 12*(2), 66-77.

Price, H. E., & Moolenaar, N. M., (2015) Principal-teacher relationships: foregrounding the international importance of principals' social relationships for school learning climates, *Journal of Educational Administration, 53.*

Quinlan, D. M. (2017). Transforming our schools together: A multi-school collaboration to implement positive education. In C. Proctor (Ed.), *Positive psychology interventions in practice.* Springer International Publishing.

Ronfeldt, M., Loeb, S., & Wyckoff, J. (2013). How teacher turnover harms student achievement. *American Educational Research Journal, 50*(1), 4–36.

Ryan, R. M., & Deci, E. L. (2001). On happiness and human potentials: A review of research on hedonic and eudaimonic well-being. *Annual Review of Psychology, 52*(1), 141-166.

Ryff, C. D. (1989). Happiness is everything, or is it? Explorations on the meaning of psychological well-being. *Journal of Personality and Social Psychology, 57*(6), 1069-1081.

Ryff, C. D. (1995). Psychological well-being in adult life. *Current Directions in Psychological Science, 4,* 99-104.

Sahin, I. T., Tantekin-Erden, F., & Akar, H. (2011). The influence of the physical environment on early childhood education classroom management. *Eurasian Journal of Educational Research, 44,* 185-202.

Sarvimi, A., & Stenbock-Hult, B. (2000). Quality of life in old age described as a sense of well-being meaning and value. *Journal of Advanced Nursing, 32,* 1025-1033.

Schulte, P., & Vainio, H. (2010). Well-being at work–overview and perspective. *Scandinavian Journal of Work, Environment & Health, 36*(5), 422-429.

Seligman, M. E. P. (2011). Flourish: A visionary new understanding of happines and well-being. Free Press.

Sheldon, K. M., & Kasser, T. (2001). Goals congruence and positive well-being: New empirical support for humanistic theories. *Journal of Humanistic Psychology, 41*, 30-50.

Skinner, C. H. (2010). Applied comparative effectiveness researchers must measure learning rates: A commentary on efficiency articles. *Psychology in the Schools, 47*(2), 166-172.

Slemp, G. R., Chin, T. C., Kern, M. L., Siokou, C., Loton, D., Oades, L. G., Vella-Brodrick, D., & Waters, L. (2017). Positive education in Australia: Practice, measurement, and future directions. In E. Frydenberg, A.J. Martin, & R. J. Collie (Eds.), *Social and emotional learning in Australia and the Asia-Pacific: Perspectives, programs, and approaches* (pp. 101–122). Singapore: Springer. https://doi.org/10.1007/978-981-10-3394-0_6.

Sojanah, J., & Ferlinda, T. (2018). Student motivation and school facilities as determinants towards student learning outcome. *Advances in Economics, Business and Management Research, 65,* 313-318.

Tanner, C. K. (2009). Effects of school design on student outcomes. *Journal of Educational Administration, 47*(3), 381-400.

Tanner, C. K., & Lackney, J. A., (2006). Educational facilities planning: Leadership, architecture, and management. Boston: Allyn and Bacon.

The Association of Physical Plant Administrators (2020). *Leadership in educational facilities*. http://www.appa.org/

Jamieson, P., Fisher, K., Gilding, T., Taylor, P.G., &Trevitt, A. C. F. (2000). Place and space in the design of new learning environments. *Higher Education Research & Development, 19*(2), 221-236.

Uline, C.L., & Tschannen-Moran, M. (2008). The walls speak: The interplay of quality facilities, school climate, and student achievement. *Journal of Educational Administration, 46*(1), 55-73. https://doi/abs/10.1108/09578230810849817

Vandiver, B. (2011). *The impact of school facilities on the learning environment.* https://search.proquest.com/openview/06678070672eddb70cba2cb55d0b0 e6c/1?pq-origsite=gscholar&cbl=18750&diss=y

Wang, F. L. (2017). *Research on the application of smart campus construction under the background of big data.* 2017 2nd International Conference on Computer, Network Security and Communication Engineering.

Williams, K. H., Childers, C., & Kemp, E. (2013). Stimulating and enhancing student learning through positive emotions. *Journal of Teaching in Travel & Tourism, 13*, 209-227.

William, K. L., & Galliher, R. V. (2006). Predicting depression and self-esteemfrom social and connectedness, support, and competence. *Journal of Social and Clinical Psychology, 25*(8), 855-874.

Wongse-ek, W., Wills, G., & Gilbert, L. (2014). Calculating Trustworthiness based on Learning Outcome. In T. Bastiaens (Ed.), *Proceedings of E-Learn: World conference on e-learning in corporate, government, healthcare, and higher education 2014* (pp. 2085-2090). Association for the Advancement of Computing in Education (AACE).

Yanow, D. (2010). Giving voice to space: Academic practices and the material world. In: van Marrewijk A and Yanow D (Eds). *Organizational Spaces: Rematerializing the Workaday World*. Edward Elgar, pp.139-158.

Yeung, J.W.K., & Ong, A.C. (2012). Framing and consolidating the assessment of outcome-based learning (OBL) in higher institutes in Hong Kong: An example case demonstration. *Revista de Cercetare si Interventie Sociala, 37*, 34-48.

Yurdugül, H., & Çetin, M. N. (2015). Investigation of the relationship between learning process and learning outcomes in e-learning environments. *Eurasian Journal of Educational Research, 59*, 57-74.

Zedan, R. (2012). Stress and coping strategies among elementary schools teachers in Israel. *Universal Journal of Education and General Studies, 1*(9), 265-278.

三、網路部分

行政院（2017）。**前瞻基礎建設計畫**（核定本）。

取自 https://www.docdroid.net/LOYkf03/0411rv.pdf#page=4

吳清山（2012 年 5 月 31 日）。為建構教育幸福而努力。**國家教育研究院電子報，34**。取自

http://epaper.naer.edu.tw/index.php?edm_no=34&content_no=900

林志成（2015，2 月 4 日）。碩博士論文最熱門研究主題：幸福感工作壓力。**中時電子報**。取自

http://www.chinatimes.com/realtimenews/20150204002184-260405

財團法人資訊工業策進會 (2014)。**打造萬點智慧校園：雲端應用產學聯盟領先示範**。取自 http://www.iii.org.tw/m/News-more.aspx?id=1321

教育部（2013）。**美感教育中長期計畫：第一期五年計畫**。取自

https://ws.moe.edu.tw/001/Upload/8/relfile/0/2073/e221c236-b969-470f-9cc2-ecb30bc9fb47.pdf。

教育部（2016）。**教育雲：校園數位學習普及服務計畫**（2017–2020）。取自

https://ws.moe.edu.tw/Download.ashx?u...n...icon=..pdf。

教育部（2017）。**107 年度教育部補助高級中等以下學校校園美感環境再造計畫**。取自 http://caepo.org/upload/files/1505051270pSFuu6MEpo.pdf。

教育部（2018）。**美感教育中長期計畫：第二期五年計畫**。取自

https://ws.moe.edu.tw/001/Upload/8/relfile/7844/61296/e0a9702c-1f05-44ec-9207-f9abf1504abc.pdf。

教育部（2022）。**教育統計**。2022 年 4 月 10 日，取自 https://depart.moe.edu.tw/ED4500/cp.aspx?n=1B58E0B736635285&s=D04C74553DB60CAD。

教育部（2023）。**美感教育中長期計畫：第三期五年計畫**。取自 https://ws.moe.edu.tw/001/Upload/8/relfile/7844/91300/1cf59d8b-314e-480d-955f-4cee345b2a0a.pdf。

Ahamed, M. M., & Faruque, S. (2018). *5G backhaul: Requirements, challenges, and emerging technologies*. Retrieved from https://www.intechopen.com/books/broadband-communications-networks-recent-advances-and-lessons-from-practice/5gbackhaul-requirements-challenges-and-emerging-technologies

Bonne, L., & MacDonald, J. (2019). *Secondary schools in 2018: Findings from the NZCER national survey*. NZCER. Retrieved from https://www.nzcer.org.nz/system/files/NZCER_Nat-Survey-Report-Secondary.pdf. Accessed 15 Aug 2020.

Gimbel, E. (2019). *With 5G networks, your campus meetings might become virtual*. Retrieved from https://edtechmagazine.com/higher/article/2019/01/5g-networksyour-campus-meetings-might-become-virtual

Stack, T. (2010). Professional development: Analyzing facilities leadership. *Today's Facility Manage*. Retrieved from http://www.todaysfacilitymanager.com/articles/professional-development-analyzing-facilities-leadership.php

Winchester, H. (2012). *Learning outcomes, qualification frameworks and accountability* [Asia-Pacific Quality Network 4th online forum: Learning outcomes and accountability – the role of EQA and IQA, the first session]. Retrieved from http://www.apqn.org/files/forum/paper_254.docx

Wylie, C., & MacDonald, J. (2020). *What's happening in our English-me dium primary schools: Findings from the NZCER national survey 20 19*. New Zealand Council for Educational Research. Retrieved from https://www.nzcer.org.nz/system/files/NZCER% 20National%20Survey% 20Primary%202019.pdf. Accessed 15 Aug 2020.

附　錄

附錄一　國民中學校長空間領導、教師幸福感

與學生學習成效調查問卷 (預試問卷)

親愛的老師您好：

　　本研究目前正在進行「國民中學校長空間領導、教師幸福感與學生學習成效之研究」，本問卷僅作為學術研究之用，所有資料採不記名方式，絕不對外公開，請您安心填答！

　　本研主要針對貴校校長在校園規劃、策略與執行的情形；身為教師的您在從事教育工作，個人主觀評估生活整體的狀態；以及貴校學生在學習的表現狀況。懇請您能撥冗填寫，感謝您熱心的協助與支持。

敬祝

　　身體健康　萬事如意

國立暨南國際大學教育政策與行政學系

博士班研究生黃貴連　敬啟

【第一部分】基本資料

1. 性別：□男性　□女性

2. 年齡：□ 21-30 歲　□31-40 歲 □41-50 歲　□51 歲以上

3. 最高學歷：□師範大學或教育大學 □一般大學

　　　　　　□碩士(含)以上（含 40 學分班）

4. 現在職務：□教師兼主任　□教師兼組長　□教師兼導師　□專任教師

5. 服務年資：□ 10 年(含)以下　□ 11-20 年　□ 21 年(含)以上

6. 學校區域：□北部（臺北市、新北市、基隆市、桃園市、新竹縣、新竹市）

　　　　　　□中部（苗栗縣、臺中市、南投縣、彰化縣、雲林縣）

　　　　　　□南部（嘉義縣、嘉義市、臺南市、高雄市、屏東縣）

　　　　　　□東部（宜蘭縣、花蓮縣、臺東縣）

7. 學校規模：□ 12 班(含)以下　□13-48 班　□49 班(含)以上

8. 學校校齡：□ 10 年(含)以下　□ 11-30 年　□ 31-50 年 □ 51 年以上

9. 貴校校長在校服務年資：□ 1 年(含)以下　□2-4 年　□ 5 年(含)以

【第二部分】校長空間領導量表

請您依實際任職學校情況，勾選您對於以下敘述認同程度。	非常不同意（0-20%）	不同意（21-40%）	普通（41-60%）	同意（61-80%）	非常同意（81-100%）
1. 校長能透過校園整體空間規劃，形塑具有文化氣息和藝術美感的人文校園。	□	□	□	□	□
2. 校長能重視安全維護設備（裝設電力、消防、保全系統等），建置無障礙和性別平等的設施（電梯、導盲磚、女廁比例高等）形塑安全友善校園。	□	□	□	□	□

請您依實際任職學校情況，勾選您對於以下敘述認同程度。	非常不同意（0-20%）	不同意（21-40%）	普通（41-60%）	同意（61-80%）	非常同意(81-100%)
3. 校長能建置各類節能環保設施(資源回收、校園綠美化、環保節能綠建築、生態池等)，形塑永續發展校園。	□	□	□	□	□
4. 校長能規劃多樣化休憩活動設施和環境(圖書設備、符合人體工學課桌椅、角落座椅、交誼區、校園閱讀角、多樣運動設施等)，以提供多樣的校園生活空間。	□	□	□	□	□
5. 校長能規劃校園景觀或建築風格(結合願景藍圖意象、LOGO、圖騰等)，反映出學校發展願景與特色。	□	□	□	□	□
6. 校長能規劃各種輔助教學區(學習步道、自然環境生態教學等特色教學區)，營造出激發教師教學創意的環境。	□	□	□	□	□
7. 校長能活化多樣的教學空間與設備（設置師生藝廊、運用彈性隔板、易移動的置物櫃、設計大型教室等)，以符應教師多元化的教學需求。	□	□	□	□	□

請您依實際任職學校情況，勾選您對於以下敘述認同程度。	非常不同意（0-20%）	不同意（21-40%）	普通（41-60%）	同意（61-80%）	非常同意（81-100%）
8. 校長能活化學校空間，規劃學生學習共享區域（圖書館設置討論區、教室設置學習角、小組討論教室等），形塑處處可學習的環境。	☐	☐	☐	☐	☐
9. 校長能規劃各類空間以因應特色課程需求，以激發教師教學創意與學生學習興趣，如：鄉土資源教室、創客教室等。	☐	☐	☐	☐	☐
10.校長能依據學習者不同的學習特性差異，規劃設計各種新式學習空間，如：多元實驗空間、班群與群組分享空間、沉浸式學習環境等。	☐	☐	☐	☐	☐
11.校長重視數位資訊網路與教學平臺的設置（智慧型網路、資訊管理系統、智慧型教室等)，建構無所不在的學習情境。	☐	☐	☐	☐	☐
12.校長能規劃校園空間，妥善安排行政、教學和活動區域，形塑各區域功能區隔卻彼此關聯密切的環境。	☐	☐	☐	☐	☐
13.校長能建置自動化、數位化監控系統數位化(保全、消防等)，以節省人力資源。	☐	☐	☐	☐	☐

請您依實際任職學校情況，勾選您對於以下敘述認同程度。	非常不同意（0-20%）	不同意（21-40%）	普通（41-60%）	同意（61-80%）	非常同意（81-100%）
14.校長能規劃校園行政空間，安排便捷的辦公動線(行政處室的地點和位置便於洽公等)，形塑省時與便利的行政環境。	☐	☐	☐	☐	☐
15.校長規劃舒適的辦公環境空間(辦公空間寬敞、備有沙發、美化布置等)，激發行政工作創意和效率。	☐	☐	☐	☐	☐
16.校長能規劃學校行政數位化系統(資訊公布網路平臺、學生成績作業系統、各項會議無紙化等)，提供即時資訊，以提升行政管理效率。	☐	☐	☐	☐	☐
17.校長能讓校園使用者共同參與校園規劃，以增進校園認同與歸屬感。	☐	☐	☐	☐	☐
18.校長能透過師生共同參與，使空間與設備能符合課程和教學的需求。	☐	☐	☐	☐	☐
19.校長提供校園對外開放使用與場館租借等，形塑學校與社區資源共享的環境。	☐	☐	☐	☐	☐
20.校長引進社區相關產業文化、地方仕紳等資源，形塑學校與社區文化結合的環境。	☐	☐	☐	☐	☐

請您依實際任職學校情況，勾選您對於以下敘述認同程度。	非常不同意（0-20%）	不同意（21-40%）	普通（41-60%）	同意（61-80%）	非常同意（81-100%）
21.校長透過學校社區空間互動規劃，鼓勵學生參與社區活動，形塑學校社區化、社區學校化的環境。	□	□	□	□	□

【第三部分】教師幸福感量表

請依您目前實際情況，勾選您對於以下敘述認同程度。	非常不同意（0-20%）	不同意（21-40%）	普通（41-60%）	同意（61-80%）	非常同意（81-100%）
1. 身為教師我覺得我的生活有安全感。	□	□	□	□	□
2. 身為教師我覺得我的生活是充實自在的。	□	□	□	□	□
3. 身為教師我喜歡我現在的生活。	□	□	□	□	□
4. 身為教師我可以自主規劃時間，完成自己想做的事。	□	□	□	□	□
5. 身為教師我很享受並珍惜現在擁有的一切。	□	□	□	□	□

請依您目前實際情況，勾選您對於以下敘述認同程度。	非常不同意（0-20%）	不同意（21-40%）	普通（41-60%）	同意（61-80%）	非常同意（81-100%）
6. 我覺得我的健康狀況良好。	☐	☐	☐	☐	☐
7. 我有正常規律的生活起居習慣。	☐	☐	☐	☐	☐
8. 我會適時紓解工作壓力。	☐	☐	☐	☐	☐
9. 我覺得自己是位充滿活力的教師。	☐	☐	☐	☐	☐
10. 我能從工作中得到積極的肯定與讚賞。	☐	☐	☐	☐	☐
11. 我的工作能帶給我成就感。	☐	☐	☐	☐	☐
12. 我有良好的工作成效。	☐	☐	☐	☐	☐
13. 我能達成預定的工作目標。	☐	☐	☐	☐	☐
14. 我對我的工作成效感到滿意。	☐	☐	☐	☐	☐
15. 我感受到周遭的人物與環境是和善的。	☐	☐	☐	☐	☐
16. 我覺得世界是美好的。	☐	☐	☐	☐	☐
17. 我對未來的生涯發展感到樂觀。	☐	☐	☐	☐	☐
18. 我對於我的人生抱持樂觀看法。	☐	☐	☐	☐	☐
19. 我對工作未來發展感到樂觀。	☐	☐	☐	☐	☐

【第四部分】學生學習成效量表

請依您任課班級學生實際情況，勾選您對於以下敘述認同程度。	非常不同意（0-20%）	不同意（21-40%）	普通（41-60%）	同意（61-80%）	非常同意（81-100%）
1. 學生能主動向教師請教或和同學討論課業。	□	□	□	□	□
2. 學生對於教師規定的作業能認真完成。	□	□	□	□	□
3. 學生能準時進入教室上課。	□	□	□	□	□
4. 學生能關懷生命倫理，並主動參加公益團體活動。	□	□	□	□	□
5. 學生能主動積極參與班上各項活動。	□	□	□	□	□
6. 學生能積極參加學校各項競賽或活動。	□	□	□	□	□
7. 課堂上，學生能和諧相處，彼此互相合作。	□	□	□	□	□
8. 學生在課堂的學習感到愉快。	□	□	□	□	□
9. 學生的學習需求能獲得滿足。	□	□	□	□	□
10. 學生能達到學習目標，獲得成就感。	□	□	□	□	□
11. 學生能投入學習活動，有自我實現的感受。	□	□	□	□	□
12. 學生能以口語適當表達自己的觀點與想法。	□	□	□	□	□
13. 學生能在學習過程中表現出創造力。	□	□	□	□	□
14. 學生能運用所學的知識，解決生活的問題。	□	□	□	□	□
15. 學生能運用科技、資訊與媒體，展現學習成效。	□	□	□	□	□
16. 學生在多元評量表現越來越進步。	□	□	□	□	□

請依您任課班級學生實際情況，勾選您對於以下敘述認同程度。	非常不同意（0-20％）	不同意（21-40％）	普通（41-60％）	同意（61-80％）	非常同意（81-100％）
17. 學生的生活常規與品格表現有明顯進步。	☐	☐	☐	☐	☐
18. 學生於自我情緒管理與人際互動關係有顯著提升。	☐	☐	☐	☐	☐
19. 學生在健康習慣與體適能有顯著進步。	☐	☐	☐	☐	☐
20. 學生的藝術展演表現能力有顯著進步。	☐	☐	☐	☐	☐

附錄二　國民中學校長空間領導、教師幸福感 與學生學習成效調查問卷 (正式問卷)

親愛的老師您好：

　　本研究目前正在進行「國民中學校長空間領導、教師幸福感與學生學習成效之研究」，本問卷僅作為學術研究之用，所有資料採不記名方式，絕不對外公開，請您安心填答！

　　本研主要針對貴校校長在校園規劃、策略與執行的情形；身為教師的您在從事教育工作，個人主觀評估生活整體的狀態；以及貴校學生在學習的表現狀況。懇請您能撥冗填寫，感謝您熱心的協助與支持。

敬祝

　　身體健康　萬事如意

國立暨南國際大學教育政策與行政學系

博士班研究生黃貴連　敬啟

【第一部分】基本資料

1. 性別：□男性　　□女性

2. 年齡：□ 21-30 歲　　□31-40 歲　□41-50 歲　　□51 歲以上

3. 最高學歷：□師範大學或教育大學　□一般大學

　　　　　　　□碩士(含)以上（含 40 學分班）

4. 現在職務：□教師兼主任　　□教師兼組長　　□教師兼導師　　□專任教師

5. 服務年資：□ 10 年(含)以下　　□ 11-20 年　　□ 21 年(含)以上

6. 學校區域：□北部（臺北市、新北市、基隆市、桃園市、新竹縣、新竹市）

　　　　　　□中部（苗栗縣、臺中市、南投縣、彰化縣、雲林縣）

　　　　　　□南部（嘉義縣、嘉義市、臺南市、高雄市、屏東縣）

　　　　　　□東部（宜蘭縣、花蓮縣、臺東縣）

7. 學校規模：□ 12 班(含)以下　　□13-48 班　　□49 班(含)以上

8. 學校校齡：□ 10 年(含)以下　　□ 11-30 年　　□ 31-50 年　　□ 51 年以上

9. 貴校校長在校服務年資：□ 1 年(含)以下　　□ 2-4 年　　□ 5 年(含)以上

【第二部分】校長空間領導量表

請您依實際任職學校情況，勾選您對於以下敘述認同程度。	非常不同意（ 0-20%）	不同意（21-40%）	普通（41-60%）	同意（61-80%）	非常同意（81-100%）
1. 校長能透過校園整體空間規劃，形塑具有文化氣息和藝術美感的人文校園。	□	□	□	□	□
2. 校長能重視安全維護設備（裝設電力、消防、保全系統等），建置無障礙和性別平等的設施（電梯、導盲磚、女廁比例高等）形塑安全友善校園。	□	□	□	□	□

請您依實際任職學校情況，勾選您對於以下敘述認同程度。	非常不同意（0-20%）	不同意（21-40%）	普通（41-60%）	同意（61-80%）	非常同意（81-100%）
3. 校長能建置各類節能環保設施(資源回收、校園綠美化、環保節能綠建築、生態池等)，形塑永續發展校園。	☐	☐	☐	☐	☐
4. 校長能規劃多樣化休憩活動設施和環境(圖書設備、符合人體工學課桌椅、角落座椅、交誼區、校園閱讀角、多樣運動設施等)，以提供多樣的校園生活空間。	☐	☐	☐	☐	☐
5. 校長能規劃校園景觀或建築風格(結合願景藍圖意象、LOGO、圖騰等)，反映出學校發展願景與特色。	☐	☐	☐	☐	☐
6. 校長能規劃各種輔助教學區(學習步道、自然環境生態教學等特色教學區)，營造出激發教師教學創意的環境。	☐	☐	☐	☐	☐
7. 校長能活化多樣的教學空間與設備（設置師生藝廊、運用彈性隔板、易移動的置物櫃、設計大型教室等），以符應教師多元化的教學需求。	☐	☐	☐	☐	☐

請您依實際任職學校情況，勾選您對於以下敘述認同程度。	非常不同意（0-20%）	不同意（21-40%）	普通（41-60%）	同意（61-80%）	非常同意（81-100%）
8. 校長能活化學校空間，規劃學生學習共享區域（圖書館設置討論區、教室設置學習角、小組討論教室等），形塑處處可學習的環境。	☐	☐	☐	☐	☐
9. 校長能規劃各類空間以因應特色課程需求，以激發教師教學創意與學生學習興趣，如：鄉土資源教室、創客教室等。	☐	☐	☐	☐	☐
10.校長能依據學習者不同的學習特性差異，規劃設計各種新式學習空間，如：多元實驗空間、班群與群組分享空間、沉浸式學習環境等。	☐	☐	☐	☐	☐
11.校長重視數位資訊網路與教學平臺的設置（智慧型網路、資訊管理系統、智慧型教室等），建構無所不在的學習情境。	☐	☐	☐	☐	☐
12.校長能規劃校園空間，妥善安排行政、教學和活動區域，形塑各區域功能區隔卻彼此關聯密切的環境。	☐	☐	☐	☐	☐
13.校長能建置自動化、數位化監控系統數位化(保全、消防等)，以節省人力資源。	☐	☐	☐	☐	☐

請您依實際任職學校情況，勾選您對於以下敘述認同程度。	非常不同意（0-20%）	不同意（21-40%）	普通（41-60%）	同意（61-80%）	非常同意（81-100%）
14.校長能規劃校園行政空間，安排便捷的辦公動線(行政處室的地點和位置便於洽公等)，形塑省時與便利的行政環境。	☐	☐	☐	☐	☐
15.校長規劃舒適的辦公環境空間(辦公空間寬敞、備有沙發、美化布置等)，激發行政工作創意和效率。	☐	☐	☐	☐	☐
16.校長能規劃學校行政數位化系統(資訊公布網路平臺、學生成績作業系統、各項會議無紙化等)，提供即時資訊，以提升行政管理效率。	☐	☐	☐	☐	☐
17.校長能讓校園使用者共同參與校園規劃，以增進校園認同與歸屬感。	☐	☐	☐	☐	☐
18.校長能透過師生共同參與，使空間與設備能符合課程和教學的需求。	☐	☐	☐	☐	☐
19.校長引進社區相關產業文化、地方仕紳等資源，形塑學校與社區文化結合的環境。	☐	☐	☐	☐	☐
20.校長透過學校社區空間互動規劃，鼓勵學生參與社區活動，形塑學校社區化、社區學校化的環境。	☐	☐	☐	☐	☐

【第三部分】教師幸福感量表

請依您目前實際情況，勾選您對於以下敘述認同程度。	非常不同意（0-20%）	不同意（21-40%）	普通（41-60%）	同意（61-80%）	非常同意（81-100%）
1. 身為教師我覺得我的生活有安全感。	□	□	□	□	□
2. 身為教師我覺得我的生活是充實自在的。	□	□	□	□	□
3. 身為教師我喜歡我現在的生活。	□	□	□	□	□
4. 身為教師我可以自主規劃時間，完成自己想做的事。	□	□	□	□	□
5. 身為教師我很享受並珍惜現在擁有的一切。	□	□	□	□	□
6. 我有正常規律的生活起居習慣。	□	□	□	□	□
7. 我會適時紓解工作壓力。	□	□	□	□	□
8. 我覺得自己是位充滿活力的教師。	□	□	□	□	□
9. 我能從工作中得到積極的肯定與讚賞。	□	□	□	□	□
10.我的工作能帶給我成就感。	□	□	□	□	□
11.我有良好的工作成效。	□	□	□	□	□
12.我能達成預定的工作目標。	□	□	□	□	□
13.我對我的工作成效感到滿意。	□	□	□	□	□
14.我感受到周遭的人物與環境是和善的。	□	□	□	□	□
15.我覺得世界是美好的。	□	□	□	□	□
16.我對未來的生涯發展感到樂觀。	□	□	□	□	□

請依您目前實際情況,勾選您對於以下敘述認同程度。	非常不同意(0-20%)	不同意(21-40%)	普通(41-60%)	同意(61-80%)	非常同意(81-100%)
17.我對於我的人生抱持樂觀看法。	☐	☐	☐	☐	☐
18.我對工作未來發展感到樂觀。	☐	☐	☐	☐	☐

【第四部分】學生學習成效量表

請依您任課班級學生實際情況,勾選您對於以下敘述認同程度。	非常不同意(0-20%)	不同意(21-40%)	普通(41-60%)	同意(61-80%)	非常同意(81-100%)
1. 學生能主動向教師請教或和同學討論課業。	☐	☐	☐	☐	☐
2. 學生對於教師規定的作業能認真完成。	☐	☐	☐	☐	☐
3. 學生能關懷生命倫理,並主動參加公益團體活動。	☐	☐	☐	☐	☐
4. 學生能主動積極參與班上各項活動。	☐	☐	☐	☐	☐
5. 學生能積極參加學校各項競賽或活動。	☐	☐	☐	☐	☐
6. 課堂上,學生能和諧相處,彼此互相合作。	☐	☐	☐	☐	☐
7. 學生在課堂的學習感到愉快。	☐	☐	☐	☐	☐

請依您任課班級學生實際情況，勾選您對於以下敘述認同程度。	非常不同意（0-20%）	不同意（21-40%）	普通（41-60%）	同意（61-80%）	非常同意（81-100%）
8. 學生的學習需求能獲得滿足。	□	□	□	□	□
9. 學生能達到學習目標，獲得成就感。	□	□	□	□	□
10.學生能投入學習活動，有自我實現的感受。	□	□	□	□	□
11.學生能以口語適當表達自己的觀點與想法。	□	□	□	□	□
12.學生能在學習過程中表現出創造力。	□	□	□	□	□
13.學生能運用所學的知識，解決生活的問題。	□	□	□	□	□
14.學生能運用科技、資訊與媒體，展現學習成效。	□	□	□	□	□
15.學生在多元評量表現越來越進步。	□	□	□	□	□
16.學生的生活常規與品格表現有明顯進步。	□	□	□	□	□
17.學生於自我情緒管理與人際互動關係有顯著提升。	□	□	□	□	□
18.學生在健康習慣與體適能有顯著進步。	□	□	□	□	□
19.學生的藝術展演表現能力有顯著進步。	□	□	□	□	□

附錄三 校長空間領導、教師幸福感與學生學習成效訪談大綱

敬愛的教育先進，您好：

　　感謝您百忙之中抽空接受訪談，本訪談為補充蒐集及驗證本研究使用的研究工具「國民中學校長空間領導、教師幸福感與學生學習成效關係之研究調查問卷」研究所需資料，冀望透過訪談深入瞭解國民中學校長在空間領導、教師幸福感及學生學習成效之間的關係，懇請惠賜您的高見，本訪談共分為七題，以下附有相關名詞解釋，提供您參考。懇請您依據實務經驗予以回答，以作為研究之重要參考，最後，衷心的謝謝您的指教！

謹此　敬請

　　　　教安

國立暨南國際大學教育政策與行政學系

指導教授：楊振昇　博士

博士班研究生：黃貴連　敬啟

壹、名詞釋義

一、校長空間領導

　　校長空間領導係指學校領導者透過對有形空間的設計規劃、策略與執

行，輔以無形的領導理念，與使用者共同營造教育環境，使其充分發揮境教之功能，融入課程教學、提升行政績效及拓展社區公共關係，引領教育發展的一種歷程。

因此，本研究校長空間領導量表分為「營造教育空間環境」、「融入課程教學」、 「提升行政績效」、「厚植教育夥伴關係」等四個構面。

二、教師幸福感

教師幸福感乃是教師在從事教育工作時，個人主觀評估生活整體與生活品質的滿意度，在身體與心理處於舒適的狀態，對教師專業工作與工作成果擁有正向的感受與期待。

因此，本研究教師幸福感量表分為「生活滿意」、「身心健康」、「工作成就」及「正向情緒」等四個構面。

三、學生學習成效

學生學習成效乃學生歷經一段學習的歷程，在學習課程和相關活動的表現狀況，及學習熱誠、參與程度與感受愉悅之程度。

因此，本研究學生學習成效量表分為「學習態度」、「學習滿意度」、「作業表現」及「學習績效」等四個構面。

貳、訪談大綱

一、請談談貴校校長在校園規劃與充實設備有哪些作為？請就營造教育空間環境、融入課程教學、提升行政績效，以及拓展社區公共關係等部分加以說明。

二、請談談您在貴校從事教育工作的幸福感受如何？請就生活滿意度、身心健康狀態、工作成就，以及正向情緒等部分加以說明。

三、請談談貴校學生在學習成效表現如何？請就學習態度、學習滿意度、作業表現， 以及學習績效等部分加以說明。

四、就您的觀察，貴校校長在校園規劃方面對教師幸福感有產生哪些影響？請就教師生活滿意、身心健康、工作成就，以及正向情緒等部分加以說明。

五、就您的觀察，貴校校長在校園規劃方面對學生學習成效有產生哪些影響？請就學生學習滿意度、學習態度、作業表現以及學習績效等方面加以說明。

六、就您的觀察，教師幸福感對於學生學習成效產生哪些影響？請就學生學習態度、學習滿意度、作業表現，以及學習績效等部分加以說明。

七、就您的觀察，貴校校長的校園規劃會透過教師的幸福感受，對學生的學習成效會產何種影響？請試舉例說明之。

國家圖書館出版品預行編目(CIP) 資料

教育之美：空間領導：提升幸福感與學習成效的關鍵/
黃貴連, 楊振昇著. -- 初版. -- 臺北市 : 元華文創股份
有限公司, 2024.01
　面 ；　公分

　ISBN 978-957-711-361-0 (平裝)

　1.CST: 教育行政　2.CST: 領導理論　3.CST: 校園規劃
　4.CST: 國民教育

526.4　　　　　　　　　　　　　　　　112022743

教育之美：空間領導──提升幸福感與學習成效的關鍵

黃貴連　楊振昇　著

發 行 人：賴洋助
出 版 者：元華文創股份有限公司
聯絡地址：100 臺北市中正區重慶南路二段 51 號 5 樓
公司地址：新竹縣竹北市台元一街 8 號 5 樓之 7
電　　話：(02) 2351-1607　　傳　　真：(02) 2351-1549
網　　址：www.eculture.com.tw
E - m a i l：service@eculture.com.tw
主　　編：李欣芳
責任編輯：立欣
行銷業務：林宜葶
出版年月：2024 年 01 月 初版
定　　價：新臺幣 550 元

ISBN：978-957-711-361-0 (平裝)

總經銷：聯合發行股份有限公司
地　址：231 新北市新店區寶橋路 235 巷 6 弄 6 號 4F
電　話：(02)2917-8022　　　　傳　真：(02)2915-6275